知りたいときにすぐわかる

幼稚園・保育所・児童福祉施設等
実習ガイド

第二版

[編著]
石橋裕子・林 幸範

[著]
堀 科・石本真紀・神戸洋子・安部 孝・林 友子・浅倉恵子・森田満理子・梅澤 実

同文書院

Authors

執筆者紹介（所属は2025年度時点）

【編著者】

石橋　裕子（いしばし・ゆうこ）　　　　　　Part 1：1，2，4～6
帝京科学大学教授　　　　　　　　　　　　　Part 2：表2－3，2－8，資料2－3
　　　　　　　　　　　　　　　　　　　　　　　　福祉関連用語の説明
　　　　　　　　　　　　　　　　　　　　　　　　◆ワークシート◆事前課題
　　　　　　　　　　　　　　　　　　　　　Part 3：◆ワークシート◆事前課題
　　　　　　　　　　　　　　　　　　　　　Part 5：4，10
　　　　　　　　　　　　　　　　　　　　　Part 6：6，◆ワークシート◆施設実習のふり返り
　　　　　　　　　　　　　　　　　　　　　コラム①～㊲

林　　幸範（はやし・ゆきのり）　　　　　　Part 1：3
元滋賀短期大学教授　　　　　　　　　　　　Part 3：1～8
　　　　　　　　　　　　　　　　　　　　　コラム①～㊲

【著者】　※執筆順

堀　　科（ほり・しな）　　　　　　　　　　Part 2：1～17
東京家政大学准教授

石本　真紀（いしもと・まき）　　　　　　　Part 2：1～17
宇都宮共和大学准教授

神戸　洋子（かんべ・ようこ）　　　　　　　Part 3：3～8
元学校法人田中学園 白根幼稚園園長　　　　Part 4：7，9～11
元YMCA三条保育園（京都YMCA）園長　　　 Part 5：1～3，5，11～14
元池坊短期大学教授

安部　　孝（あべ・たかし）　　　　　　　　Part 4：1～6，12～15
名古屋芸術大学教授

林　　友子（はやし・ともこ）　　　　　　　Part 4：7～11
元帝京科学大学教授　　　　　　　　　　　　Part 5：1～3，5，11～14

浅倉　恵子（あさくら・けいこ）　　　　　　Part 5：6～9，Work Sheet（p.243）
長野短期大学教授

森田　満理子（もりた・まりこ）　　　　　　Part 6：1～5，7
埼玉県立大学准教授　　　　　　　　　　　　コラム㊳

梅澤　　実（うめざわ・みのる）　　　　　　Part 6：1，2，4，5，7
放送大学客員教授　　　　　　　　　　　　　コラム㊳

Preface
第二版の刊行にあたって

　次世代育成などの国の政策から，子育て・子育ちをどのように支援をしていくのかが重要な社会問題となっています。さらに，働く女性の増加などにより，乳幼児の居場所としての保育所や幼稚園が重要となっています。そのような状況から，育児や子どもの専門家である保育士や幼稚園教諭の役割の重要性が増しています。もちろん，保育士や幼稚園教諭は，子どもたちが将来つきたい職業の上位を占めていることはいうまでもありません。

　保育士や幼稚園教諭になるためには，資格や免許が必要です。この資格や免許を取得するためには，大学・短大や専門学校等の養成校に入学し，授業を受けて，必要な単位を取らなければなりません（保育士の場合は，年1，2回実施される保育士試験を受験して取得する方法もあります）。授業の単位取得以外に，学外実習（保育実習や教育実習）も必修ですが，保育士養成課程が2011年（平成23）度に改訂されて保育実習が強化されています。

　ところで，養成校で実習を担当していますと，「日誌の書き方がわからない」「子どもとのかかわりがわからない」など実習に対してさまざまな疑問を受けます。実習先からは，「挨拶ができない」「文章が書けない」などさまざまな指摘を受けます。しかしながら，近年よく尋ねられることは，「施設ってどんなところ？」「施設の子どもたちとどう接すればよいの？」などの施設（保育所を除いた児童福祉施設等）実習に関する質問です。さらに，受け入れ側の施設からも，「施設を知らなすぎる」「子どもの権利条約（児童の権利に関する条約）を理解していない」などの指摘を受けることが多くなりました。「社会的養護」などの授業では「児童福祉施設（保育所や児童遊園もその1つです）」や「子どもの権利条約」について勉強をしています。ですから，学生の皆さんが忘れているのも事実ですが，養成校の実習担当者としては，実習について考え直さなければいけないと感じていました。というのは，保育所や幼稚園は，学生自身が通ったり，また中学生のときに「職業体験」などで経験しており，イメージをしやすい場です。しかし，児童福祉施設でのボランティアなどの体験はほとんどの人がありませんので，学んだ知識しかないためイメージしにくいのです。また，保育所・幼稚園，小学校でも多様な子どもたちが生活・学習していますが，児童福祉施設では，保護者と一緒に暮らせない，問題を抱えているなど，様々な理由のために家庭で生活できない子どもたちが入所や通所をしています。特に近年は虐待を受けた子どもたちの入所が増えています。このように幅広い原因により家庭で生活しにくい子どもたちの生活の場である児童福祉施設は，皆さんにとっては学んだことで想像するしかないため，イメージしにくいと思います。

　そこで，児童福祉施設実習に重きを置いた実習の本を書きたいと思っていたところ，その機会を同文書院さんが与えてくださり，2011（平成23）年にこの本を出版しました。ところが，2012（平成24）年に児童福祉法および障害者自立支援法一部改正にともない，障害児者施設において，実習可能施設が一部変わりました。そこで，出版してわずか2年でしたが，新訂版を発刊する運びとなりました。そしてこのほど，保育所保育指針，幼稚園教育要領，幼保連携型認定こども園教育・保育要領が，また障害者総合支援法や児童福祉法の一部が改正され，2018（平成30）年4月1日に施行されました。さらに幼稚園教諭や保育士養成における授業も，文部科学省や厚生労働省から出された一定のカリキュラムの中で，教科名やその授業内容について養成校が決められるようになってきました。というのも，この10年で子どもを取りまく状況や保護者の環境が大きく変化し，幼稚園教諭や保育士の必要性が増し，その資質の向上がますます重要になってきたからです。

　乳幼児とかかわる保育者は，その子の将来に大きな影響を与えることは言うまでもありません。ですから，子どもの専門家としての幼稚園教諭や保育士になるためには，教科の学習や子どもを知るだけでなく，子どもとかかわる場について知るという点で，実習は大切な学びの場です。実習での学習をスムーズに行うために，本書が皆さんの一助になるよう願っています。

2018年4月

石橋裕子・林 幸範

Preface
新訂にあたって

　次世代育成などの国の政策から、子育て・子育ちをどのように支援をしていくのかが重要な社会問題となっています。さらに、働く女性の増加などにより、乳幼児の居場所としての保育所や幼稚園が重要となっています。そのような状況から、育児や子どもの専門家である保育士や幼稚園教諭の役割の重要性が増しています。もちろん、保育士や幼稚園教諭は、子どもたちが将来つきたい職業の上位を占めていることはいうまでもありません。

　保育士や幼稚園教諭になるためには、資格や免許が必要です。この資格や免許を取得するためには、養成校に入学し、授業を受けて、必要な単位を取らなければなりません（保育士の場合は、年1回実施される保育士試験を受験して取得する方法もあります）。この授業の単位取得以外に、学外実習（保育実習や教育実習）も必修であり、保育士養成課程が2011年（平成23）度から改訂され、保育実習が強化されています。

　ところで、養成校で実習を担当していると、学生から、「日誌の書き方がわからない」「子どもとのかかわりがわからない」など、実習に対してさまざまな疑問を受けます。さらに、実習先からは、「あいさつができない」「文章が書けない」など、さまざまなおしかりを受けています。

　しかしながら、近年、学生からよくたずねられることは、「先生、施設ってどんなところ？」「施設の子どもたちとどう接すればよいの？」などの施設（保育所を除いた児童福祉施設等）実習に関する質問です。さらに、受け入れ側の施設からも、「施設を知らなさすぎる」「子どもの権利条約（児童の権利に関する条約）をわかっていない」などとおしかりを受けることが多くなりました。「社会的養護（旧カリキュラムでは養護原理）」などの授業で、「児童福祉施設（保育所や児童遊園もその1つです）等」や「子どもの権利条約」について勉強をしています。ですから、学生が忘れているのも事実ですが、養成校の実習担当者としては、実習について考え直さなければいけないと感じていました。

　というのは、保育所や幼稚園は、学生自身が通ったり、また中学生の職場体験などで経験したりしており、イメージをしやすい場だと思いますが、児童福祉施設等は経験がありませんし、イメージしにくい場でもあり、どうしても知識でしか知りません。もちろん、保育所・幼稚園、小学校でも、多様な子どもたちが生活・勉強していますが、児童福祉施設では、保護者と一緒に暮らせない子どもたち、問題を抱えた子どもたちなど、さまざまな原因により家庭で生活しにくい子どもたちが入所生活をしており、近年は虐待を受けている子どもたちの入所も増えています。ですから、このように幅広い原因で、家庭で生活しにくい子どもたちの生活の場である児童福祉施設は、皆さんにとっては知識でしかわかっていないのが現状だと思います。

　そこで、児童福祉施設実習に重きを置いた実習の本を書きたいと思いたったところ、その機会を同文書院さんが与えてくださり、2011（平成23）年にこの本を出版しました。ところが、2012（平成24）年に児童福祉法および障害者自立支援法一部改正にともない、障害児・者施設において、実習可能施設が一部変わりました。そこで、出版して2年しかたっていませんが、内容を改訂し、新訂として新たに刊行する運びとなりました。もちろん、新訂版においても、執筆者の多くは、実習担当というだけで、実習の専門家ではありませんので、不足しているところは多々あると思いますが、学生の皆さんの実習の一助・参考になればと思います。

2013年4月
石橋裕子・林 幸範

付記：2011（平成23）年3月11日に東北地方を襲いました未曾有の大災害と福島の原発事故。いまだに癒えない傷跡を物心に残していますが、子どもたちのこころにも深い傷を残しています。保育士や幼稚園教諭になる学生は、このことを絶対に忘れないでください。子どもたちへの援助は、これからが重要で、そして長い期間が必要だからです。

Preface
はじめに

　次世代育成などの国の政策から、「子育て・子育ち」をどのように支援をしていくのかが重要な社会問題となっています。さらに、働く女性の増加などにより、乳幼児の居場所としての保育所や幼稚園が重要となっています。そのような状況から、育児や子どもの専門家である保育士や幼稚園教諭の役割の重要性が増しています。もちろん、保育士や幼稚園教諭は、子どもたちが将来つきたい職業の上位を占めていることはいうまでもありません。

　保育士や幼稚園教諭になるためには、資格や免許が必要になります。この資格や免許を取得するためには、養成校に入学しなければなりません（保育士の場合は、年1回実施される保育士試験を受験して取得する方法もあります）。資格や免許を取得する際に重要なこととして、授業の単位の取得はもちろん、学外実習（保育実習や教育実習）へ行くことがあげられます。

　この学外実習は、近年、その重要性がますます増してきており、とくに2011（平成23）年度からの保育士養成課程の改正において、保育実習が強化されています。

　ところで、養成校で実習を担当していますと、学生からは実習に対してさまざまな質問を受け、また、実習先からはさまざまなおしかりを受けています。学生からの質問は、「日誌の書き方がわからない」「子どもとのかかわり方がわからない」、実習先からのおしかりは、「あいさつができない」「文章が書けない」など、多岐にわたっています。

　しかしながら、近年、学生からよく尋ねられることとして、「先生、施設ってどんなところ？」「施設の子どもたちとどう接すればよいの？」など、施設（保育所を除いた児童福祉施設）実習に関する質問が多くなってきています。さらに、受け入れ側の施設からも、「施設を知らなさすぎる」「子どもの権利条約（児童の権利に関する条約）をわかっていない」などとおしかりを受けることが、年々多くなっています。

　確かに、「社会的養護（旧カリキュラムでは養護原理）」などの授業で「児童福祉施設（保育所や児童遊園もその1つです）」のことは勉強していますし、「子どもの権利条約」についても勉強しています。ですから、忘れていると言われればそれまでなのですが、養成校の実習担当者として、実習について考え直さなければいけないと感じています。

　というのは、保育所や幼稚園は、学生自身が通ったり、また中学生の職場体験などで訪問しており、イメージをしやすい場だと思います。ところが、児童福祉施設となると経験がありませんし、イメージしにくい場であり、どうしても知識でしか知りません。もちろん、保育所・幼稚園、小学校には、軽度発達障害などの子どもたちもいたかもしれませんが、それは少数だと思います。さらに、近年、虐待を受けている子どもたちが増加し、その子どもたちが児童福祉施設に入所生活しています。ですから、そのような子どもたちが生活している場としての児童福祉施設は、知識でしかわかっていないのが現状だと思うからです。

　このようなことから、以前出版した実習書を改訂するか、新たに施設実習を中心にした実習書を出版したいと思っておりましたところ、同文書院さんが新たに出版の機会を与えてくださり、出版することができました。執筆者の多くは、実習担当というだけで実習指導の専門家ではありません。ですから、不足しているところは多々あると思いますが、学生の皆さんの実習の一助・参考になればと思います。

2011年5月

編著者　石橋裕子・林 幸範

Contents
もくじ

第二版の刊行にあたって
新訂にあたって
はじめに

Part 1　実習の準備　　1

1. 幼稚園，保育所，児童福祉施設等 …………………………………………… 2
   ◆コラム①："実習施設でのアクセサリー・茶髪禁止"なぜでしょうか？ ……… 5
2. 学外実習について ……………………………………………………………… 6
   ◆コラム②：あなたは，間違っていませんか？ ……………………………… 9
3. 特別な支援を必要とする子どもについて知る ……………………………… 10
4. 実習施設への依頼の仕方 ……………………………………………………… 14
   ◆コラム③：「子どもの権利条約」を知っていますか？ ……………………… 17
5. 実習施設での事前オリエンテーション ……………………………………… 18
6. 個人調書と自己紹介 …………………………………………………………… 22
   ◆コラム④：アスペルガー症候群とそのほかの発達障害との違いは？ ……… 24
   ◆コラム⑤：「こども家庭庁」がスタート ……………………………………… 24

Part 2　児童福祉施設等実習　　25

1. 児童福祉施設等での実習 ……………………………………………………… 26
   ◆コラム⑥：なぜ社会福祉施設で実習するの？ ……………………………… 29
2. 対象となる子ども・利用者の実態 …………………………………………… 30
   ◆コラム⑦：発達障害の診断基準　DSMとICD ……………………………… 35
3. 児童福祉施設等実習のポイント ……………………………………………… 36
   ◆コラム⑧：さまざまな療法・活動 …………………………………………… 38
4. 児童福祉施設等実習課題（目標）の設定 …………………………………… 40
   ◆コラム⑨：実習の目標・課題の記入例 ……………………………………… 43
5. 児童福祉施設等実習における実習日誌（実習記録）の書き方 …………… 44
6. 福祉施設実習における3つのステップ　観察実習～参加実習～指導実習 … 48
7. 宿泊実習での配慮 ……………………………………………………………… 50

8．各施設での実習　〜養護系〜　乳児院での実習……………………………………… 52
　◆コラム⑩：『師』と『士』，意味の違いを知っていますか？……………………… 55
9．各施設での実習　〜養護系〜　児童養護施設での実習……………………………… 56
10．各施設での実習　〜養護系〜　母子生活支援施設での実習………………………… 60
　◆コラム⑪：この数をどう思いますか？　－子どもの虐待の実態－………………… 62
11．各施設での実習　〜養護系〜　児童自立支援施設での実習………………………… 64
　◆コラム⑫：子どもの虐待とは，どのようなものなのでしょうか？
　　　　　　　　　　　　　　　　－虐待の定義－…………………………………… 68
12．各施設での実習　〜養護系〜　児童相談所ならびに一時保護施設での実習……… 70
　◆コラム⑬：ある子が話をしてくれない，どうしたらよいですか？………………… 72
　◆コラム⑭：どうして，子どもを虐待するの？　－虐待の発生要因－……………… 73
13．各施設での実習　〜養護系〜　児童心理治療施設での実習………………………… 74
　◆コラム⑮：子どもに虐待，どうすればいいの？　－虐待の発見・対応－………… 76
14．各施設での実習　〜障害系〜　福祉型障害児入所施設での実習…………………… 78
15．各施設での実習　〜障害系〜　医療型障害児入所施設での実習…………………… 84
16．各施設での実習　〜障害系〜　児童発達支援センターでの実習…………………… 90
　◆コラム⑯：子どもの虐待，その後は？
　　　　　　　　－虐待と児童相談所・児童福祉施設，そして，どこへ－…………… 95
17．各施設での実習　〜障害系〜　障害者支援施設・指定障害福祉サービス事業所・
　　　　　　　　　　　　　　　　国立重度知的障害者総合施設のぞみの園での実習…… 96
　◆コラム⑰：施設実習を行う上でもっとも大切なこと………………………………… 102
福祉関連用語の説明………………………………………………………………………… 103
◆ワークシート◆〈保育実習Ⅰ・Ⅲ（施設）事前課題〉（児童養護施設）……… 105
◆ワークシート◆〈保育実習Ⅰ（施設）事前課題〉……………………………… 108
◆ワークシート◆〈保育実習Ⅲ　事前課題〉……………………………………… 111
◆ワークシート◆〈保育実習Ⅰ（施設）・Ⅲ　事前課題〉………………………… 113

Part 3　児童厚生施設等実習　　117

1．児童厚生施設（児童館・児童遊園）…………………………………………………… 118
2．児童館とは………………………………………………………………………………… 120

3．児童館実習のポイント1 …………………………………… 126
　　4．児童館実習のポイント2 …………………………………… 130
　　　◆コラム⑱：(財)児童健全育成推進財団の活動 …………… 133
　　　◆コラム⑲：保育施設におけるICT化 ……………………… 133
　　5．児童館実習課題の設定 ……………………………………… 134
　　6．児童館実習における実習日誌（実習記録）の書き方 …… 136
　　7．児童館実習における指導案 ………………………………… 138
　　　◆コラム⑳：メラビアンの法則（7-38-55のルール）…… 141
　　8．児童遊園での実習 …………………………………………… 142
　　　◆ワークシート◆〈保育実習Ⅰ・Ⅲ（施設）事前課題〉（児童厚生施設）……… 144
　　　◆コラム㉑：児童家庭支援センターとは …………………… 146

Part 4　幼稚園・保育所等実習　　　　　　　　　　　　　147

　　1．実習園を知る ………………………………………………… 148
　　2．〈幼稚園〉デイリープログラム ……………………………… 150
　　3．〈幼稚園〉実習のポイント …………………………………… 152
　　　◆コラム㉒：実習日誌をきちんと書けますか？ …………… 155
　　4．〈幼稚園〉実習課題（目標）の設定 ………………………… 156
　　　◆コラム㉓：実習課題の設定の仕方 ………………………… 159
　　5．〈幼稚園〉実習日誌の書き方 ………………………………… 160
　　6．〈幼稚園〉指導実習（部分実習・責任実習）の実際 ……… 164
　　　◆コラム㉔：「障害者総合支援法」とは ……………………… 169
　　7．〈保育所〉デイリープログラム ……………………………… 170
　　　◆コラム㉕：保育士資格の歴史を知っていますか？ ……… 173
　　8．〈保育所〉実習のポイント …………………………………… 174
　　　◆コラム㉖：「児童福祉法」の改正 …………………………… 177
　　9．〈保育所〉実習課題（目標）の設定 ………………………… 178
　　10．〈保育所〉実習日誌の書き方 ………………………………… 180
　　　◆コラム㉗：時間外保育 ……………………………………… 185
　　　◆コラム㉘：異年齢保育について …………………………… 186

11．〈保育所〉指導実習（部分実習・責任実習）の実際 …………………… 190
12．認定こども園 …………………………………………………………… 194
　　◆コラム㉙：保育・幼児教育の無償化が始まりました ………………… 197
13．認定こども園での実習 ………………………………………………… 198
　　◆コラム㉚：義務教育ってなんだろう ……………………………… 203
14．特別な支援を必要とする子どもへの配慮 ……………………………… 204
　　◆コラム㉛：「特定不能の広汎性発達障害」ってなに？ ……………… 207
15．幼保小連携および地域社会との連携 …………………………………… 208
　　◆コラム㉜：「小１プロブレム」への対応 ……………………………… 212

Part 5　保育実技　　　　　　　　　　　　　　　　　　　　　　213

1．絵本の読み聞かせ1 ……………………………………………………… 214
2．絵本の読み聞かせ2 ……………………………………………………… 220
3．紙芝居 …………………………………………………………………… 222
　　◆コラム㉝：待機児童は本当に減っている？ ………………………… 225
4．障害のある成人・高齢者のための絵本・紙芝居 ……………………… 226
　　◆コラム㉞：LLブック－知的障害のある人のための本 ……………… 230
5．素話（ストーリーテリング） …………………………………………… 232
6．弾き歌い1 ………………………………………………………………… 234
7．弾き歌い2 ………………………………………………………………… 236
8．手遊び …………………………………………………………………… 240
9．リズム遊び ……………………………………………………………… 244
10．障害のある人のための音楽レクリエーション ………………………… 248
11．シアター系保育教材（文化財）1 ……………………………………… 250
12．シアター系保育教材（文化財）2 ……………………………………… 252
　　◆コラム㉟：マルチメディアDAISY
　　　　　　　　－視覚障害，学習障害のある人のための書籍 ………… 254
　　◆コラム㊱：体罰の定義を示した指針素案 …………………………… 255
　　◆コラム㊲：理解しておきたい児童相談所の機能と役割 …………… 256
13．製作～造形活動（表現）～1 …………………………………………… 258

14. 製作〜造形活動（表現）〜2	260
◆コラム㊳：保育者としての専門性	264

Part 6　実習のしめくくり　265

1.「まとめ」の書き方	266
2.「報告書」の書き方	268
3. お礼状の書き方	272
4. 養成校での反省と自己評価1	276
5. 養成校での反省と自己評価2	280
6. 養成校での反省と自己評価3	286
◆ワークシート◆〈施設実習のふり返り〉	287
7. 自己評価　－保育者への道の新たなステップのために－	288

さくいん …… 290

【本書の使い方】
・本書では，児童福祉施設や児童厚生施設，幼稚園，保育園など，施設ごとの実習内容をより具体的・実践的に学べるよう，「指導案」「実習日誌（記録）」「デイリープログラム」等について実例を数多く掲載しています。各掲載ページは，巻末の「さくいん」も参照してご活用ください。
・本文中に（➡**用語説明**）と記載があるものは，社会福祉の現場で頻繁に用いられる基本用語・重要用語です。103，104ページの「福祉関連用語の説明」で各用語について解説しています。

Part 1
実習の準備

1　幼稚園，保育所，児童福祉施設等

1）幼稚園と保育所の違い

法律・制度上の違い

　幼稚園と保育所*は，どちらも小学校就学前の児童を保育する場所ですが，表1－1に示すように法律上や制度上で異なる点があります。

　幼稚園は，学校教育法第22条の「幼児を保育し，（…中略…）適当な環境を与えて，その心身の発達を助長することを目的とする」という規定に基づいて設置されている「学校」の1つです。「文部科学省」（以下，「文科省」とします）が管轄省庁で，教育が目的の中心です。

　一方，保育所は，児童福祉法および子ども・子育て支援法等に基づいて設置されている「児童福祉施設」の1つです。「こども家庭庁」が管轄省庁で，福祉が目的の中心です。

*「保育園」とする場合も多いが，法令上の名称は「保育所」であり，「保育園」は使用されない。本書では，法令で使用される「保育所」と表記する。

表1－1　幼稚園と保育所の主な違い

	幼稚園	保育所
管轄	・文部科学省	・こども家庭庁
法律	・学校教育法第1条・77条	・児童福祉法第7条・39条
目的	・幼児を保育し，適当な環境を与えて，その心身の発達を助長する（第22条）	・保育を必要とする乳児・幼児を日々保護者の下から通わせて保育を行うこと。（第39条）
施設の種別	・学校	・児童福祉施設
対象児	・満3歳から小学校就学までの幼児	・0歳から小学校就学までの乳幼児
教育・保育時間	・毎学年の教育課程に係る教育週数は，特別の事情のある場合を除き，39週を下ってはならないこと。 ・幼稚園の1日の教育課程に係る教育時間は，4時間を標準とすること。ただし，幼児の心身の発達の程度や季節などに適切に配慮すること（幼稚園教育要領「第1章　第2　教育課程の編成」）。	・1日につき8時間を原則とし，その地方における乳児又は幼児の保護者の労働時間その他家庭の状況等を考慮して，保育所の長がこれを定める（児童福祉施設の設備及び運営に関する基準第34条）。 ・延長保育，夜間保育，休日保育などのサービスがある。
保育担当者	・幼稚園教諭	・保育士
保育内容	・幼稚園教育要領	・保育所保育指針
保育者数：幼児数	1：35　　・1学級当たり幼児35人以下 　　　　　・各学級専任の教諭1人以上	0歳児　　1：3　　　1－2歳児　　1：6 3歳児　　1：15　　4－5歳児　　1：20
職員配置基準	（1）必置職員 ・園長　・教諭　・学校医　等 （2）例外的に置かないことができる職員 ・教頭 （3）置くように努める職員 ・養護教諭　等	（1）必置職員 ・保育士　・嘱託医 （2）例外的に置かないことができる職員 ・調理員

【正誤表】

『新訂 知りたいときにすぐわかる 幼稚園・保育所・児童福祉施設等実習ガイド 第二版』
(2025年4月1日発行・第5刷)

以下の表中の赤字箇所に誤植がございました。お詫びのうえ訂正をさせていただきます。

掲載箇所	(誤)	(正)
Part1 実習の準備 1. 幼稚園,保育所,児童福祉施設等 1) 幼稚園と保育所の違い p.2 表1-1 内 「保育所の保育者数:幼児数」	4-5歳児　1:20	4-5歳児　1:25

株式会社 同文書院 編集部

保育時間，入園年齢の違い

保育時間は，幼稚園は4時間，保育所は8時間が標準です。近年では，保育時間外の「預かり保育」「早朝・延長保育」を実施している幼稚園，保育所が多くあります。

幼稚園には満3歳（誕生日を迎えて満3歳になった幼児）から入所できます。ただし，地域や園の方針により，幼稚園によっては，2年保育（4・5歳児のみ入所）や1年保育（5歳児のみ入所）しか行っていない園もあります。また，保育所に入所できるのは，保護者の就労や病気などの理由で「保育を必要とする」0歳から就学前の5歳児（誕生日を迎えると満6歳）までです。

設置資格，保育者資格

幼稚園は，国・地方公共団体および学校法人等が設置者となります。一方，保育所を設置できるのは，地方公共団体および社会福祉法人等であることが原則です。しかし，近年では，「保育の市場化」*により，営利法人や学校法人等による設置も認められるようになりました。

幼稚園の保育内容とその基準は「幼稚園教育要領」，保育所では「保育所保育指針」において定められています。幼稚園教諭には「幼稚園教諭普通免許状」が，保育所の保育士には「保育士資格」が必要です。

近年，幼稚園と保育所の機能の一体化（幼保一元化）や，幼稚園と保育所の施設共用化（幼保一体化）などが積極的に進められ，2006（平成18）年10月より「認定こども園」**が設けられました。

また2010（平成22）年6月には，政府の「子ども・子育て新システム検討会議」が幼稚園，保育園，認定こども園を「こども園」***に一体化することを公表し，さらに同年11月に素案が明らかになりました。当初は幼稚園と保育所の制度廃止を前提に，すべてを「こども園」に統合する案を打ち出していましたが，関係者の反発が強いため，幼稚園，保育所を残す「残存案」など5つの案を示しました。その後，子ども・子育て関連3法案****が2012（平成24）年に可決・成立し，消費税が8％に引き上げられた2015（平成27）年4月に本格施行されました。新たに誕生した認定こども園は，2022（令和4）年4月1日現在で9,220園設置されています。

このように，基本となる概念に違いはありますが，幼稚園実習・保育所実習では，保育の現場で日々幼児とどのように接したらよいのかを実践的に学びます。幼稚園・保育所・認定こども園の実習については，本書のPart 4にくわしく書かれていますので，熟読して準備を進めましょう。

＊社会福祉に対する規制緩和のもと，保育所の運営主体として営利法人が認められるようになった。

＊＊就学前の児童の教育・保育を一体的に行う機能と，地域の子育て支援の実施機能とを備えた施設。幼稚園の入所児が少ない一方で，都市部の保育所では待機児童が多いという実態を解消するため，保育所と幼稚園両方の機能をもつ施設として設置された。しかし，所管が厚生労働省と文部科学省とに分かれていたこと，また施設の目的も「親の就労支援」「幼児教育」と異なっていたため，当初は政府が目標としていた2,000園には届かなかった。なお，2023（令和5）年度より認定こども園は保育所とともに「こども家庭庁」の所管である（24ページコラム⑤参照）。

＊＊＊保育所，幼稚園，認定こども園を一体化しようとした施設。2013（平成25）年から実施する予定であったが，見送られた。

＊＊＊＊「子ども・子育て支援法」「就学前の子どもに関する教育，保育等の総合的な提供の推進に関する法律の一部を改正する法律」「子ども・子育て支援法及び就学前の子どもに関する教育，保育等の総合的な提供の推進に関する法律の一部を改正する法律の施行に伴う関係法律の整備等に関する法律」（195ページ参照）

2）児童福祉施設での実習

保育士としての専門性を高めよう

　「児童福祉施設の設備及び運営に関する基準」によれば，保育士を置かなければならない児童福祉施設が多くあり，保育士資格取得のためには，保育所実習と，それ以外の児童福祉施設での実習が必修科目として課せられています。また，近年，保育所には，他の児童福祉施設入所児童と同様，さまざまな困難を抱えた子どもたちが入所しています。保育所以外の児童福祉施設での実習は，専門性を高め，経験を深めるための大きなチャンスです。

　児童は家庭で養育されることが望ましいですが，家庭の崩壊や児童の障害の程度などによっては，家庭での養育が困難な場合があります。このような場合，児童福祉法第2条では，「国及び地方公共団体は，児童の保護者とともに，児童を心身ともに健やかに育成する責任を負う」と規定しています。つまり，国または地方公共団体が児童を居住型の施設に入所または通園させることで，その責任を果たすことになります。

　いずれの施設での実習においても，対象施設の種別ごとに異なる目的や機能を理解し，施設を利用している児童の持っている問題やニーズについて学ぶとともに，多くの職種の職員とのチームワークの方法を理解し，施設を取り巻く社会の状況を把握するなど，さまざまなことを学びます。各施設における実習の詳細は本書のPart 2にくわしく書かれていますので　よく読み，実習施設についてより深く理解しましょう。

3）社会福祉施設での実習

知的障害者施設での実習も多いのが実態

　児童福祉施設の数が少ないため，保育実習では，成人の入所・通所施設である障害者支援施設などの施設で実習することがあります。これらの施設のなかには，利用者の平均年齢が60歳以上という施設も少なくありません。また，児童の障害児施設同様，複数の障害がある「重複障害」の人も利用しています。

　成人対象の障害者施設での実習が決まったら，本書のPart 2，Part 5などの該当するページを熟読し，成人や高齢者にも対応できるよう事前学習や準備を行いましょう。

コラム ①

"実習施設でのアクセサリー・茶髪禁止"なぜでしょうか？

　日頃，茶髪など髪を染めるのは当たり前のこととなっています。また，アクセサリーやお化粧などは男性もするようになり，若者のおしゃれの1つになっています。それなのに，実習に際しては禁止する養成校がほとんどです。このアクセサリー，茶髪禁止は，実習の際の禁止事項のうちで，学生たちの納得がいかないことの1つだと聞いています。では，なぜ禁止なのでしょうか？

　理由はさまざまありますが，第1の理由は，実習施設の子どもたちの安全性を考えての措置です。たとえば，身につけていたピアスがはずれ，ピアスのとがった部分で子どもを傷つければ「凶器」になりかねません。また，髪を染める薬品や化粧品は，子どもたちのかぶれの原因になります。

　第2の理由は，児童福祉施設に暮らす子どもたちへの配慮です。児童福祉施設での子どもたちは制約のなかで生活しています。たとえば，児童福祉施設で暮らす子どもたちの高校進学率，大学進学率は，一般の家庭の子どもたちよりもはるかに低いのです。お小遣い1つとってもそうです。そんなところに，今はやりのお化粧をして行ったり，アクセサリーをつけて行ったりしたらどうでしょうか。考えてみればわかることだと思います。

　確かに，だれにでもおしゃれをする権利はあります。しかし，その権利を行使できない子どもたちがいるという現実を，ぜひ学んでください。

2 学外実習について

1）実習の意義

目標に向け実践的に学ぶ第一歩

　幼稚園や保育所，ならびに保育所以外の児童福祉施設の「先生」になるためには，免許状や資格の取得が必要です。そのためには所定の単位を修得しなければなりません。なかでもこの「学外実習」に関する科目は，最も重要な科目です。

　実習は，ただ，行けばよいのではありません。実習先を選択し（次の項でくわしく述べます），実習先での事前オリエンテーションや学内での事前・事後指導，実習前の研究など，多くのことを学びます。

　実習は，普段とはまったく異なった環境のなかで園児や利用者と接します。そのなかで，幼稚園や保育所等では，幼児期の発育・発達にあわせた保育の方法などを観察し，適切な環境構成や集団のなかでの子どもたち一人ひとりに対する指導方法などを学び，保育課程に基づいて実践します。また児童福祉施設，社会福祉施設では，利用者とともに生活しながら，ほかの職種の職員との連携の仕方を学び，日常生活の援助を中心とした養護や，子どもたちの自立の確立や社会性の伸長のための支援方法などを理解します。

　学外実習は，目標に向かって実践的に学ぶ第一歩です。実習の大きな目的の1つは，机上で学んだ一つひとつの科目（理論）を，現場での実践を通し，それらを結びつけて1つに統合することです。保育者としての専門的な知識の習得はもちろん，望ましい保育者像を明らかにしていくことも大切です。また同時に，自らの適性を見極めることも必要です。

2）実習に先立って

実習施設を確認しよう

　免許・資格取得のために必要な学外実習の期間は，表1-2の通りです。
　表中の実習施設区分については以下のとおりです。
(A)：保育所，幼保連携型認定こども園又は児童福祉法第6条の3第10項の小規模保育事業（ただし，「家庭的保育事業等の設備及び運営に関する基準」（平成26年厚生労働省令第61号）第3章第2節に規定する小規模保育事業A型及び同基準同章第3節に規定する小規模保育B型に限る）若しくは同条第12項の事業

表1－2　免許・資格取得のために必要な学外実習の期間

実習種別	単位数	実習日数	実習施設	備考
保育実習Ⅰ（必修科目）	4	おおむね20日	(A)	保育所又は幼保連携型認定こども園あるいは小規模保育A・B型及び事業所内保育事業における実習2単位，及び，(A)に掲げる保育所または幼保連携型認定こども園あるいは小規模保育A・B型及び事業所内保育事業以外の施設における実習2単位，とする。
保育実習Ⅱ（選択必修科目）	2	おおむね10日	(B)	
保育実習Ⅲ（選択必修科目）	2	おおむね10日	(C)	
教育実習	5	大学設置基準第21条第2項2の規定により，「30～45時間までの範囲で大学が定める時間をもって1単位とする」とされている。	(D)	単位数には「事前」及び「事後」指導の1単位を含む。

「指定保育士養成施設の指定及び運営の基準について」「学校教育法施行規則」「大学設置基準」等から筆者作成

所内保育事業であって同法第34条の15第1項の事業及び同法同条第2項の認可を受けたもの（以下「小規模保育A・B型及び事業所内保育事業」という。）及び乳児院，母子生活支援施設，障害児入所施設，児童発達支援センター，障害者支援施設，指定障害福祉サービス事業所（生活介護，自立訓練，就労移行支援又は就労継続支援を行うものに限る），児童養護施設，児童心理治療施設，児童自立支援施設，児童相談所一時保護施設又は独立行政法人国立重度知的障害者総合施設のぞみの園
(B)：保育所又は幼保連携型認定こども園或いは小規模保育A・B型及び事業所内保育事業
(C)：児童厚生施設又は児童発達支援センターその他社会福祉関係諸法令の規定に基づき設置されている施設であって保育実習を行う施設として適当と認められるもの（保育所及び幼保連携型認定こども園並びに小規模保育A・B型及び事業所内保育事業は除く。）
(D)：幼稚園，特別支援学校幼稚部，幼保連携型認定こども園

　保育実習を行う期間は，原則として，2年制の養成校では第2学年の期間内，3年以上の養成校では第3学年以降に実施することが「指定保育士養成施設の指定及び運営の基準について」（厚生労働省雇用均等・児童家庭局長　2019〈令和元〉年9月4日）で義務づけられています。

3）学外実習の流れ

　いずれの学外実習も，おおむね次ページ表1－3のような流れで行われます。

表1-3 学外実習の主な流れ

流れ	動き
① 実習施設の選択・決定	「学校配属」*と，「自己開拓」**とがある。
② 学内での事前指導	「保育実習指導」や実習に関するオリエンテーションなどを受講する。
③ 実習施設へ事前オリエンテーションの予約電話	実習指導担当者とアポイントメントをとる。
④ 実習施設で事前オリエンテーション実施	(i) 必要な書類を持参する (ii) 実習担当者と実習の打ちあわせを行う，など。
⑤ 実習課題などの研究	(i) 「保育実習指導」や事前オリエンテーションで出された課題などを準備する (ii) 実習の目標を設定する (iii) 実習日誌の書き方を練習したり，指導案を作成する，など。
⑥ 実習実施	目標や課題などを中心に実践する。
⑦ 実習の反省（事後指導）	(i) 「事後指導」を受講する (ii) できたこと，できなかったことを「ワークシート」などに記入して，実習をふり返る (iii) 礼状を書いて送る，など。

＊養成校が指定した施設とその実習期間のなかから学生自身が選んだり，養成校の実習担当者が決定する方法。できる限り学生の要望を満たせるよう努力されるが，必ずしも希望通りの施設に配属されるとは限らない。養成校でとりまとめ，実習先へ依頼する方法や，実習先に打診し，配属を承諾された者が届け出る方法などがある。

＊＊学生自らが希望する実習先を探して交渉し，あとで養成校から正式に依頼する方法。

4）実習施設の選び方

　実習施設の選び方についてはいくつかのポイントがあります。ここでは，どのように選ぶのかを具体的に説明します。

学校配属か自己開拓かを確認する

　実習先の決定方法は，養成校によって「学校配属か自己開拓かを選択」「学校配属のみ」「自己開拓のみ」などと，さまざまです。学校配属か自己開拓かを選択できる場合には，どちらにするのかを自分で決めなくてはなりません。

　とくに学校配属の場合，配属された実習施設が自分の希望した施設になるとは限りません。ですから，まず自分で，施設の種別，勤務形態（通勤か宿泊か），地域（自宅から通える範囲内か）のどれを最優先するのかを考え，学校配属か自己開拓かを選択しましょう。

　公立の保育所や児童福祉施設の場合には，所管の市区町村役所や役場が実習先をふり分けることがあります。

園・施設の概略を調べる

　自分が住んでいる地域（あるいは実習したい園・施設の所在する地域）にはどのような園や施設があるのかを調べましょう。児童福祉施設に関してはインターネットのほか，社会福祉協議会（社協）や福祉事務所などでも地域の施設一覧を公開していますので，利用するとよいでしょう。

保育実習では実施可能施設が決められています。6〜7ページの「2）実習に先立って」と表1-2の(A)〜(C)に関する注意書きをよく見ましょう。児童養護施設や児童相談所一時保護施設などの施設は，施設数が少なく，また，実習希望者が多いことなどから，実習受け入れが不可となるケースがあります。そこで，障害者支援施設など，成人が利用する社会福祉施設で実習を行うことが少なくありません。つまり，必ずしも希望する施設種別で実習できるとは限らないということです。ですから「児童養護施設でしか実習を行いたくない」などと考えず，「障害者支援施設で受け入れていただけたら，どのような実習を行うのか」など，いくつかの異なる施設種別での実習も考慮に入れておきましょう。

何を学びたいのか，目標や課題を具体化する

　保育所や施設などについて調べたことや，これまでに学んだことなどをふり返り，実習の目的を具体化しましょう。

　多くの養成校には「実習基礎資格科目」＊が設定されています。単位修得に向けて当該科目に関する文献を読んだり，実際に勤務している人の話を聞くなど，施設の活動や役割に関して調べ，実習課題を設定しましょう。実習課題が曖昧だったり，非現実的であった場合，実習の受け入れ交渉がむずかしくなる場合もあります。自分がどのような実習を行いたいのか，目標を設定しましょう。

＊学外実習を行うためには基礎的な知識が必要となる。実習基礎資格科目は，適切で有意義な実習を目的とした基礎的な知識を習得するための事前学習である。定められた期限までに規定の全科目の単位取得が必要であり，1科目でも単位の取得ができなければ，学外実習に参加できない。

・・・・・・・・・・・・・・・・ コラム ② ・・・・・・・・・・・・・・・・

あなたは，間違っていませんか？

　あなたは，養成校を卒業しさえすれば，幼稚園教諭の免許・保育士の資格を自動的にもらえるものと思っていませんか？

　もし，そのように考えているなら，改めてください。というのも，本来免許・資格は，自らが必要な単位を取得して，初めて手にすることができるのです。もちろん実習もそのなかにふくまれています。

　実習先からも，「免許・資格だけが目的の実習生には来てほしくない」とか「実習の目的をハッキリさせてから来てほしい」という声を多く聞きます。こうした声から，実習ではそれまで学んだ専門知識や技術を保育の場で実践することで，保育者としての課題などを明確にすることが求められていることがわかります。ですから，自分の夢を実現するためにも意識を変えてください。

　免許・資格は，「もらえるもの」ではなく，自分の意志で「とるもの」です。

3 特別な支援を必要とする子どもについて知る

1）発達障害とは

障害のある子の普通学級での教育

2007（平成19）年度から，公立学校を中心に，障害*のある子どもの普通学級での教育を目的とした「特別支援教育」が実施されています。保育所では，以前から「統合保育」として障害のある子どもの保育が実施されていましたが，幼稚園でも，2008（平成20）年の幼稚園教育要領の改訂から罰則規定はありませんが，障害児の保育が義務化されることになり，「特別な支援を必要とする子ども」たちが入園しています。

この「特別な支援を必要とする子ども」たちの多くは，発達障害（33ページ参照）とよばれている，発達に障害がある子どもたちです。この発達障害は，「自閉スペクトラム症（ASD）」「学習障害（LD）」「注意欠陥多動性障害（AD/HD）」「発達性協調運動障害（DCD）」「軽度・境界域の知的障害」「言語障害」など**の総称で，基本的な特徴に，

・乳児期か児童期に発症する
・基本的な障害が脳の障害によって起きている
・基本的な障害の経過は悪くなることもないがよくなることもない
・知的障害をともなわないか，ともなっても軽度である

などがあります。

2）発達障害について

「発達障害」は，発達障害者支援法では「自閉症，アスペルガー症候群その他の広汎性発達障害」「学習障害」「注意欠陥多動性障害」等と定義されます（第2条）。発達障害者支援法施行令では，それ以外に「言語の障害」「協調運動の障害」等の脳機能の障害としています（第1条）。特別支援教育の対象としては「自閉スペクトラム症」「学習障害」「注意欠陥多動性障害」をいいます。

ここでは，「自閉スペクトラム症」「学習障害」「注意欠陥多動性障害」を中心に解説します。なお，発達障害の特徴を表1－4にまとめ，比較しました。この表にしたがって主な発達障害について見てみましょう。

＊従来の「障害」という表記は，現在では，「障」も「害」もマイナスイメージの漢字であるため，「障がい」または「障碍」の表記に移行されつつある。一方，現在，「保育士養成課程」の改正が実施されたが，改正案の段階での「障がい」という明記が，改正では「障害」に戻っているため，本書では，「障害」と表記する。なお，法律では，「障害」が正式名称である。

＊＊特別な支援を必要とする子どもを分類・診断する基準には，WHO（世界保健機関）の基準である「ICD-11」と，アメリカ精神医学会の基準である「DSM-5」とがあり，日本では後者がよく使われる（35ページのコラム⑥参照）。

表1-4 主な発達障害の特徴

名称	自閉スペクトラム症 (ASD) 自閉性障害（自閉症）	注意欠陥多動性障害 (AD/HD) ―	限局性学習症 (SLD) 学習障害 (LD)	知的能力障害 (ID) 軽度の知的障害（境界知能）	発達性協調運動障害 (DCD) ―
定義	【社会関係性の問題】 ・社会性の障害 ・想像力の障害 ・知的にIQ70以上	【行動上の問題】 ・多動、衝動性、不注意の特徴 ・適応障害	【学習能力上の問題】 ・知的能力に比し学力が著しく低く、通常の学習では成果が上がらない	【全体的認知上の問題】 ・IQ70以上85未満	【運動上の問題】 ・極端な不器用さ
特徴	わかりにくい子 ［自閉性障害（自閉症）］ ・社会性の障害 ・コミュニケーションの障害 ・想像力の障害とそれに基づく行動の障害 ・感覚の過敏さ ①障害がわかりにくい子［高機能自閉症］ ・社会的相互交流の障害 ・言語障害と伝達障害 ・行動、興味および活動の限定、反復的な常同的様式（活動や関心の範囲が狭い） ・3歳児までに発症 ②こだわりの強い子［アスペルガー症候群］ ・相互的な対人関係技能の障害 ・常同的（ステレオタイプ）な行動の存在 ・興味の障害 ・臨床的に著しい言語の遅れがない ・認知の発達・年齢に相応した自己管理能力などには明らかな遅れがない	落ち着きのない子 ・多動性 ・注意力散漫 ・衝動性	勉強が苦手な子 ・読みの障害 ・書きの障害 ・計算の障害	勉強がわかりにくい子 ・日常や学校生活の上で知的行動に支障がある（概念的領域） ・コミュニケーション能力に困難さがある（社会的領域） ・自立した生活を営む力に困難さがある（実用的領域）	不器用な子 ・運動面の不器用 ・協調運動のつたなさ ・単独で起こることは少ない
幼児期	・言葉の遅れ ・親子の愛着行動の遅れ ・集団行動が苦手	・多動傾向 ・若干の言葉の遅れ	・若干の言葉の遅れを呈する者が多い	・若干の軽度の遅れのみ	・不器用 ・他の障害を併発する者が多い
子どもの思い	「わからない」という恐怖に近い強い不安	・「わかっているのに」自己制御不能 ・うまくできないことへのもどかしさ	・なぜできないのだろう ・どうやらこれが「頭が悪い」ということらしい	「わかる」ということがよくわからない	皆と同じようにからだが動いてくれない不自由さ
親の思い	・早期の信頼関係樹立が困難 ・理解してもらえないことへの憤り ・キビキビしたものの言い方が硬い印象を与える	・常にイライラした関係性 ・周囲から非難を受けやすい ・自責と子への攻撃性	・わからない相手へのかかわり方にジレンマ（何がわからないかが理解できない）	・漠然とした希望と不安 ・焦りと強制	・いらいらと焦り ・怒りや不安 ・不憫さ ・楽観視

＊名称の上段は、DSM-5の診断名
出典：杉山登志郎『発達障害のいま』講談社、2011などより作成

自閉スペクトラム症（ASD）：わかりにくい子

　自閉スペクトラム症とは，自閉症の特徴を有するものをいいます。その特徴は，基本的に以下となります。
・相互的な対人関係技能の障害　　・意思伝達能力の障害
・常同的（ステレオタイプ）な行動の存在　　・興味の障害
・活動の存在の障害　　・通常１歳までの発症
・ある程度の精神障害の存在　　・多岐にわたるそのほかの一般身体疾患（染色体異常，先天性感染症，中枢神経系の構造的異常など）の存在　など

　ところで，「自閉スペクトラム症」は，DSM-Ⅳでは「広汎性発達障害」といわれていたのが，DSM-5では「自閉スペクトラム症」と名称が変更されました。そのため，「広汎性発達障害」に含まれていた「自閉性障害」「レット障害」「小児期崩壊性障害」「アスペルガー障害」「特定不能の広汎性発達障害」（207ページのコラム㉛参照）の診断名が「自閉スペクトラム症」に統一されました（32ページ側注参照）。しかしながら，これらの名称のうち，とくに発達障害者支援法に規定されている「自閉性障害（自閉症）」「アスペルガー症候群」などの名称は現在でも利用されています。そこで，ここでは保育所や幼稚園に在籍している可能性の高い「自閉性障害（自閉症）」のうち，「高機能自閉症」と「アスペルガー症候群」について見てみましょう。

①高機能自閉症：障害がわかりにくい子
　高機能自閉症の子どもの特徴には，「他人がいることや他人の感情に気づかない」「遊びに加わらない」「言語的および非言語的交流をしない」「空想遊びができない」「常同的で反復的な言葉の使用」「単調な運動のくり返し」「モノの一部へのこだわり」「環境の変化をいやがる」「同じ行動のくり返し」「天気予報だけに興味をもつ」，などがあります。
　ところで，この高機能自閉症の子どもたちは，先にあげた特徴や症状が軽い場合もあり，知的能力が高く（知能指数〈IQ〉80以上の子どもも多い），ある程度学校の勉強などができるので障害があることがわかりにくい子でもあります。そのため，ちょっと変わった子と捉えられて，自閉性障害が見過ごされがちになってしまい，適切な援助を受けられない状況に陥ってしまうことが多いようです。

②アスペルガー症候群：こだわりの強い子
　アスペルガー症候群の子どもの特徴は，「自閉症と同様に社会性の障害が見られる」「想像力の障害およびそれに基づく行動の障害が見られる」「自閉症に顕著に見られるコミュニケーション障害は軽微である」「言語発達の遅れが少ない」「知的には正常な者が多い」，などがあります。

ところで，アスペルガー症候群の子どもは，言葉の発達の遅れが顕著ではないことや知的能力に問題が少ないこと，さらに愛着などの親子関係の発達などは幼児期までにあまり問題が見られないなどの理由から発見されにくいようです。そのため，幼稚園に入園をすると，幼稚園の先生の指示に従わないなど集団行動ができない，数字や文字，地図など自分の興味のある対象のみに没頭してしまう，会話はできるがその意味の把握は苦手なので，とんちんかんな言動をとってしまう，などの行動から気づかれることが多いようです。保育所では，幼稚園と異なり集団行動が比較的ゆるやかなため，トラブルになることは少ないようです。

学習障害（LD）：勉強が苦手な子

　学習障害の子どもは，基本的には全般的な知的発達の遅れは見られませんが，以下の問題があります。
・読み書き，および算数に見られる特異的な学習能力の障害（読字障害，書字表出障害，算数障害）
・聞く，話すなどのコミュニケーション能力に見られる言葉の困難さ
・ソーシャル・スキル，社会的認知能力に見られる困難さ
・目と手などの協応運動や協調運動，運動企画能力に見られる運動面の困難さ
・注意の集中・持続力の障害，多動・多弁などの行動上の問題　など

注意欠陥多動性障害（AD/HD）：落ち着きのない子

　注意欠陥多動性障害（AD/HD）の子どもの特徴は，主に以下があります。
・じっとしていられない　　・注意が散漫である
・おしゃべりが過ぎる　　・忘れ物やなくし物が多い　など
　身体的症状としては，ボタンをかける，ファスナーをしめる，靴ひもを結ぶ，はさみで切る，などという複雑な筋肉運動である協調運動が苦手である，といった特徴もあります。

軽度の知的障害(境界知能)：勉強がわかりにくい子

　軽度の知的障害がある子どもの特徴は，主に以下です。
・言語習得に軽い遅れがある
・会話，食事，着脱衣，排泄，清潔の保持などの平易な日常生活の大部分は可能で，家庭内生活はほぼ自立している
・学業上の困難から普通学教育は困難なものが多い
・抽象能力を駆使することは困難で，競争社会のなかで生きてゆくことは難しい　など

4 実習施設への依頼の仕方

1）電話のかけ方

　実習施設の自己開拓を選択した場合には，学生自身が実習希望先へ電話をかけ，実習の依頼をしなければなりません。以下の手順で電話をするとよいでしょう。また，具体的な会話例を〈ワークシート1〉に示しましたので，空欄を埋めて，参考にしましょう。なお，月曜日の午前中，登園時や降園時，昼食時などの忙しい時間帯は避けてかけましょう。また，携帯電話を使用する場合には，電波状態のよい場所からかけましょう。

① 学校名，氏名を伝える。
② 何の実習（幼稚園教育実習，保育実習など）を希望しているのかを伝える。
③ 幼稚園・保育所は園長先生，児童福祉施設は実習担当者につないでいただく。
④ 再度，学校名，氏名，何の実習を希望しているのかを伝える。
⑤ 実習を受け入れていただけるのか，実習依頼手順を尋ねる。
⑥ 園長先生または実習担当者との面談日時を決めていただく。

〈ワークシート1〉電話によるアポイントメント

電話の内容を想定したワークシートです。空欄を埋めて電話をかけましょう。

学生：「（　　　　　　　　　　　　　　　　　　）（園・施設名）でしょうか？」
職員：「はい。」
学生：「お忙しいところ恐れ入ります。わたくしは（　　　　　　　　）大学
　　　（　　　　　　　　　　）学部（　　　　）年の（　　　　　　　　　　　）
　　　と申します。実習の件でお電話いたしました。園長先生（または，実習担当の方）は，
　　　いらっしゃいますか？」
職員：「少々お待ちください。」
職員：「お待たせしました。園長（実習担当）の（　　　　　　　　　　　　　）です。」
学生：「お忙しいところ電話で失礼いたします。わたくしは（　　　　　　　　　）大学
　　　（　　　　　　　　　　）学部（　　　　）年の（　　　　　　　　）と申します。
　　　保育士資格（または，幼稚園教諭免許状）取得のため，来年度，実習を行う予定となっ
　　　ておりますが，（　　　　　　　　　　　　　　　　）（園・施設名）でぜひ
　　　実習させていただきたいと考えております。」

職員：「なぜこの園（または施設）を選んだのですか？」

学生：「（　　　　　　　　　）（園・施設名）の近隣の（　　　　　　　　　）町に住んでおります。（　　　　　　　　　　　　　　　　　）（学びたいことを具体的に）を学びたいと思い，（　　　　　　　　　）（園・施設名）のことをインターネット（または知人のすすめ，など）で知りました。ぜひ，勉強させていただきたいと考えました。」

※担当者に続けて対応してくださるようであれば，以下のように続けましょう。
「できましたら，お会いしてくわしくお話しさせていただきたいのですが，お伺いしてもよろしいでしょうか？」

〇訪問許可の場合

職員：「実習の受け入れは可能です（または，面接してから決めさせてください，など）。園（施設）にいらっしゃってください。」

学生：「ありがとうございます。それでは，いつお伺いしたらよろしいでしょうか？」

職員：「〇月〇日〇時にどうぞ。」

学生：「わかりました。（　　　）月（　　　）日（　　　　）曜日（　　　）時に伺います。失礼ですが，もう一度先生のお名前を教えていただけますか。」

職員：「園長（実習担当）の（　　　　　　　　　　　　　）です。」

学生：「（　　　　　　　　　）先生（または，（　　　　　　　　　）様），ありがとうございます。どうぞよろしくお願いいたします。失礼いたします。」

（※相手が受話器を置くまでは切らない）

〇実習不可の場合

職員：「すでに他校から受け入れているため，これ以上は受け入れられません。」

学生：「わかりました。お忙しいところ失礼いたしました。お時間を割いていただき，ありがとうございました。失礼いたします。」

（※相手が受話器を置くまでは切らない）

〇担当職員不在の場合

職員：「担当者は今，おりません。」

学生：「いつでしたらいらっしゃいますか？」

職員：「〇月〇日〇時頃ならいると思います。」

学生：「それでは，（　　　　）月（　　　　）日（　　　　）曜日（　　　　）時頃，もう一度お電話させていただきます。失礼いたします。」

（※相手が受話器を置くまでは切らない）

2）実習希望施設の実習担当者との面談

　電話でアポイントメントがとれたら，実習希望施設へ出向き，実習の受け入れをしていただけるかどうか，担当者と面談して話し合うことがあります。

　実習担当者との面談によって，実習を受け入れていただけるかどうかが決まりますので，事前の準備が大切です。①なぜこの園（施設）で実習を希望しているのか，②実習で何を学びたいのか，③養成校で指定されている実習期間，④自分自身の保育観（どのような保育者〈士〉になりたいのか），などを紙に書き，質問されたらすぐに答えられるようにしましょう。

　何よりも大切なことは，第一印象です。履歴書を準備するのと同時に，面談の際に着用する衣服にアイロンをかけ，靴やバッグの目立った汚れを落としておきましょう。そしてにこやかな表情で話せるよう，鏡を見て「笑顔」の練習をしましょう。

事前準備

① 実習希望先までの道順や，交通機関等の時刻を調べましょう。道路が渋滞したり，道に迷ったりした場合のことを考え，約束の10分前には到着できるように調整しましょう。また，都合が悪くなったり，約束の時間に遅れそうなときには，訪問先に必ず連絡しましょう。

② 訪問時，担当者から実習の目的や課題などを尋ねられたときに答えられるよう，準備しておきましょう。また，必要事項を書き留められるよう，筆記用具は忘れずに持参しましょう。

③ 「お客様」ではありませんので，上履きは必ず持参しましょう。また，資料をいただいたときに入れるクリアファイルがあると便利です。

訪問当日

① 寒い季節はコートなどを脱ぐ，暑い季節は上着を着用するなどして身だしなみや髪形を整えてから事務室を訪ね，学校名と氏名を名乗り，担当者を呼んでいただきましょう。

② 対応してくださる担当者に丁寧にあいさつし，着席を勧められてから席に着きましょう。また，担当者がいらっしゃるまで一度着席していた場合は，担当者の入室時には起立してあいさつしましょう。

③ 面談の際には，施設を案内してから話してくださる場合と，その逆とがあります。

④ 訪問中は，すれ違う人たちへの会釈やあいさつを忘れないようにしましょう。あいさつは，大きな声ですればよいとは限りません。まわりの状況を見

て判断しましょう。
⑤ 担当者から説明を聞くときにはメモを取り，わからないことは質問しましょう。

実習日程の調整

① 養成校で決められている実習期間を伝え，開始日と終了日を確認しましょう。
② 施設実習での夜勤の場合には，午前0時を境目として2日目とカウントします。
③ 休憩時間を実習時間に含めるのかどうかは，養成校によって異なります。訪問前に養成校に確認しましょう。
④ 実習時間や日数が不足した場合には単位が認定されませんので，規定時間・日数であるかどうか十分に確認しましょう。とくに，実習期間中に休日をいただける場合には，規定に達しているかどうか，注意しましょう。

コラム ③

「子どもの権利条約」を知っていますか？

　「子どもの権利条約」を知っていますか？　読んだことはありますか？　条文を覚えていますか？

　「子どもの権利条約」は，正式には「児童の権利に関する条約」といい，1989（平成元）年11月20日の国際連合（国連）総会第44会期において全会一致で採択された国際的な条約です。日本政府は，1990（平成2）年9月21日に世界で109番目の国として署名し，1994（平成6）年3月29日国会で承認，4月19日閣議決定，4月22日に国連事務総長に批准書＊が寄託され，条約の規定により30日後の5月22日に日本でも効力が発生しました。

　この条約の特徴は，①生命・生存・発達を中核とした権利の包括的保障（前文，第2条，第6条など），②権利行使の主体としての子ども（第12条〜第16条など），③子どもの最善の利益の確保（第3条，第4条，第9条，第19条，第20条など），④困難な状況下にある子どもの緊急かつ優先的な保護（第22条〜第27条，第30条，第32条〜第40条など），⑤親・家族（環境）の重視（第5条，第7条〜第10条，第18条，第20条，第21条など）です。

　現在，児童福祉施設では，この条約を基礎としてさまざまなことが成り立っています。必ず，目を通して覚えておきましょう。

＊批准：国際社会に，その条約や規約のような約束事が存在すべきことに賛成したことを表明するため，国連に「批准書」を提出し，国内外に正式に条約に加盟したことを公表すること。

5 実習施設での事前オリエンテーション

1）実習に向けた準備

実習開始1ヵ月前から始めましょう

　実習開始前には，実習先での事前オリエンテーションがあります。これは，実習の心がまえや実習中の留意事項，実習先の概要などについての説明を受け，実習に向けての準備をするためです。多くの場合，実習開始1ヵ月前頃から初日までの間に行われます。

　学外実習は，この事前オリエンテーション依頼の電話から本格的にスタートします。はっきりとした声と聞きとりやすい速さであいさつ・自己紹介を行い，園の選択理由，実習の目的などを伝えます。電話は，相手に声だけで伝える手段です。表情が見えないので，細心の注意を払っての対応が必要です。

　オリエンテーションが実習初日の場合には，必要なもち物や勤務時間などを電話で確認しなければなりません。20ページの「4）オリエンテーションでの持参品および確認事項」と表1-5，表1-6を参考にして確認します。

2）電話での依頼の仕方

　以下の手順で電話をするとよいでしょう。具体的な会話例を〈ワークシート2〉に示しましたので，空欄を埋めて，参考にしましょう。なお，月曜日の午前中，登園時や降園時，昼食時の忙しい時間帯は避けてかけます。
① 学校名，氏名を伝える。
② 福祉施設での実習の場合は，保育実習を希望していることを伝える。
③ 幼稚園・保育所は園長先生，福祉施設は実習担当者につないでいただく。
④ 再度，学校名，氏名，何の実習を希望しているのかを伝える。
⑤ 受け入れていただいたことへのお礼を述べる。
⑥ オリエンテーションの日時を決めていただき，必要な書類などを確認する。
　 指定された日時に授業が入っている場合には事情を伝え，違う日時にしていただく。
⑦ 施設の場所がわからなければ，最寄りの駅からの交通手段やバス停の名前などを確認する。

Part1 ◆ 5 実習施設での事前オリエンテーション

〈ワークシート２〉電話によるアポイントメント

電話の内容を想定したワークシートです。空欄を埋めて電話をかけましょう。

学生：「（　　　　　　　　　　　　　　　）（園・施設名）でしょうか？」
職員：「はい」
学生：「お忙しいところ恐れ入ります。わたくしは（　　　　　　　　　）大学（　　　　　　　　　）学部（　　　）年の（　　　　　　　　　）と申します。実習の件でお電話いたしました。園長先生（または，実習担当の方）は，いらっしゃいますか？」
職員：「少々お待ちください。」
職員：「お待たせしました。園長（実習担当）の（　　　　　　　　）です。」
学生：「お忙しいところ電話で失礼いたします。わたくしは（　　　　　　　　　　　）大学（　　　　　　　　　　）学部（　　　）年の（　　　　　　　　　）と申します。保育士資格（または，幼稚園教諭免許状）取得のため（　　　）月の実習を受け入れてくださいまして，ありがとうございます。どうぞよろしくお願いいたします。実習の事前指導をお願いしたくて電話しました。」
職員：「わかりました。その前に，なぜこの園（または施設）を選んだのか，理由を聞かせてください。」
学生：「（　　　　　　　　）（園・施設名）の近隣の（　　　　　　　　　　　　）町に住んでおります。（　　　　　　　　　　　　　　　　　　　　　）（学びたいことを具体的に）を学びたいと思い，（　　　　　　　　）（園・施設名）のことをインターネット（または知人のすすめ，など）で知りました。ぜひ，勉強させていただきたいと考えました。」
職員：「そうですか。では，事前の打ちあわせの日程を調整しましょう。」
学生：「ありがとうございます。いつお伺いしたらよろしいでしょうか？」
職員：「○月○日○時にどうぞ。」
学生：「わかりました。（　　　）月（　　　　）日（　　　　）曜日（　　　　）時に伺います。オリエンテーションに持参する書類はありますか？」
職員：「実習初日に出していただく書類がいくつかありますので，オリエンテーションでお知らせします。」
学生：「わかりました。園（施設）へは，（　　　　　　　　）線の（　　　　　　　　）駅（　　　）口が一番近いでしょうか？」
職員：「はい。」
学生：「（　　　　　　　　）駅からどこ行きのバスに乗ればよいのでしょうか？」
職員：「（　　　　　　　　　）行きに乗って（　　　　　　　　　）で降りてください。」
学生：「わかりました。失礼ですが，もう一度先生のお名前を教えていただけますか。」
職員：「園長（実習担当）の（　　　　　　　　　　　　）です。」
学生：「（　　　　　　　　　　）先生（または，（　　　　　　　　　　　）様），ありがとうございます。どうぞよろしくお願いいたします。失礼いたします。」

（※相手が受話器を置くまでは切らない）

3）実習先の担当者との面談

実習担当者との面談は以下の手順で行います。
① 本章「4 実習施設への依頼の仕方」の「（2）実習希望施設の実習担当者との面談」（16ページ）と同様の手順で面談します。
② 養成校によっては，健康診断書，細菌検査書，誓約書などの書類の提出期日や，代表者名（どなたに提出するのか）を確認するよう指示されることもあります。養成校での事前指導などで配布される書類で確認しましょう。
③ なるべく施設内を見学させていただくようにしましょう。実習先の雰囲気を肌で感じる貴重な機会となります。

4）オリエンテーションでの持参品および確認事項

チェックリストで準備を

表1-5，表1-6のチェックリストを参考にして，オリエンテーションの準備を進めましょう。

表1-5　オリエンテーション持参品チェックリスト

チェック欄	持参品
	実習日誌（実習記録）
	実習日誌（実習記録）1日分のコピー
	養成校・実習先から指定された書類
	（　　　　　　　　　　　　　　　　　　　　　　　　　　　　　　　）
	（　　　　　　　　　　　　　　　　　　　　　　　　　　　　　　　）
	（　　　　　　　　　　　　　　　　　　　　　　　　　　　　　　　）
	（　　　　　　　　　　　　　　　　　　　　　　　　　　　　　　　）
	筆記用具・メモ帳
	上履き
	クリアファイル

表1−6　オリエンテーション確認事項チェックリスト

チェック項目	注意事項	確認事項記入欄
実習日誌	枠内に書ききれないときは，紙を貼って書き足してもよいか（よい場合には，実習前に用紙をコピーしておく）。	
	修正テープの使用は可能か（不可能なら，訂正箇所を二重線で消して，訂正印の押印が必要か確認する）。	
	人名の書き方はイニシャルか（登場順にA，Bと書くように指示される等の場合もある）。	
	何時に，どこで，どなたに提出するのか（毎朝8時に，職員室で，主任に提出，など）。	
服装	保育中の服装（無地のTシャツ，トレーニングパンツ，淡色で無地のエプロンなど）。	
	昼食時に準備するもの（エプロン，かっぽう着，三角巾，マスクなど）。	
名札	着用するのか，エプロンに縫いつけるのか（縫いつける場合には，複数のエプロンの準備が必要）。	
	大きさ	
	形（丸，四角など）。	
	材質（堅い素材か，柔らかい素材か）。	
	名前の書き方（フルネームをひらがなで，漢字にルビをふるなど）。	
もち物	外履きに色などの指定はあるか。	
	常備が必要なものはあるか（コップ，箸，スプーン，フォークなど）。	
	夏季の水遊び時の服装（水着の上にTシャツ着用など）。	
食事	弁当を持参するのか（主食だけ持参，園で支給など）。	
実費	給食費などは，いつ，どのように，いくら支払うのか（最終日に，会計担当者に，○○円など）。	
提出書類の提出期限	健康診断書	
	細菌検査書	
	課題レポート	
	部分実習指導案	
そのほか	園バスの出発時間（乗車しない保育者は，保育室の掃除や遊具の点検などがあるので，この時間までに出勤することが望ましい）。	
	ピアノ弾き歌いの機会はいただけるか（いただける場合には，事前に楽譜をいただけるか確認）。	
	障害児を受け入れているか（障害の種類や注意点も確認）。	
	資料はいただけるか（実習日誌に「施設概要」などを記入する欄がある）。	
	園長・施設長の出勤時間（万が一遅刻や欠勤をするときには，「長」に相談する必要がある）。	

個人調書と自己紹介

1）個人調書（学生調査票・履歴書）の書き方

楷書で丁寧に

　実習先には履歴書である個人調書（学生調査票・履歴書）を提出します。以下の事項を参考にしながら記入，作成しましょう。

① **筆記具**：筆記具は黒のペンを用います。0.4ミリ程度のものを使うと見やすく書けます。修正テープは使えませんので，あらかじめコピーした用紙に下書きしてから清書しましょう。止め，はね，はらいに気をつけて楷書で丁寧に記入することが大切です。

② **写真**：（ⅰ）「写真」から受ける第1印象は非常に重要です。細心の注意を払って撮影します。

　　　　　（ⅱ）サイズは，養成校によって異なります。規定の大きさのものを用意しましょう。モノクロ，カラーなどの指定も養成校によってさまざまです。

　　　　　（ⅲ）スナップ写真やプリクラ，ピンぼけ，顔の輪郭が切れるほどのアップなどは不適切です。また，めがね利用者は着用し，眉毛が隠れないよう前髪の長さに気をつけて，正面・上半身・無帽・スーツ着用で撮影しましょう。髪型や髪の色，アクセサリーに注意し，女性は自然なお化粧での撮影を心がけます。

　　　　　（ⅳ）写真の裏には学籍番号，氏名を記入してから貼ります。

③ **氏名**：「氏名」には必ずふりがなをつけます。

④ **住所**：「住所」は省略せず，都道府県から記入します。

⑤ **緊急連絡先**：「緊急連絡先」には，実習中の居住が実家以外の方は実家の住所や家族の携帯電話番号などを記入します。

⑥ **学歴**：「学歴」は，指定のない場合には高等学校卒業から記入します。公立の場合には「〇〇県（都・道・府・市・町・村）立△△高等学校」，私立の場合には「□□高等学校」（学校法人□□学園等とは記入しません）と書きます。

⑦ **健康状態**：「健康状態」は通常「良好」と記入しますが，心配ごとなどがある場合は，事前に養成校に相談するとよいでしょう。

⑧ **趣味・特技**：「趣味・特技」には，趣味のほかに取得した資格（英検2級な

ど）も記入します。
⑨ **ボランティア経験**：「ボランティア経験」を記入する欄がない場合には，「備考」などに記入するとよいでしょう。
⑩ **実習の抱負・課題**：「実習への抱負」「実習の課題」は，実習でどのようなことを学びたいのかについて，読みやすい大きさの文字で記入します。

2）自己紹介の準備

顔と名前を覚えてもらいましょう

　自己紹介は，自分の顔と名前を覚えてもらうことが最大の目的です。子ども（利用者）に興味・関心のあることを交えて自己紹介をしておくと，廊下や園庭で担当クラス以外の子ども（利用者）からも声をかけてもらえるきっかけがつくれます。

　実習中に何度か自己紹介をしますが，それぞれ対象者が異なります。対象者にあった内容や適切な時間で行うことが求められます。

　表1－7を参考にして，事前に準備しましょう。

表1－7　自己紹介の方法

対象者	時間	話す内容
保育者・職員	30秒程度	①学校名　②氏名　③実習期間　④実習の目標　⑤「よろしくお願いします。」
全園児・全利用者	30秒程度	①氏名（「先生の名前は○○です，○○先生と呼んでください。」） ②好きな色，動物，遊びなど（「○○先生は，こおり鬼をするのが大好きです。」） ③何をしたいのか（「お友だちのみなさんと，園庭でたくさん遊びたいと思います。」） ④「よろしくお願いします。」
担当クラス	1～5分程度（口頭だけなら1分程度，視覚教具がある場合には最大5分程度）	エプロンシアター，スケッチブック，カードなど，視覚的教具を使った自己紹介をすると，子ども（利用者）が興味をもって聞く。また，1人で話すスタイルではなく，子ども（利用者）が参加できるような形（「巻き込み型」）で展開するとよい。 ①氏名（「先生の名前を覚えているお友だちはいますか？」） ②好きな色，動物，遊びなど（「先生の好きな色を当ててください。」） ③話を展開する（「そうです，ピンクが好きです。だから，今日は，ピンクのエプロンをつけています。」） ④氏名を覚えてくれたか確認（「先生のお名前を，みなさんで言ってみてください，さんはい！」） ⑤「よろしくお願いします。」

コラム ④

アスペルガー症候群とそのほかの発達障害との違いは？

　アスペルガー症候群とそのほかの発達障害との大きな違いは，主に「言葉」です。アスペルガー症候群は「言葉が達者な自閉症」などといわれ，知的な遅れはほとんど見られません。

　また，アスペルガー症候群児の一部には「多動」が見られるため，注意欠陥多動性障害（AD/HD）児と間違われることがあります。こちらの大きな違いは「対人関係」にあります。AD/HD児は友人関係が良好ですが，多動をともなうアスペルガー症候群児は，人間関係を上手に構築する手立てがわからず，集団になじめず孤立することが少なくありません。他人の言葉に過剰反応したり，決まりが守れずトラブルを起こすこともしばしばあります。

　また学習障害（LD）との違いは，LD児は字の読みとりが稚拙ですが，アスペルガー症候群児は文章をスラスラと読めます（ただし，意味を把握していません）。つまり，アスペルガー症候群は，言葉の発達や知的な遅れが少なく，むずかしい言葉でもスラスラと話せることなどから，幼児期には発見しにくい障害の1つとなっています。

コラム ⑤

「こども家庭庁」がスタート

　2023年（令和5）年4月から「こども家庭庁」がスタートしました。同庁は，これまで主に厚生労働省と内閣府が主導してきた少子化対策，児童虐待防止，子育て支援，子どもの貧困対策など，幅広い分野の課題を一元化して受け持ち，保育所と認定こども園を所管します（幼稚園は引き続き文部科学省の管轄）。

　こども家庭庁の基本理念には，国連が1989年に採択した「児童の権利に関する条約（通称：子どもの権利条約）」が規定する「こどもの最善の利益の尊重」があり，新たに国内法としてこれを定めた「こども基本法」も同時に施行されました。

【こども家庭庁の任務】

　こどもが，自立した個人としてひとしく健やかに成長することができる社会の実現に向け，子育てにおける家庭の役割の重要性を踏まえつつ，こどもの視点に立って，こどもの年齢及び発達の程度に応じて，その意見を尊重し，その最善の利益を優先して考慮することを基本とし，こども及びこどものある家庭の福祉の増進及び保健の向上その他のこどもの健やかな成長及びこどものある家庭における子育てに対する支援並びにこどもの権利利益の擁護に関する事務を行うことを任務とする。

資料）内閣官房「こども政策の新たな推進体制に関する基本方針」2021より

Part2
児童福祉施設等実習

1 児童福祉施設等での実習

1) 福祉施設保育士とは

福祉の専門職としての保育士

　保育を学び始めた多くのみなさんがイメージしている「保育士」とは，保育所に勤務する保育者のことだと思います。しかし，保育士の職務は保育所だけでなく，広く児童福祉施設に加え，ほかの福祉施設にまでおよびます。保育所が児童福祉施設の1つであることは，すでに学習していることでしょう。ですから保育士とは，これらの施設に従事することができる福祉の専門職を意味します。

　児童福祉施設には，「保育所」「幼保連携型認定こども園」以外に「乳児院」「母子生活支援施設」「児童厚生施設」「児童養護施設」「障害児入所施設」「児童発達支援センター」「児童心理治療施設」「児童自立支援施設」「児童家庭支援センター」があります（児童福祉法第7条＊）。

　つまり保育士とは，0歳から18歳までの社会的な養護を必要とするさまざまな状況におかれた子どもたちを保育することを専門とする職業です。保育所に勤務する保育士を「保育所保育士」とよぶのに対し，保育所以外の児童福祉施設等に勤務する保育士を「福祉施設保育士」といいます。福祉施設保育士の職務は，本章「3　児童福祉施設等実習のポイント」の表2－6（37ページ）に見られるように，専門的な技術はもとより，生活能力および治療的な役割も求められるなど，従事する施設の種別によっても多岐にわたります。したがって，保育士資格を取得するためには，こういった職務にかかわる知識および技術も身につけている必要があります。

＊児童福祉法第7条には，これらのほかに「助産施設」「里親支援センター」があるが，現在，これらの施設は保育実習先には該当していない。

2) 施設での実習

　児童福祉施設での実習は，一般的には，表2－1に示す福祉施設の種別のなかから養成校で指定された実習先で実施します。また児童福祉施設に加えて，18歳を超えた障害のある方を支援する障害者支援施設などで実習することがあります。

　そのため，実習先である福祉施設は，なんらかの養護が必要な子どもたちの施設（養護系）と，障害のある子ども・成人のための施設（障害系）とに，大

表2-1　保育実習Ⅰ（施設）の実習先一覧*

分類	施設種別	施設名
養護系	○子どもに生活の場を提供し自立を支援する入所施設	乳児院 児童養護施設 母子生活支援施設
養護系	○心理的・環境的に不適応を示している子どものための施設等	児童自立支援施設 児童心理治療施設 児童相談所一時保護施設
養護系	○配偶者のいない女性とその子どものための施設	母子生活支援施設
障害系	○障害のある子ども・成人のための施設	障害児入所施設 児童発達支援センター 障害者支援施設 指定障害福祉サービス事業所（生活介護，自立訓練，就労移行支援又は就労継続支援を行うものに限る） 独立行政法人　国立重度知的障害者総合施設のぞみの園

※保育実習Ⅲの実習先として指定されている児童福祉施設には，上記のほかに児童館，児童遊園などの児童厚生系の施設があります（Part 3 参照）。
※児童相談所には，子どもを一時保護する施設が付設されていることがあります。
※児童福祉法で児童福祉施設としては定められていない施設も含まれていますが，施設実習として指定されているため収載しています。

＊指定保育士養成施設の指定及び運営の基準についてより（令和4年8月31日）

きく分けられます。本来はそのすべてを経験した上で保育士の職務を理解することが望ましいのですが，実際は，そのうちの1つあるいは2つの施設を選択または配属されて実習を行うことになります。それぞれに設置目的が異なるように，そこで行われる実習の形態も異なるため，施設に応じた実習の準備をする必要があります。

3）事前学習のポイント

実習施設の設立目的を十分理解しよう

　実習先では，あらかじめその施設の設立目的を十分に理解した上で，実習に臨むことが求められます。福祉施設の場合，その種別によっても根本的な設立目的が異なりますし，また同じ種別の施設であっても，設立の理念や指導方針など独自の方針があり，特色が異なる場合があります。各施設の設立目的については，授業ノート，参考資料などで調べるとともに，インターネットなどに掲載されている施設の概要から，情報を得ることができます。なお，こうしたことは施設で行われる事前のオリエンテーションまでに取り組んでおくことが必要です。また，個々の施設の特色については，オリエンテーションでいただく資料や，同じ施設で実習をした過去の先輩の実習記録などもその参考になるでしょう。

表2－2に，事前に調べておくこと，整えておくことが望ましい事柄をあげます。これらの事柄のうち，実習を実施する上で必要な部分については実習日誌に記述し，その他の情報については，実習サブノートとして整理しておくとよいでしょう。

また，施設での実習では，普段かかわることの少ない，さまざまな事情を抱えた子どもたちや障害のある人と接することになります。偏見など誤った先入観は，実習を実りあるものにはしてくれません。もし自分のこころのなかに何らかの先入観のようなものがあると気づいたなら，実習担当の教員との面談などを通して，社会的養護が必要な人たちに対し正しく理解できるよう，こころの準備を整えておくことも大切な事前学習の1つです（102ページのコラム⑰を参照）。

なお，実習で学ぶべき事項について表2－3にまとめたので，参考にしてください。また，章末に保育実習Ⅰ・Ⅲの事前課題のワークシートを掲載しましたので，実習に先立って活用しましょう。

表2－2　事前に調査・整理しておく事柄

○実習施設に関係する法制度の理解
○利用している子ども，利用者の症状およびニーズ
○実習施設の種別における業務内容，具体的な支援の方法
○実習施設の種別における職員構成
○生活習慣および生活リズムの見直し

表2－3　実習で学ぶべき事項

実習施設について	① 実習施設の機能や役割 ② 実習施設の沿革，方針，特徴 ③ 実習施設の施設内環境および地域環境 ④ 実習施設の人的環境　　など
対象児・者について	① 子ども（利用者）の生活 ② 子ども（利用者）の遊び・余暇活動，訓練，作業 ③ 子ども（利用者）の仲間関係 ④ 子ども（利用者）の発達，障害の程度 ⑤ 子ども（利用者）一人ひとりの特徴　　など
保育（療育・支援）について	① 1日の生活の流れ ② 保育（療育・支援）の内容 ③ 子ども（利用者）の遊び・余暇，活動・作業などへの援助 ④ 清掃，保健安全，保育（療育・支援）展開上必要な整理整頓などの環境整備 ⑤ 遊び・余暇，活動・作業などのための教材準備や環境構成 ⑥ 指導計画，支援計画の立て方とその実際 ⑦ 職員同士のチームワーク ⑧ 家庭との連携 ⑨ 子育て支援　　など

コラム ⑥

なぜ社会福祉施設で実習するの？

　保育士資格を取得するためには，保育所だけでなく，表1-2（7ページ）に示すように児童福祉施設，障害児・者施設など社会福祉施設での実習が必修です。このことを，養成校入学後に初めて知る人が少なくありません。では，なぜ，保育士資格取得にさまざまな社会福祉施設での実習が必要なのでしょうか。

　第1の理由は，保育所が児童福祉施設の1つだからです。つまり児童福祉施設の1つである保育所の専門職となるためには，保育所以外の児童福祉施設での仕事を知る必要があるということです。

　第2の理由は，保育士が，多くの児童福祉施設に配置される職員のなかに含まれているからです。また児童福祉施設だけではなく，障害者支援施設などの福祉施設や高齢者福祉施設などでも保育士は活躍しています。知的障害者を対象とした福祉施設では，職員配置の「最低基準」に保育士は含まれていません。しかし，子どもたちの健やかな成長・発達を促し，生命を守る保育士の専門的な知識や技能は，障害のある人たちの療育（➡**用語説明**）にも役立ちます。

　第3の理由（これがもっとも重要な理由ですが）は，今日，保育所においても専門的なケアを必要とする子どもたちが増加しているからです。さまざまな問題を抱えた子どもたちを理解して保育するためには，高い専門性が求められています。さまざまな福祉施設での実習を通して，子どもの権利を護り，生活を守って支えることの大切さを理解し，子育ての重要性を理解することが，児童・社会福祉施設はもちろん，保育所での保育につながるからです。

　「保育士資格取得に，なぜさまざまな福祉施設での実習が必要なのか」，自分なりに考えて，その答えを出してみましょう。

2 対象となる子ども・利用者の実態

1) 養護系

　養護系の施設とは,「乳児院」「児童養護施設」「母子生活支援施設」「児童自立支援施設」「児童心理治療施設」など, 主に家庭環境上, 養護を必要とする子どもたちが利用する施設をさします。

　乳児院を除き, 養護系の施設は原則18歳までの子どもが入所しており, 利用している年齢に幅があります。そのため, 乳幼児期から思春期までの子どもたちのそれぞれの年齢相応の発達段階の特徴について理解しておく必要があります＊。

＊2020（令和2）年までは厚生労働省で実施されていました。

　こども家庭庁は, 5年ごとに「児童養護施設等入所児童調査」を行っています。2023（令和5）年2月1日付の調査（2024〈令和6〉年2月に発表）では,「被虐待体験の有無と種類」にもふれていますが, 児童養護施設では71.7％, 児童自立支援施設では73.0％, 児童心理治療施設では83.5％に被虐待経験があったという結果が出ています。施設を利用する子どもたちは, 心理的に傷ついていたり, 人との関係を築く上で困難さを感じたりすることが多いのです。そのため, 子どもたちが安全で安心であると感じられるような生活環境を整える必要性が高い状況にあります。

　また, 養育環境だけではなく, 知的障害や注意欠陥多動性障害（AD/HD）, 広汎性発達障害, 身体虚弱, 肢体不自由, そのほかの心身障害など, さまざまな障害のある子どもの入所も増えてきています。

　こうしたことから, 養護系の施設では, 子どもを保護するだけではなく, ともに住まう存在として, おとなとの関係性の心地よさが感じられるような心理的ケアも含めた生活支援が必要とされています。

　何気ないくらしの営みのなかで, 人的・物的環境をも含めた生活環境を整え, 子ども一人ひとりが大切にされ, これまで十分に護られてこなかった子どもの権利を護り, こころの傷を癒し, 子どもたちがいきいきと生活できるような保育士の働きかけが必要となるのです。これまでは, 大舎制が多くを占めてきた施設も, 現在では, 可能な限り家庭的な環境において安定した人間関係を築くことができるよう, 生活単位を小さくする施設の小規模化が進められています（57ページと65ページの側注参照）。

　最近の動向としては, 施設を利用する子どもが抱える問題の複雑化・多様化をふまえて, 直接, 養育や支援にかかわる職員の配置基準の引き上げが30数年

ぶりに実施されました。

　また，それぞれの施設では，養育・支援の内容と運営に関する指針を定める「施設運営指針」と，日々の暮らしのなかで行われる具体的な支援の「手引書（指針の解説書）」が作成されています。この運営指針は，子どもたちへの適切な支援を実現することを目的としたものであり，対象となる子どもの特徴と背景や，養育のあり方の基本についても述べられていますので，必ず目を通しましょう。

2）障害系

　障害系の施設とは，「障害児入所施設」「児童発達支援センター」「障害者支援施設」「指定障害福祉サービス事業所（生活介護，自立訓練，就労移行支援又は就労継続支援を行うものに限る）」「独立行政法人　国立重度知的障害者総合施設のぞみの園」など，障害のある子どもやおとなが利用する施設をさします。

知的障害児

　知的障害児とは主に18歳未満の発達期に知的な遅れがみられる子どもをさします。「知的な遅れ」とは，発達検査による知能指数の値が著しく低いことで，児童福祉法第4条の2には，「障害児とは，身体に障害のある児童，知的障害のある児童，精神に障害のある児童又は治療方法が確立していない疾病その他の特殊の疾病であつて障害者の日常生活及び社会生活を総合的に支援するための法律（平成17年法律第123号）第4条第1項の政令で定めるものによる障害の程度が同項の主務大臣が定める程度である児童をいう」という規定があります。

　つまり，障害児とは，身体・知的・精神（発達障害児を含む）に加え，難病の子どもをさします。障害系では，こうした子どもとおとなが支援の対象であり，これらの障害によって，日常生活にさまざまな支障をきたしていることが入所の基準となります。地方自治体で行われる健診や，専門機関で行われる発達検査などを経て判断されます。

　知的障害には法令上の定義はなく，医療や福祉，教育など，支援の立場によってとらえ方や範囲が異なります。また，都道府県など自治体によっても規準が異なるため，対象者の居住地によって対応が変わりますが，多くの自治体では「療育手帳」（➡用語説明）の発行をもって，知的障害者の制度的な立場を明確にしています。ただし，「療育手帳」の名称も地域によってさまざまであり，児童相談所，市町村保健センター，医師などにより療育（➡用語説明）の必要性が認められた児童も対象となります。

表2-4 知的障害の程度の分類

厚生労働省		ICD-11**	DSM-5***
知的障害		知的発達症（仮称）	知的能力障害群
Ⅳ軽度	IQ*51～70	軽度	軽度
Ⅲ中度	IQ36～50	中等度	中等度
Ⅱ重度	IQ21～35	重度	重度
Ⅰ最重度	IQ20～	最重度	最重度
ICD-10を基準に作成。IQだけでなく，生活能力を合わせて障害等級を導き出している。		ICD-11からはIQが廃除され，知的機能と適応行動をパーセンタイルで表している。	概念的領域，社会的領域，実用的領域などで達成されるべき課題を参考に決定される。

※機関により知的障害の呼称も異なります。

> *IQ（Intelligence Quotient知能指数）：知能検査により，人の知能を数値化することで，学童期以降に用いられる。幼児の場合には主にDQ（Developmental Quotient：発達指数）が用いられている。
>
> **ICD-11：WHO（世界保健機関）が作成した疾患の分類であり，国際疾病分類（英：International Classification of Diseases, ICD）と呼ばれる。1900年の初版より改正が重ねられ，現在は，11版が発効されており，国内で和訳などの準備が進められている。
>
> ***DSM-5：アメリカ精神医学会が定めた精神障害の分類を定めたものであり，精神障害の診断と統計の手引き（Diagnostic and Statistical Manual of Mental Disorders, DSM）である。1952年の初版より改正が重ねられ，現在は2013年に改正された第5版が用いられている。それまで，広汎性発達障害（自閉症，アスペルガー障害など）としていた発達障害の分類が第5版からは「自閉スペクトラム症」と統合された。

　知的障害の子ども（学童期以降）の診断には，おおむね表2-4のような知能検査による規準が用いられ，生活能力などを合わせて総合的に判定されます。
　知的障害は知的な遅れだけではなく，心臓疾患や肢体不自由など，身体的な機能の合併症をともなう場合が多く，そのため，施設での支援の内容も子どもによって多岐にわたっています。

知的障害者（知的発達症）

　知的障害者（ICD-11では，知的発達症とされる予定です）とは，前にも述べたように，法令上の定義はありません。一般的には知的に障害がある18歳以上の人をさします。その規準となる目安は，先に述べた知的障害児の内容で示した知能検査結果によりますが，用いる検査および障害の程度については自治体によって大きな違いがあり，全国的な規準は設けられていません。そのため，知的障害の程度は，軽度なものから最重度のものまでと大きな幅があり，症状も重複障害や行動障害がともなうものなど，さまざまです。そのため，利用者一人ひとりには慎重な配慮と対応が必要です。各都道府県では療育手帳を交付していますが，この手帳は保護者などが申請をし，診査を経て交付されるものです。
　また近年では，一定のプログラムを終了しても利用者が長く入所し続け，その結果，入所者の高齢化が進んでいるなど，障害のある人の社会の受け入れ体制の不十分さが原因となる課題も多くあります。

発達障害児・発達障害者

　発達障害とは，発達障害者支援法第2条第1項で「自閉症，アスペルガー症候群その他の広汎性発達障害，学習障害，注意欠陥多動性障害その他これに類する脳機能の障害であってその症状が通常低年齢において発現するものとして

政令で定めるものをいう」と定義されています。また，同法では，上記に示す障害により，日常生活または社会生活に制限を受ける者を「発達障害者」とし，発達障害者のうち18歳未満を「発達障害児」としています。これらの障害は，さまざまな要因が複雑に関与して起こる脳の機能障害であり，対人関係やコミュニケーションに関する障害，パターン化した興味やこだわりなどの特徴があります。現在，診断の基準となるDSM-5では，広汎性発達障害ではなく，自閉症スペクトラム障害，自閉スペクトラム症（ASD＊）と総称し，程度の違いや個々の状態に応じた対応がされています。

発達障害児また発達障害者への援助には，医療的，福祉的および教育的援助があり，併せて生活指導ならびに学習支援など，さまざまな療育が行われています。なお，医療機関での治療が必要な子どもは「医療型障害児入所施設」に，療育を主な目的とした子どもは「福祉型障害児入所施設」に入所しています。

＊ＡＳＤ：Autism Spectrum Disorders＝自閉スペクトラム症。詳しくはPart 1の「3 特別な支援を必要とする子どもについて知る」と，Part 4の「14 特別な支援を必要とする子どもへの配慮」参照。

肢体不自由児

肢体不自由児とは，運動に関する中枢神経や筋肉，関節が，外傷や病気などによって障害を受けることにより，歩行などの移動動作だけではなく，食事をとるといった日常生活においても困難さのある障害のある子どもをさします。

肢体不自由児を受け入れている施設では，脳性まひの子どもが多数を占めます。脳性まひは，大脳の中枢神経系に損傷を受けることによって，運動障害や不随意運動＊＊が生じ，筋肉の緊張などもあり，食事や排泄の介助が必要になることも多いといわれます。また，言語に障害があり，発語しづらい状況になることもあります。

身体の障害については，みずからのからだを動かしたいが思うように動かない，動かしたくなくても常にからだが動いてしまうといった状態も見られます。

また，知的，言語，聴覚などの障害が重複している子どもも多く，入所児童の低年齢化，重度化が見られます。子どもたちは，医師の診断に基づき，入所または通所し，そこで，治療やリハビリテーション，生活支援などの療育＊＊＊を受けています。

＊＊自分の意思に関係なくからだが動いてしまう運動のこと。

＊＊＊肢体不自由児にかかわる施設の多くが，日常のプログラムのなかに療育を実施している。

盲ろうあ児・難聴幼児

「盲ろうあ児」という言葉は具体的な障害の名称ではなく，視覚に障害のある子どもをさす「盲児」と，聴覚に障害のある子どもをさす「ろうあ児＊＊＊＊」を総称したものです。盲児・ろうあ児を支援する施設では，おおむね2歳から18歳までの子どもたちへの手話，点字，歩行訓練など，日常生活が送れるようになるための生活指導などを行っています。視覚障害は，視力によって障害の等級が定められています。また，視野が狭い「視野狭窄」とよばれる視機能障害があるなど，その症状はさまざまです。聴覚障害も同様に，聴力によって

＊＊＊＊耳が聞こえず，言葉を話せない子どものこと。

等級が定められています。入所か通所かなど，施設種別の選択については，医療機関や関係機関による総合的な判断により，実施されます。
　「難聴幼児」とは，ろうあ児に比べて障害の程度が軽度であり，また，日常生活には比較的支障が少なく，補聴器などの器具やリハビリテーション，訓練などで改善の見通しがある子どもをさします。

重症心身障害児

　重症心身障害児とは，重度の知的障害および肢体不自由が重複している児童のことをさします。
　入所理由としては，①24時間体制で医療による注意深い観察が必要なため，在宅での生活が困難である，②家庭での生活は可能だが，より適切な医療やリハビリテーション，教育，生活指導を受ける必要がある，③家庭での養育が困難な状況にある，などが考えられます。利用児・者は，知的障害と肢体不自由のいずれもが重度です。また，上記以外の入所理由としては，脳性まひの割合が高くなっています。

コラム ⑦

発達障害の診断基準　DSMとICD

　32〜33ページに記したように，発達障害の診断基準にはDSMとICDとがあります。DSMとICDとは列挙して参照されることも多く，同じように国際的に使用されている疾病分類です。DSMはアメリカ精神医学会が，ICDは複数の国が加盟するWHO（世界保健機関）が作成する疾病分類で，DSMは精神障害のみを対象とし，ICDは身体疾患を含むすべての疾患を分類しています。

〈DSMとICDの違い〉

最新版	DSM-5	ICD-10
発表年	2013年	2007年（2022年にICD-11発効）
作成機関	アメリカ精神医学会	世界保健機関（WHO）
分類の対象	精神疾患	疾病全般
主な使用法	医学的	医学的・行政的
「発達障害」の定義	・「神経発達症群／神経発達障害群」というカテゴリーに分類され，さらに「自閉スペクトラム症」や「注意欠如多動性障害」など7つの診断基準がある ・知的障害も発達障害と捉えることが一般的	・「自閉症，アスペルガー症候群その他の広汎性発達障害，学習障害，注意欠陥多動性障害その他これに類する脳機能の障害であって，その症状が通常低年齢において発現するもの」（発達障害者支援法） ・知的障害のみでは発達障害とみなさない

　DSMは精神疾患が22のカテゴリーに分けて解説され，日本でも精神疾患の診断に用いられています。一般的に「発達障害」は，カテゴリー「神経発達症群／神経発達障害群」に分類され，さらに「自閉スペクトラム症」や「注意欠如多動性障害」など7つの診断基準に分けられています。

　一方ICDは，DSMのように精神疾患だけではなく体の病気などすべての疾患を分類の対象としていて，日本の行政で採用されています。2018（平成30）年6月にICD-11が公表され，2019（令和元）年5月のWHO総会で承認されました。WHOは2022（令和4）年1月にICD-11を正式に発効。この改訂でDSM-5と同様の診断名「自閉スペクトラム症」に変更されました。なお，現在日本ではICD-11の翻訳が厚生労働省を中心に実施中です。

　日本では，自閉スペクトラム症に関連する用語として多くの場合「発達障害」が使われます。福祉や教育では，発達障害者支援法の条文を発達障害の定義としており，知的障害だけでは発達障害としていません。しかし，医療では知的障害も発達障害と捉えることが一般的で，これが福祉・教育と医療との行き違いの一因となっています。

3 児童福祉施設等実習のポイント

1）何を見るか〜観察のポイント〜

　観察のポイントとして，大きく3つがあげられます。それは，「利用児・者を見る」こと，「職員の職務およびかかわり方を見る」こと，そして「環境の工夫を見る」ことです。

利用児・者を見る

　利用児・者の個々の症状やそのおかれている状況は，個々人においてはもちろんのこと，利用する施設の種別によっても異なります。たとえば，障害児施設に入所または通所している子どもは，その子なりのこだわりなど特性が違いますし，それぞれのもつ病理的な症状やそれにともなう投薬の種類や量なども一様ではありません。

　たとえば，児童養護施設に入所している子どもたちは，それぞれ抱える背景が異なるため，子どもに応じた言葉がけやかかわり方にも配慮が必要です。

　そのため，事前に資料に目を通したり，担当者から話を聞くなどして，利用児・者の情報を確認しておくことが必要です。ただし，実習生は，保育士になる学びのために一時的に利用児・者とかかわるため，個人の情報をそれほどくわしく教えていただけないことが多いのも現状です。このような場合には，利用児・者の行動の特性をよく見きわめ，同時に職員のかかわり方をよく見ることが必要です。

職員の職務およびかかわり方を見る

　児童福祉施設の職員の職務は表2－6に見られるように，多岐にわたります。生活をともにしながら，療育*的なかかわりをもつと同時に，自立への指導などもその職務に含まれます。そのため，入所・通所している利用児・者によっても，またかかわりの目的によっても，接し方は異なります。職員がどのような意図をもって利用児・者とかかわっているのか，また，ふさわしいかかわり方とはどのようなものかを，しっかりと観察しましょう。さらに，同職種間，他職種間でどのように連携がとられているのか，といったチームワークの実際についても学びましょう。

＊療育は「医療」と「教育・保育」をあわせた概念であるといわれている（➡用語説明）。

表 2-6　施設職員の職務（例）

基本的生活習慣にかかわること	起床や睡眠の指導および介助 排泄の指導および介助 入浴・洗髪・洗面などの指導および介助 衣服の着脱の指導および介助 食事の指導および介助
家事全般にかかわること	清掃 食事の準備，配膳，片づけ 衣服の管理および洗濯，補填，補修（縫い物など）
治療・療育にかかわること	作業・訓練などの指導および介助 症状にあわせた投薬などの治療 保育および学習指導 レクリエーションの実施 健康管理 心のケア 進路指導および職業的自立への支援
事務的なこと	家庭・学校との連携 関連機関との連携 記録の作成 ミーティング（職員間の連携）

環境の工夫を見る

　児童福祉施設では，その目的に応じてさまざまな環境の工夫が見られます。利用児・者が生活しやすいように動線を考えたり，介助に必要な器具の工夫があったりなど，実習では実習先の施設それぞれの取り組みの実際を学ぶことができます。こうした施設ごとの環境構成の工夫の観察を通して，施設での生活全般を理解することが大切です。

2）どのようにかかわるか
　　〜コミュニケーションのポイント〜

まずは言葉をかけてみましょう

　観察を通して利用児・者それぞれの特性を理解したなら，積極的にかかわってみましょう。なかには，日常的にかかわることの少ない障害のある子どもや成人に戸惑う学生や，養護施設などの子どもたちに対する先入観から，言葉をかけられない人もいるようです。
　福祉施設の大きな目的として，人とのかかわりに困難が生じる障害のある人や，さまざまな事情を抱える子どもたちを，社会から孤立させずに，人の輪のなかでいきいきと生活できるよう「暮らし」を支えていくということがあります。
　言葉をかけることは，たとえ，ささやかなあいさつであっても，相手の存在

を認める行為となります。適切なかかわり方や言葉を探して黙り込む，または動けなくなるよりは，爽やかな笑顔であいさつしたり，かたわらにいて行動をともにするようにしましょう。大切なことは，利用児・者が社会の輪のなかにいるという実感を得られるように心がけることです。

3）どのように考えるか～考察のポイント～

　実習先が多岐にわたることに象徴されるように，保育士の職域は大変広く，職務内容は，配属される職種によって異なります。ただ，保育士としての専門

コラム ⑧

さまざまな療法・活動

○**スヌーズレン**…スヌーズレンは，1970年代にオランダで生まれた重い知的障害のある人々のための活動と理念です。語源は2つのオランダ語，スニッフレン（クンクンとあたりを探索する），ドゥースレン（うとうとする）から作られた造語で，「自由に探索したり，くつろぐ」様子を表しています。重い障害のある人が感覚に直接訴える刺激を通して外界を知り，楽しむ，という考え方をベースに，どんなに障害が重い人たちでも楽しめるように，柔らかく，優しくいろいろな感覚を刺激する機器を用いて，光，音，におい，振動，温度，触覚の素材などを組みあわせたトータルリラグゼーションの空間を提供しています。今では，重い知的障害のある人たちだけではなく，さまざまな分野へと広がっています。また近年，日本でも急速な広がりを見せています。（参考資料：日本スヌーズレン協会ホームページ）

○**遊戯療法**…言葉の代わりに遊びを媒介とした心理療法のことです。言語による自己表現能力が未成熟な子どもを対象としています。子どもが，安全に遊びに没頭できるプレイルーム（遊戯療法室）で，セラピストと遊ぶことで治療が行われます。子どもは，自由に遊ぶことでカタルシス（うっ積した感情や葛藤を表現することで発散すること）が起こり，自己治癒力を発揮していき，セラピストとの治療的人間関係を通じて，非言語的表現による自己洞察を行い，自己像を肯定的に変容させていきます。個人遊戯療法と集団遊戯療法とがあります。

○**芸術療法**…絵画や音楽などの芸術活動を媒介とする心理療法です。心理療法やカウンセリングの多くが言語を主にするのに対し，芸術療法では作品に表れたイメージを用いるので，言語能力に問題のある子どもや成人にも有効です。また言葉が一過性のものであるのに対し，絵や箱庭などの作品は何度でも見直すことができるため，芸術表現行為そのものにカタルシス効果や深層心理の投影，対人関係の促進などの治療的効果があると考えられています。

○**音楽療法**…音楽による心理療法のことで，音楽のもつ生理的，心理的，社会的機能を用いて対象者の心身の機能を維持したり，改善が期待できます。グループで行われることが多い

性，そして専門家集団のなかで求められている役割には共通性があることに気がつくことでしょう。それは，ひとことで言えば，利用児・者の「生活を支える」ということにあります。

　この視点を軸に，社会的な養護を必要とする子どもたちに対して，どのような支援を提供したらよいのか，また保育士という職務の意義はどこにあるのか，という問いを常にもち続けてください。「保育士の専門性とは何か」を考察のポイントにすることで，職員の支援のありようがより明確に，そして，その背景にある支援の意図が具体的に理解できるようになるでしょう。

ですが（集団療法），対象によっては個人で行う場合もあります。

○**コラージュ療法**…写真や絵・文字などを新聞・雑誌から切り抜き，これを台紙に貼り，1つの作品にするコラージュを心理療法に取り入れたものです。代表的なものとしては，素材を切り取る新聞・雑誌を患者に用意してもらうマガジン・ピクチャー・コラージュ法と，セラピストが前もって切り抜き，箱に入れておいた素材を使うコラージュ・ボックス法とがあります。

○**作業療法**…その人の興味に応じて手芸や工作などの作業をすることで，不自由になったからだの機能の回復や楽しかったとかおもしろいという精神的充実感によって，次第に情緒障害や精神疾患などから立ち直らせようとする療法です。

○**レクリエーション療法**…レクリエーション療法は，作業療法の1つです。レクリエーションには本来，仕事を離れた「娯楽性」がありますが，レクリエーション療法は，仕事とは対立関係ではなく，相互に補う関係にあります。つまりレクリエーションを通じて休息・気晴らしすることで，再び力強く活動できるようにするという療法です。

4 児童福祉施設等実習課題（目標）の設定

1）目標を設定する

ねらいや課題を明確に

　施設実習の目的は，表2-7に示すように*，厚生労働省のカリキュラムに示された「目標」をもとにして，保育実習Ⅰと保育実習Ⅲにおいてそれぞれの「目標」が定められています。実習の目標は，さらに具体的に，実習生一人ひとりが，保育士になるために達成することが必要な達成目標を立案したものです。養成校によっては，「ねらい」や「課題」とよばれることもあります。立案のためには，実習先の特性をよく理解し，自分がこの実習で何を学びたいのかをしっかりと掘り下げて考えることが求められます。また，より現実的な指標とするためにも，自分の配属された実習先での学びに適した内容であること，実現できる可能性のある課題を設定することが重要です。

　これらの目標や課題を明確に設定することは，実習生が自分の到達目標をもって有意義な実習を行うためだけでなく，指導していただく職員の方から助言を受けるときにも有効です。施設には保育士を目指す学生だけでなく，さまざまな資格取得のために実習生が訪れ，その目標や課題も異なります。ですから，目標や課題を明確に設定することにより，今回の実習生が，どのような視点から利用児・者をとらえているかについて，具体的に職員に示すことができます。

　これらのことを参考に，自分自身の目標や課題となる学習内容を考えてみましょう。表2-8に実習の各段階における課題をまとめましたので，参考にしましょう。

＊表2-7は，厚生労働省のカリキュラムによる施設における保育実習Ⅰ（施設）と保育実習Ⅱ（施設）の目標である。

2）実習計画の設定

目標達成のための実践の目安

　このような目標や課題を実現するために，まず「実習計画」を立てます。実習計画は，自分の目標達成に向けて，どのような行動が必要なのかをあらかじめ想定し，それを実践して目標達成につなげていくための目安です。

　たとえば，障害者支援施設での実習目標や課題が「施設で生活する利用者それぞれの特性を理解し，一人ひとりに適した支援のあり方を習得する」という

表2-7 保育実習Ⅰおよび保育実習Ⅲのねらい

保育実習Ⅰ（施設）	保育実習Ⅲ（施設）
目標* 1. 児童福祉施設等の役割や機能を具体的に理解する。 2. 観察や子どもとの関わりを通して子どもへの理解を深める。 3. 既習の教科目の内容を踏まえ、子どもの保育及び保護者への支援について総合的に理解する。 4. 保育の計画・観察・記録及び自己評価等について具体的に理解する。 5. 保育士の業務内容や職業倫理について具体的に理解する。	目標 1. 既習の教科目や保育実習の経験を踏まえ、児童福祉施設等（保育所以外）の役割や機能について実践を通して、理解する。 2. 家庭と地域の生活実態にふれて、子ども家庭福祉、社会的養護、障害児支援に対する理解をもとに、保護者支援、家庭支援のための知識、技術、判断力を習得する。 3. 保育士の業務内容や職業倫理について具体的な実践に結びつけて理解する。 4. 実習における自己の課題を理解する。
児童福祉施設等(保育所以外)における実習の内容** 1. 施設の役割と機能 　(1) 施設における子どもの生活と保育士の援助や関わり 　(2) 施設の役割と機能 2. 子どもの理解 　(1) 子どもの観察とその記録 　(2) 個々の状態に応じた援助や関わり 3. 施設における子どもの生活と環境 　(1) 計画に基づく活動や援助 　(2) 子どもの心身の状態に応じた生活と対応 　(3) 子どもの活動と環境 　(4) 健康管理、安全対策の理解 4. 計画と記録 　(1) 支援計画の理解と活用 　(2) 記録に基づく省察・自己評価 5. 専門職としての保育士の役割と倫理 　(1) 保育士の業務内容 　(2) 職員間の役割分担や連携 　(3) 保育士の役割と職業倫理	内容 1. 児童福祉施設等(保育所以外)の役割と機能 2. 施設における支援の実際 　(1) 受容し、共感する態度 　(2) 個人差や生活環境に伴う子ども（利用者）のニーズの把握と子ども理解 　(3) 個別支援計画の作成と実践 　(4) 子ども（利用者）の家族への支援と対応 　(5) 各施設における多様な専門職との連携・協働 　(6) 地域社会との連携・協働 3. 保育士の多様な業務と職業倫理 4. 保育士としての自己課題の明確化

* 指定保育士養成施設の指定および運営の基準についてより（令和4年8月31日）

**「目標」を達成するために、「目標」をさらに具体化したもの（実習生が学ぶべき事項）である。

表2-8 各段階での実習課題

見学・観察実習中心の実習課題	・子ども（利用者）や保育者の動きを観察することが中心。 ・どのようなことを観察するのかを明確にする（保育者・職員の食事での支援の仕方、対象児・者の得意なことを知る、など）。
参加実習中心の実習課題	・保育や活動にどのように参加したいのか、子ども（利用者）にどのような援助をしたいのかなど、より踏み込んだ課題を立てる。
終盤の実習課題	・より施設保育者としての立場に立った課題を立てる。 ・担当する子ども（利用者）の発達の様子や障害の特徴などを考慮した課題を立てる。

ことであれば、そのために「何をしたらよいのか」を考えます。その場合、たとえば1日目の目標は、「担当する利用者の名前をすべて覚える」となり、次のステップとしては「それぞれの特性を理解する」ことができるようになり、

そして「それぞれの支援のあり方を理解する」ことになるでしょう。

このように，実習目標や課題と実習計画には矛盾がなく，一貫性があるものでなければなりません。一方で，実習を進めていくなかで修正する実習計画事項も出てくるため，柔軟性をもって作成します。表2－9に実習計画書の例を示します。

表2－9　保育実習計画書の例

保育実習計画書

実習施設名　○○○　　養成校名　△△△　　氏名　××××

1．実習目標

　第1に，障害児入所施設を利用している子どもたちそれぞれの特性を理解したいと考えます。そのためにも個々の発達段階や症状を含めた個性を理解し，それぞれに応じた支援のあり方について学びたいです。

　第2に，障害児入所施設における環境の工夫について学びたいと思います。入所している子どもたちの成長や支援に応じて，施設設備の工夫はどのようなところに見られるのか，また職員の方々の支援の工夫などについて学びたいです。

　第3に，障害児入所施設の保育者の役割について学びたいと思います。保育者は，子どもたちとどのようなかかわりを心がけているのか，また子どもとのかかわり以外にどのような職務があるのかについて，学びたいです。

2．実習計画

日　付	目　標	内　容
3／1（月）	子どもたちの特性を理解する	子どもたちの名前を覚える
3／2（火）		子どもたちをよく観察することにより，それぞれの特性を知る
3／3（水）		職員の子どもたちへのかかわり方を観察する
3／4（木）		積極的に子どもたちと接し，それぞれに必要な援助を心がける
3／5（金）	環境の工夫について学ぶ	障害児入所施設の環境を把握する
3／6（土）		子どもたちの成長に応じた環境の工夫について学ぶ
3／7（日）		子どもたちの生活や指導の場面に応じた，環境の工夫について学ぶ
3／8（月）		子どもたちへの支援に必要な物的環境について学ぶ
3／9（火）	保育者の役割について学ぶ	保育者の一人ひとりに対する配慮を学ぶ
3／10（水）		ほかの職員との連携の取り方について学ぶ
3／11（木）		子どもたちとのかかわり以外の保育者の仕事内容について学ぶ
3／12（金）		保育者の職務全体について理解する

コラム⑨

実習の目標・課題の記入例

　本文では障害者入所施設での保育計画書の書き方を紹介しました。しかし、さまざまな実習施設があり、実習計画書の内容もその施設ごとに異なります。ただし、基本となる実習の目標・課題はどの施設でも変わりません。

　以下は、基本となる施設実習の目標・課題の記入例です。これを参考にして、実習施設に合った具体的な実習目標を立て、その目標を達成するための課題を考えましょう。

施設実習の目標・課題（記入例）

クラス（　　　　　　　　）学籍番号（　　　　　　　　）氏名（　　　　　　　　）

実習の目標	・現場での体験を通して、施設保育士として仕事をする上で必要な「専門知識」「専門的援助」および「関連知識」の理解を深める。 ・実習を通して、施設の役割や施設を利用する子ども（利用者）の状況を知るとともに、現状の福祉施設の課題を考える。 ・職業倫理を身につけ、保育士としての自覚に基づいた行動ができるようにする。 ・関連分野の専門職との連携のあり方およびその具体的な内容を理解する。			
	施設の理解	子ども（利用者）の理解	職務内容の理解	その他
実習前半の課題	・施設の1日の生活の流れを把握する。 ・施設の物的環境・社会的環境を把握する。	・子ども（利用者）の生活の状況を把握する。 ・子ども（利用者）の家庭背景・入所理由などを理解する。	・1日の援助の流れを把握する。 ・施設での保育者の役割を知る。 ・子ども（利用者）の意志や個性を尊重し、一人ひとりに合った保育（療育・支援）方法を学び、実践する。	・ほかの専門職の職務について知る。 ・子ども（利用者）とのコミュニケーションの取り方を学ぶ。 ・施設が連携をしている専門機関を知る。
動き方	・子ども（利用者）とともに動いて把握する。	・作業・余暇などを通して観察する。 ・連絡帳などから推察する。	・保育者・職員とともに動きながら学ぶ。 ・さまざまな保育（療育・支援）の展開を観察し、できることをまねる。	・どのような専門職がかかわっているのかを保育者・職員に尋ねる。
実習後半の課題	・施設が行う地域の家庭支援事業の実際を知る。	・保育者・職員が子ども（利用者）とどのような関係にあるのかを学ぶ。 ・子ども（利用者）同士のかかわりや人間関係を理解し、保育につなげる。	・保育者・職員に代わって保育（療育・支援）の一部を担当する。 ・個別と集団保育（療育・支援）との違いを学び、実践する。 ・家庭にどのような援助を行っているのかを学ぶ。	・施設と地域社会の関係を理解する。 ・ほかの専門職とどのように連携し、保育（療育・支援）を行っているのかを学ぶ。 ・施設で行われる行事の意味やその内容を理解する。
動き方	・施設の要覧やホームページをチェックする。 ・「施設だより」から把握する。	・保育者（職員）と子ども（利用者）の会話に注目する。 ・作業・余暇などのなかでの人間関係に着目し、月齢・年齢・障害の程度に合った援助の仕方を考えて実践する。	・指導案を立案して実践する。 ・保育者と保護者などの会話に着目し、会話から考えられる援助などを考察する。	・可能であれば専門職から話を聞き、保育（療育・支援）について理解を深める。 ・年中行事を「施設だより」などから知り、季節などに合わせた保育（療育・支援）の方法やその留意点を理解する。

児童福祉施設等実習における実習日誌（実習記録）の書き方

1）記録の目的

ふり返りのもととなる記録

　実習日誌（実習記録）は，実習生がその実習で何を，どのように学んだかを記録するものです。記録の目的としては以下のようになります。
①実習をふり返ることができる
②ふり返りをもとに翌日の課題を明確にすることができる
③第三者に実習生自身の学びを伝えることができ，指導を受ける際の資料となる
④実習終了後，自分自身の内面的な成長を確認することができる

2） 何を記録するのか

　実習そのものは充実していても，実習日誌が書けないことで挫折感を味わう実習生も多いようです。何を書いたらよいかがわからないことに原因があるようです。そこで施設実習における日誌の記録には，どのようなことを書いたらよいか，以下に列挙します。
①所属している班やグループの1日の活動の流れ
②利用児・者とのかかわりや，ともに取り組んだ活動の記述
③利用児・者への働きかけのなかで，現れた反応
④各活動における取り組みや，その活動を通して得られた支援への気づき
⑤その日の実習目標に照らしあわせた，自分の活動の評価
⑥その日の成果と課題をふまえた，翌日の取り組みと課題設定
　実習記録は，自分の活動だけを記録しても，そこから何を得られたのかという考察は残りませんし，また，考察だけを書いても，どのような活動を通してそのような考察が得られたのかが不明瞭であると，具体的な記録として活用できません。ですから，実習記録を書く際には，①その日に起こった出来事（利用児・者の活動）と，②それにともなう職員の行為，そして，③そのことに対する気づきや考察，この3つを意識的に記述することが大切です。

3）実習日誌を書く上での注意点

要点を簡潔に，かつ深く洞察し記録する

　詳細であるだけの記録がよい記録とはいえません。指導者に読んでいただくとき，また何より自分がふり返ったときに，要点が鮮明に見えてくるような記録がよい記録といえます。そのためには，簡潔に，かつ深い洞察が記されるような記録になるよう努めましょう。

4）実習記録例

　以下に，時系列形式とエピソード（カルテ）形式の実習記録例を示します。実習先や養成校によって異なりますが，いずれも出来事と行為，考察は必ず記述されています。この3つの例を参考にして，実習記録を書いてみてください。
　なお，時系列形式の場合，基本的には，「現在形」で記します。

資料2－1　時系列形式の実習記録例：障害者支援施設

20〇×年9月10日（金　曜日）　　　　実習班：フジ班

本日の目標：利用者の特性に応じて積極的にかかわる

おおよその時刻	利用児（者）の活動	職員の動き	実習生の活動・気づき（●印）
7：00	○朝食準備 ・皆それぞれトレイに食事をのせて，席につく。水を自分で取りに行ったり，ほかの利用者の手伝いをしたりと，各人が活動する。	・（A）利用者に対して指示および言葉がけをする。 ・（B）利用者とともに配膳の準備をする。利用者一人ひとりに目配りをする。	・食堂の入り口に立つよう指示があったので，入り口で利用者一人ひとりに「おはようございます」と言葉をかける。 ・Hさん，Mさん，Oさんはあいさつを返してくれる。 ●決まったあいさつであっても，言葉をかけることによって，利用者とコミュニケーションをとれるということがわかる。
7：30	○朝食 ・まとまりごとに食事をとる。 ・職員に話しかけたり，職員からの問いかけに応じたりする人もいる一方，静かに黙々と食事をしている人もいる。	・（B）サクラ班の利用者とともに食事をする。利用者に言葉をかけて，会話することを心がけている。	・朝食をとる予定の利用者が全員，食堂に集まったので，フジ班の席につく。 ・Oさんの隣に座って，食事をとる。 ●Oさんは，咀嚼に困難があるため，食事がスムーズにいくように見守る。話しかけやすいHさんにばかり言葉をかけてしまい，ほかの利用者とかかわりそびれる。

※（A）（B）は職員の名称

資料2－2　エピソード（カルテ）形式の実習記録：児童養護施設

20○×年3月10日（水曜日）		実習班：男子棟　B班
利用児・者	エピソード	
S君 4歳	夕食後の自由時間に，S君が後ろから急に私を叩きました。思い切り叩かれたので，「痛い」と思わず言いました。S君はそれでもまた背中を叩きました。私は「痛いからやめて」と言ってその場を少し移動すると，S君はまたやってきて，今度はからだ全身でぶつかってきました。3回目だったので，S君の肩をもって，「叩かれるととても痛いの。わかってくれる。もうやめて」と思い切って言ってみました。S君は少し笑ったような顔をしていたので，「痛かった。こういうときは何て言うのかな」と言いました。そうするとS君はとても小さな声で「ごめんなさい」と言いました。	私はこのときの自分の対応がよかったのかどうか，わかりません。授業で，子どもには「ためしの行動」があるので，注意するように習いました。これが，S君の私に対する「ためしの行動」だったのでしょうか。こころに傷を負っているS君に対して，もっと優しく接するべきだったのではないか，何かを訴えてきたのであれば，何も言わずに，優しく受け止めるべきだったのではないかと後悔しています。ただ一方で，いけないことはいけないときちんと伝える必要もあると思います。その後，S君とかかわることができなかったので，明日は違う形で接してみたいと思います。

資料2－3　エピソード形式の日誌：医療型障害児入所施設

20○×年3月12日（火）天候　晴れ 実習生氏名：　○○　○○		本日の目標： 担当の利用者とコミュニケーションを多くとる	
エピソード	感じたこと	エピソード	感じたこと
＜午前のA氏について＞ 　A氏は，話しかけるといつも笑ってくださる。会話をすることはできないが，意志表示ができるので，大きな声で問いかけると答えてくださる。「お髭を剃りますね」と言うと，声はかすれているが，口を大きく開いて「あーい」と返事してくださった。 　朝・昼の排泄後の自由時間にはパソコンを使って俳句を作られている。今日もパソコンに向かわれているときに髭を剃った。目はパソコンに向かっていて集中していたが，ふとした瞬間にニコッと笑っていらした。また，	初日にあいさつしたときには，実習生を見ることはなく，職員と話していらした。しかし，実習生が来るのを楽しみにしていたと聞き，とても嬉しかったことを覚えている。 　A氏のベッドは部屋の一番奥にあり，「いつも1人で寂しくないのかな」と気になったので，帰るときに，「今日は帰ります。さようなら。明日もよろしくお願いします」と言うよ	＜午後のA氏について＞ 　昼食時，ご自分でふりかけを持ち，ご飯にかけていらした。メニューはご飯，麻婆豆腐，サラダ，リンゴ，ヨーグルトだった。ほかのものはすべて食べてくださったのだが，麻婆豆腐だけは，口に近づけようとすると手を出してよけ，ついに一口も食べてくださらなかった。 　食事中からずっと排泄したかったようなので，歯磨き後に担当の保育士と排泄準備をした。ベッドで差し込み便器を使って排泄する。踏ん張るために膝の下にクッションを入れることもある。 　ほかの利用者はDVD	食事中に排泄したくなることは，私にも経験がある。伝えることはできてもトイレに行くことができず，食事に集中できなかった気持ちがよくわかる。しかし，私は理解ができても行動に移せず，知識と力不足を感じた。意志表示はできても，まひによってからだが動かせないのは，どれだけ不自由なのかと思う。大学の事前指導の講義で「擬似体験」をし

漢字に変換するとき、違う文字で変換されるたびに「あっ、はっ」とお笑いになっている。
　パソコンの操作はとてもゆっくりだが、保存の仕方や電源の切り方などしっかりでき、終了の時間になると、1人で操作して終わらせることができる。A氏の使っているパソコンは、管に空気が送られることによって操作できる特殊なもので、トーキングエディータというソフトが入っているそうだ。
うにしている。毎日、笑顔で返事をしてくださるのが嬉しい。話の内容をすべて伝えられているとは思わないが、ジェスチャーをつけるなどして話すようにしている。
　パソコンで俳句を作っているときは、考える素振りも見せず、途切れることなく作れるので、頭の回転が早いと感じた。また、私よりもはるかに多くの漢字や言葉を知っていて、とても驚いた。
鑑賞をするようだが、A氏はパソコンをするとおっしゃったので準備した。黙々と俳句を作っていらっしゃった。
　夕方は雑誌「クロスワード」を楽しみ、私が書くお手伝いをした。「何が入りますか?」と聞くと、指をさして示される。漢字を書き間違えたりわざと鉛筆を落としたりするとおもしろがって笑ってくださった。私に伝わらない四字熟語を、辞書を使って教えてくださった。「あー、わかりました」と理解すると、とても嬉しそうに笑ってくださった。
たので少しは理解したつもりでいたが、現実の姿は想像よりはるかにきびしく、対象者理解のために、もっといろいろなことを学ぶ必要があると感じた。
　午前も午後もずっと俳句を作られていた。疲れないかと心配になるが、俳句を作っているときの表情はとても楽しそうである。ここでの1番の楽しみなのかもしれないと感じた。

「本日の目標」の振り返りと考察

　担当の利用者の介助を行うことで、ほかの利用者ともかかわることができた。担当させていただいたA氏には、声を多くかけることを心がけた。耳元で大きな声で声かけしたり、ジェスチャーを使ったりなどの工夫をした。
　A氏はどのようなときにも笑顔で「あい」と返事して下さるので、本当に伝わっているのか心配になるときがある。しかし、私の介助に嫌な顔をせずに受け止めてくださり、俳句を作っている最中でも髭を剃らせてくださったり、水分補給させてくださったりする、心やさしい方である。
　初めて筆談で「学生について俳句を書いてくださいますか」と言うと、反応がなかった。しかし、しばらくすると、「あーあー」と声を出して呼んでくださった。そこには、「実習生　今日が最後　春霞む」と書いてあり、胸がいっぱいになった。
　1日の流れがわかり、利用者の名前や特徴を覚えられたので、実習が始まったばかりのときよりも利用者とさまざまな方法でのコミュニケーションをとることがとても楽しいと感じている。食事の介助や髭剃りを任せていただいたり、利用者が頼ってくださることが多くなったりと、毎日進歩していることが感じられ、充実した実習が送れたと思う。
　実習で一番むずかしいと感じているのは、やはり、コミュニケーションの取り方である。声かけは進んでできるようになったが、何かを求められているのにそれが理解できないことが多くある。普段、私が声をかけても反応してくださらないB氏は、今日は何かを伝えようとしていた。何かおっしゃっているのだが、聞き取りにくくて理解できなかった。せっかく話しかけてくださったのにこたえられず、申し訳ない気持ちだった。
　ある利用者から、「かゆいところに手が届く職員の方がよい」と言われた。当たり前のことだが、このままではいけないと感じた。自分に何が不足をしているから「力不足」なのか、改めて考えたいと思う。

6 福祉施設実習における3つのステップ
観察実習〜参加実習〜指導実習

　福祉施設実習においても，幼稚園・保育所での実習と同様に「観察実習」「参加実習」「指導実習」と3つのステップをふみます。以下に各実習のポイントをまとめました。ただし，実習内容は，施設のシステムや各施設の実習指導計画によっても異なるので，オリエンテーションの際にどのような実習内容になるのかを必ず確認しましょう。

1）観察実習

より具体的に観る努力を

　「観察」というと「見る」ことだけに意識が集中してしまうことがあるようですが，決して「見学」ではありません。実習の現場で行われている事柄の一つひとつについて，利用児・者の特性の理解，環境構成の工夫や職員の支援の意図などを「観て学ぶ」ことが，次の参加実習，指導実習につなげていく第一歩です。観察の機会が与えられることで，参加実習の際に子どもたちと具体的にかかわることができますし，指導実習のプランを練ることができます。
　施設の設置目的や利用児・者の状況などは，あらかじめオリエンテーションで確認し，理解した上で観察を始めると，より具体的に観ることができます。
　観察する内容としては，①施設の立地条件ならびに物的環境の観察，②利用している子どもの理解，③職員の人数と業種，業務内容＊，があげられます。

2）参加実習

　参加実習では，実際に利用児・者とかかわり，職員とともに，利用児・者の生活および保育，学習支援などにかかわります。利用児・者はそれぞれ特別な事情を抱えていますので，あらかじめ学習しておく，施設における資料から情報を得ておく，観察実習を行って職員のアドバイスを受ける，などを経てから参加します。施設における支援計画に基づいて，子どもの生活と保育士の業務内容の一部にかかわることを参加実習といいます。

養護系施設の参加実習

　養護系施設での参加実習では，日常生活全般への参加が求められます。食事

＊52ページ以降の各施設での実習の解説部分において，「施設の概要」「職員の構成」などについて紹介しているので参照のこと。なお，それらは「児童福祉施設の設備及び運営に関する基準（現行 令和6年10月1日施行）」「児童福祉法に基づく指定障害児の人員設備及び運営に関する基準」をもとにまとめたものである。

場面でのマナーから，着衣の整理整頓や身だしなみ，洗濯などの清潔にかかわること，部屋の清掃や片づけなど，本来，家庭で学ぶべき事柄ばかりですが，特別な事情を抱えて入所している子どもたちは，こういった基本的な日常生活での体験が十分ではないことがあります。生活をきちんと営むということが，精神の安定や落ち着いた人間関係の形成につながりますから，決して雑用を任されていると思うことなく，実習を行いましょう。

障害系施設の参加実習

　障害系施設では，利用児・者の症状に応じた日常生活の介助，職業訓練，および学習指導などに参加します。

　障害のある子どもや成人への日常生活指導は，主に社会での自立を目指した訓練を目的として含んでいるので，担当する利用児・者の特性を理解しつつ，できるだけ自分でできるよう支援します。なかでも食事，着替え，移動，排泄，身だしなみ，入浴などは日常生活動作（活動）すなわち ADL（Activities of Daily Living ➡**用語説明**）とよばれ，障害児・者の社会での自立には不可欠です。

　また，重度の障害児・者に対する介助には，医療的な専門的知識も必要ですので，細心の注意が求められます。職員からの情報，および職員のかかわり方の観察から，適切なかかわり方を考察する必要があります。

3）指導実習

　福祉施設実習での指導実習では，幼稚園での教育実習や保育所での実習のように，あるグループ（クラス）について1日すべてを任されることは，ほとんどありません。各施設であらかじめ設定されている療育プログラムの一部分を担います。

　たとえば養護系の施設ですと，日常生活場面においては，食事や衣服の整理整頓・洗濯，歯磨き指導，家庭学習などの学習指導などを担うことがあります。乳児院では，授乳やおむつ交換，沐浴などが指導実習として設定されることがあります。また，自由時間や余暇の場面では，ゲームなどのレクリエーションや絵本，紙芝居などの読み聞かせ，または手遊びやエプロンシアターなどを，子どもたちの自由時間などのある時間の枠内で，実践することがあります。

　一方，障害系施設の場合は，主に日常生活場面の指導を行います。また，余暇活動場面では，利用児・者とともに楽器を使って歌を歌う，障害のある人も楽しめる手遊びをするなど，職員もともに活動している場所で，利用児・者全員が参加できるレクリエーションが求められることがあります。

7 宿泊実習での配慮

　施設実習の形態としては，実習施設へ通勤する場合と，施設に宿泊する場合とがあります。施設実習では，多くの場合は，居住型の入所施設を中心に実習が行われてきましたが，現在は，保育実習Ⅰ・Ⅲともに障害児・者通所施設での実習が可能となりました。

　ここでは，とくに宿泊実習で実習生がどのような点に留意すべきなのかをまとめます。

1）宿泊実習の注意点

　保育実習Ⅰにおける施設実習では，主に居住型の児童福祉施設などに宿泊し，起床から就寝までの時間帯を子どもたちとかかわることになります。そのため，保育士の仕事は，子どもたちの生活全般への支援が中心となりますので，実習では，職員の勤務時間に準じて，早番，遅番，日勤，そして，子どもたちが学校に通っている昼間に休憩をはさむ断続勤，当直や夜勤などを経験することがあります。

　宿泊実習では，子どもたちの生活の様子についての理解が深まり，実習生にとって多くの学びがあります。しかし，自宅から離れて生活することに対する不安や慣れない変則勤務に体調を崩すこともありますから，注意しましょう。

施設が「生活の場」であることを意識する

　児童福祉施設での実習では，施設が子どもたちにとっての「生活の場」であることを忘れずに，実習に臨みましょう。そして，子どもたちの生活空間で「実習をさせていただく」という謙虚な姿勢も忘れないようにしましょう。

　実習では，子どもたちとのかかわりだけではなく，掃除や洗濯，食事の準備など，子どもたちが心地よく生活できるようにするための，生活支援の具体的な内容について理解することも大切です。普段から自分の生活をふり返り，子どもたちが心地よく生活できるようにするためにはどのような配慮が必要なのかを考え，実践してみましょう。

施設内の生活ルールを守る

　施設は集団での生活になるため，お互いが心地よく生活できるよう，ある一定のルールがあります。施設に宿泊する場合，実習時間中はもちろんのこと，

実習時間外も施設内のルールにしたがって行動しましょう。そのため，オリエンテーションの際に，起床から就寝までの子どもたちの1日の流れ，施設内でのルールなど，具体的な事項について必ず確認しましょう。

宿泊をともなう実習の場合は，実習生の生活の仕方が知らず知らずのうちに子どもたちの生活リズムを乱すこともあります。実習時間中だけではなく，実習時間外であっても，みずからの生活の仕方について十分気をつけましょう。

宿泊施設の整理整頓を心がける

利用させていただく部屋は清掃し，常に清潔に保ちましょう。実習中は，複数の学生が同じ部屋に宿泊することになると思いますが，お互いが心地よく生活できるよう私物を広げたままにしないようにしましょう。実習生が帰った後，部屋の清掃がなされていなかったという話もよく聞きます。実習終了日には，必ず清掃しましょう。また，お借りした物品などはきちんと返却しましょう。

所持品や貴重品などの管理に気をつける

実習では，実習期間中に必要なもののみを持参しましょう。また，宿泊の場合は，食費や宿泊費がかかる場合がほとんどですので，費用についてもオリエンテーションの際に確認が必要となります。当たり前のことのように思えますが，子どもたちとの金品のやりとりは絶対にしないようにしましょう。また，実習に関係のないものはもち込まないようにしましょう。

健康管理には細心の注意を払う

実習中は，普段よりも気力・体力を消耗します。とくに宿泊をともなう実習では，緊張から，また家庭から離れて生活することによる不安，変則的な実習時間帯などから，体調を崩す学生もいます。そのため，健康管理に関しては細心の注意を払うことが必要です。

体調が思わしくないまま無理をして実習を行うと，思わぬ事故を引き起こす危険性もあります。実習生も実習中には責任ある行動が求められますので，自身の生活を見直し，実習に集中できる環境を整えて実習に臨みましょう。また，実習施設は，多くの人たちが利用し，集団生活を営むことから，さまざまな感染症がもち込まれやすくなっています。施設には抵抗力の弱い利用児・者も多いため，感染症が一気に広がってしまう危険性があります。そのため，体温の確認を含め健康管理には細心の注意を払い，日頃の手洗いやうがいをしっかり行うことはもちろん，睡眠をたっぷりとるようにしましょう。

8 各施設での実習 〜養護系〜
乳児院での実習

1）施設の概要

2歳未満の乳幼児を養育

　乳児院は，児童福祉法第37条に「乳児（保健上，安定した生活環境の確保その他の理由によりとくに必要のある場合には，幼児を含む。）を入院させて，これを養育し，あわせて退院した者について相談その他の援助を行うことを目的とする施設」と規定されており，2022（令和4）年現在，全国に145施設あり，在所児の数は2,560人です＊。

　対象となるのは，おおむね2歳未満（必要のある場合は幼児を含む）の乳幼児です。

　入所理由としては，父母の虐待や放任・怠惰が原因のケースが目立ちます。また，父母の養育拒否，父母の精神疾患や破産等の経済的理由もあり，さまざまな家庭問題が原因となり入所しているケースも多く見られます。

　乳児院は，養育環境の問題により利用する子どもが多いため，子どもにとっては家庭に代わる「生活の場」です。最近は，病虚弱児や障害のある子どもの入所や，上記のような保護者による子どもに対する不適切なかかわりが原因となり入所する子どももいるため，個別的な関係を重視した養育が行われています。

　施設では，集団生活となりますが，少人数でのグループ保育や，特定の大人との信頼関係を築けるよう担当者との個別保育を取り入れ，一人ひとりに対してきめ細やかな養育が行われています。そのほか，各市区町村で取り組まれている「子育て短期支援事業」も実施されており，地域で暮らす子どもと保護者の支援も行われています。

＊厚生労働省「令和4年社会福祉施設等調査の概況」2023による。

表2-10　乳児院における養護問題発生理由（その他を除いた主な理由）

母の精神疾患等	母の放任・怠惰	両親の未婚	養育拒否	母の就労
592人（24.6%）	359人（14.9%）	53人（2.2%）	143人（5.9%）	83人（3.5%）

表2-11　乳児院における被虐待経験の有無

入所児童総数	虐待経験あり	虐待経験なし	不明
2,404人（100%）	1,213人（50.5%）	1,152人（47.9%）	30人（1.2%）

注）総数には不詳も含む。
資料：こども家庭庁「児童養護施設入所児童等調査結果の概要（令和5年2月1日現在）」2024

2）職員の構成

　乳児院には施設長のほかに，医師または嘱託医，看護師，栄養士，調理員を置くことが定められています。看護師の数は，乳児および満2歳未満の幼児おおむね1.6人に対し職員1人以上，満2歳以上3歳に満たない幼児おおむね2人に対し職員1人以上，満3歳以上の幼児おおむね4人に対し1人以上の職員を配置することとなっています。ちなみに，看護師は，保育士または児童指導員に代えることができます。また，個別対応職員や早期の家庭復帰を支援していくための相談指導や里親委託などの調整を行う家庭支援専門相談員（ファミリーソーシャルワーカー〈FSW〉→用語説明）や，里親支援専門相談員も配置されています。

3）デイリープログラム

　乳児院の入所対象児が，発達が著しい乳児期に属するということもあり，乳児用と幼児（1～2歳児）用の生活プログラムを用意しています。また月齢や年齢によってデイリープログラムは異なります。子ども一人ひとりの成長発達にあわせ，食事・睡眠・排泄・生活習慣を生活プログラムに位置づけ，子ども一人ひとりの生活リズムや健康状態に配慮しながら援助します。

表2-12　乳児院のデイリープログラムの例

時間	1日の流れ	実習生の活動
6：00	起床・視診・検温	起床を促す
6：30	朝の支度・おむつ交換	朝の支度援助
7：00	授乳・離乳食	授乳・離乳食援助
8：00	遊び・外気浴・水分補給	一緒に遊ぶ
9：00	朝の活動	一緒に遊ぶ
10：00	授乳・離乳食・散歩・遊び	授乳・離乳食援助
10：45	昼食準備	
11：00	昼食（授乳・離乳食・給食）	授乳・離乳食援助
11：30	午睡	
12：00～13：30	職員会議・保育養育準備	（職員会議への参加）洗濯・清掃
14：00	めざめ	めざめを促す
15：00	おやつ（授乳・離乳食・おやつ）	授乳・離乳食援助
15：30	入浴・午後の活動	観察，入浴介助
16：30	遊び・水分補給	一緒に遊ぶ
17：30	夕食（授乳・離乳食・給食）	授乳・離乳食援助
19：00	就寝準備（着替え）	就寝準備
20：00	就寝	就寝を促す

４）保育士の仕事と役割

　乳児院では，乳児期から家庭と離れて生活している子どもたちに対し，愛情をたっぷりと注ぎ，子どもたちが毎日を楽しく生活できるよう，それぞれの施設が工夫をしています。乳児にとって愛着関係を形成し，安心感を与えてくれる保育士の存在は，とても大きいものです。そのため乳児院では，一般的には担当養育制を採用しており，１人の保育士（職員）が２～３人の乳児を担当しています。

　保育士の仕事の内容には，調乳，ほ乳，沐浴・入浴，おむつ交換などがあります。ほかにも，食事介助・睡眠介助・遊び・衣服整理など，業務内容は実に幅広いものとなっています。

　とくに乳児期は疾病にかかりやすいため，健康状態の把握や感染症の予防処置など保育士は子どもの健康管理をしながら，安心して生活を送ることができるよう生活環境を整えています。

　子どもたちの目覚めの際の視診には，子どもの顔色や機嫌，よだれ，湿疹などをくわしく調べ，また検温や排泄，食事の様子などからも子どもの健康状況を把握します。

　さらに，子どもの生活のなかから，発達の様子（姿勢・全身運動・手指操作・言語認識・対人関係など）を観察し，的確に記録しておくことが大切です。

５）実習生に求められること

　まず，子どもの発達について復習をしておくことです。乳児院で生活している子どもの大半は，０歳からおおむね２歳までの乳幼児です。この時期は，子どもの人格形成の基礎となる重要な時期です。笑顔で，表情豊かに子どもたちの目の高さで接し，人見知りされたときは無理にかかわろうとせず，笑顔を心がけ，少しずつかかわってみましょう。また，手遊びや童謡・わらべ歌をたくさん覚えておき，積極的に働きかけてみましょう。

　また，乳幼児の健康や衛生管理に何が必要かを復習しておきましょう。前にも述べたように，病気に対する抵抗力の弱い乳児は，わずかな菌でも感染症に罹患し，重い症状に陥ることがあります。そのため，健康と衛生管理には細心の注意が求められます。

　また，子どもたちとの接し方についてですが，子どもは善悪の判断がまだ十分にはできないため，子どもに対しては「痛い」「イヤ」という感情をしっかりと伝えるようにしましょう。

　実習中にとくに注目してほしい項目は，次ページの通りです。

乳児とのかかわりには常に細心の注意を払う

　乳児，とくに首がすわっていない月齢の子どもの場合は，頭を支える筋肉や骨が十分に育っていません。また乳児以外にも，首や手足の関節などがまだ十分に固定していない子どもが多く見られます。そのため，抱くときやおむつ交換，沐浴などを行う際には，配慮する点を職員に質問しながら，細心の注意を払いましょう。

衛生面に配慮する

　乳児とのかかわりにおいては，常に清潔さを保ち，衛生的に配慮することが大切です。手洗いやうがいはこまめに何度も行いましょう。

　また，実習では，食事介助やおむつ交換などを行うことも多いと思います。そのため，子どもと接するときは，手洗いやうがいはもちろんのこと，いつでも衛生面のことを考えて行動するようにしましょう。子どもたちが生活する上で使用するものすべてを，清潔に保つことが重要です。

スキンシップを積極的に行う

　実習では，乳児が興味や関心をもつような，子どもとふれあえる遊びを準備しておきましょう。手遊びだけでなく，子どもとのスキンシップも大切にしましょう。

　また，ほとんどの子どもたちは，言語によるコミュニケーションが十分にとれるわけではありません。しかし，子どもたちに対するあたたかな眼差しやふれ合い，やさしい言葉がけは，子どもたちに十分に伝わります。子どもたちが心地よく，安心できる環境作りを心がけましょう。

コラム ⑩

『師』と『士』，意味の違いを知っていますか？

　「教師」「医師」「看護師」などには『師』，「保育士」「社会福祉士」「精神保健福祉士」などには『士』が使われています。

　『師』には「技術・技芸などを表す語に付いて，その技術の専門家であることを表す」という意味があり，『士』には「一定の資格・職業の人，特別の資格・技術を身につけた人」という意味があります。簡単な言い方をすれば，『師』は免許を持った人しか職業にできない資格，『士』は専門的知識や技術をもっていて，その職において名称独占ができる資格のことです。

9 各施設での実習 ～養護系～
児童養護施設での実習

1）施設の概要

安心して生活できる場の提供

　児童養護施設は，児童福祉法第41条に「保護者のいない児童（乳児を除く。中略），虐待されている児童その他環境上養護を要する児童を入所させて，これを養護し，あわせて退所した者に対する相談その他の自立のための援助を行うことを目的とする施設」と規定され，2022（令和4）年現在，全国に610施設あり，在所児の数は23,486人です*。

＊厚生労働省「令和4年社会福祉施設等調査の概況」2023による。

　入所理由としては，「父母の死亡」のケースは少なく，「父母の放任・怠惰」「父母の虐待・酷使」「父母の精神障害」「入院」「破産等の経済的理由」が目立ちます。

　児童養護施設では，不安定な生活環境や不適切な養育環境のもとで育ってきた子どもたちに対して，安心して生活できる場を提供することや，愛着関係を再形成しながら，他者との適切な人間関係を築くことができるようなかかわりを心がけています。

2）職員の構成

　施設では，施設長をはじめ，児童指導員や保育士，家庭支援専門相談員**，個別対応職員，事務員や栄養士，調理員など，さまざまな職種の職員が配置されています。また，「児童福祉施設の設備及び運営に関する基準」で規定され

＊＊ファミリーソーシャルワーカー（➡用語説明）

表2−13　児童養護施設における養護問題発生理由（その他を除いた主な理由）

母の放任・怠惰	母の精神疾患等	母の虐待・酷使	破産等の経済的理由	母の行方不明
3,774人 (16.4%)	3,337人 (14.5%)	3,446人 (15.0%)	881人 (3.8%)	400人 (1.7%)

表2−14　児童養護施設における被虐待経験の有無

入所児童総数	虐待経験あり	虐待経験なし	不明
23,043人 (100%)	16,519人 (71.7%)	5,766人 (25.0%)	682人 (3.0%)

注）総数には不詳も含む。
資料：こども家庭庁「児童養護施設入所児童等調査結果の概要（令和5年2月1日現在）」2024

表2−15 児童指導員および保育士の職員配置

満2歳に満たない幼児	満2歳以上 満3歳に満たない幼児	満3歳以上の幼児	少年（就学〜）
子ども1.6人につき 職員1名以上	子ども2人につき 職員1名以上	子ども4人につき 職員1名以上	子ども5.5人につき 職員1名以上

ている職員以外にも，心理療法担当職員や里親支援専門相談員，看護師，職業指導員等が配置されています。職員には，家庭で十分な愛着関係を築くことができなかった子どもたちに対し，安全で安心できる生活を提供することが，まず，求められます。そして，愛着関係を再形成しながら，おとなへの適度な依存体験をすることで，生活の場においてさまざまな経験を通して自分に自信をつけ，自立*していけるよう促していくことが必要となります。

職員配置数は，「児童福祉施設の設備及び運営に関する基準」により児童指導員および保育士の総数が表2−15の通り定められています。

3）デイリープログラム

児童養護施設の生活形態としては，1つの大きな建物のなかで，集団で生活する大舎制**の施設が中心でしたが，加えて，2000（平成12）年度より地域小規模児童養護施設***が，さらに2004（平成16）年度から小規模グループケア****が制度化されました。その結果，別々の建物で数名の子どもと職員が生活する小舎制*****やユニット，地域小規模児童養護施設など，施設の機能も小規模化してきています。

子どもたちは，地域の幼稚園や小学校，中学校，高校に通っています。

4）保育士の仕事と役割

生活の営みを通じて子どもとの信頼関係を築く

保育士の業務は，朝，子どもたちを気持ちよく起こすことから始まり，炊事，洗濯，掃除，登園・登校準備，下校後の学習指導，入浴，そして安心して眠りにつくところまで，子どもたちの生活全般に携わります。施設に入所している子どもたちは，家庭生活が不安定ななかで，基本的な生活習慣が身につかないまま成長している場合も多いのです。そのため，生活のリズムを整え，基本的生活習慣が身につくように子どもに働きかけていくことが保育士の仕事の大部分となります。

また，虐待など，保護者から不適切なかかわりを受け，入所している子ども

---

*自立：自立は，だれにも頼らずに生活をしていく力をはぐくむということではなく，発達期における十分な依存体験があって成り立つものである。その体験をもとに，人との信頼関係を築き，必要なときに，人や社会に援助を求められることが大切である。

**大舎制：大きな1つの家で，20人以上の子どもが生活する。2023（令和5）年現在，大舎，中舎，小舎を合わせ37.6％である。

***地域小規模児童養護施設：グループホームともいい，施設本体の支援のもと，一般住宅で数人の職員と4〜6名の子どもとが生活する。

****小規模グループケア：定員6名の施設内小規模グループケアと定員4〜6名の分園型小規模かつ地域分散化に向けた取組みがなされている。

*****小舎制：同じ敷地にいくつかの独立した建物があり，そのなかで8〜12人が生活する。また，中舎制もあり，いくつかの空間を区切った建物のなかで，子どもたちが生活するものである。

表2-16　児童養護施設のデイリープログラムの例

時間	1日の流れ	実習生の活動
6：00	起床	起床を促す
6：30	洗面・朝の支度	朝の支度援助
7：00	朝食	朝食援助
7：30	登校（小学校・中学校・高等学校）	登校準備の援助，見送り，施設内の清掃
8：00	幼稚園登園	片づけ
9：00	未就園児保育 自由遊び・朝の活動	未就園児保育 片づけ・洗濯
10：00	おやつ	
10：30	午睡	室内外清掃
11：45	昼食準備	昼食準備
12：00	昼食	配食，昼食援助
13：00	午睡	
14：30	めざめ・幼稚園児　帰寮	おやつ準備
15：00	おやつ	
16：00	小学校児帰寮	下校児受け入れ
16：30	午後の活動・学習	学習指導
17：00	自由時間	一緒に遊ぶ
18：00	夕食	夕食援助
19：00	入浴	入浴指導・入浴援助
20：00	学習・自由時間 未就学児就寝	学習指導 絵本の読み聞かせなど
21：00 －22：00	学童以上就寝	就寝への援助

　も多いため，子どもたちの自尊心を回復することも必要となります。「自分は大切な存在である」「自分はほかの人から認められている」と実感できるようなかかわりを保育士は心がけています。

　職員と子どもとの信頼関係は，毎日の何気ない生活の営みのくり返しから築かれていくものです。起床から就寝まで，生活全般のなかで子どもと職員がどのようにかかわっているのかについては，ぜひ，実習を通して学んでほしいことの1つです。

　安全で安心できる生活環境を整えることが，子どもの情緒の安定につながり，それがこころのケアにつながることを体験から学んでください。ただし，あまり気負わず，子どもの成長発達にとって，何が大切なのかに着目しながら実習を行いましょう。

　「こころを育てる」「人に適度に依存しながらも，自分らしくいきいきと生きていくために必要なことを伝えていく」ことが子どもの自立につながります。常に学ぼうとする意欲をもち，職員と子どもがどのようにコミュニケーションを取り，子どもの育ちを支えているのかについてたくさん学んできましょう。

5）実習生に求められること

子どもの入所してきた背景に着目する

　児童養護施設では，前にも述べたように，かなりの割合で虐待を受けた経験のある子どもが入所しています。

　被虐待児に多く見られる特徴を理解していないと，子どもとのかかわりのなかで，子どもの怒りを引き出してしまうこともあります。虐待を受けた子どもたちに対して適切な支援を行うためにも，どのような行動の特徴が見られるのか，それに対してどのように対応したらよいのか，事前にしっかり学習し，実習に臨みましょう。また，行動の特徴のみにとらわれることなく，子どもたちとともに遊び，生活することで，子どもの気持ちの背景にはどのようなものがあるのかを考えてみましょう。

職員と子どもとの関係について着目する

　児童養護施設は，家庭に代わる役割を果たし，生活全般の支援を行います。基本的には，2～18歳の子どもたちが入所しており，「年齢や発達に沿った対応」が求められます。子どもたちは生活環境の影響を大きく受けています。そのため，人との関係を築くことに困難を感じることがあり，過度に甘えることもあれば，急に攻撃的な態度で接してくることもあります。また，自分の気持ちを素直に表現できない子どももいるため，実習生は，子どもの言動にふり回され，ときには落ち込み，子どもと距離をとってしまうこともあるといいます。とくに中高生については，年齢が近いということもあり，友だち感覚に陥りやすいものです。

　短い期間での実習ですので，子どもとの信頼関係を築くことはむずかしいかもしれませんが，子どもと接する際には，「実習生としての立場」を忘れてはいけません。子どもたちとのかかわり方について，1人で悩まず，職員に相談しましょう。子どもに関する質問を積極的に行うことで，子ども理解も深まります。

生活のなかからの気づきを大切にする

　何気ない日常生活の積み重ねにより，「自分は大切にされている」という実感を子どもたちが得られることが大切です。そのため，起床から就寝まで，どのように安心できる生活環境が整えられているのか，施設での生活の工夫についても学びましょう。

　最後になりますが，保育士には守秘義務があります。実習中に知り得た情報については，決して口外しないようにします。

10 各施設での実習 ～養護系～ 母子生活支援施設での実習

1）施設の概要

母子ともに安心できる環境を提供

　母子生活支援施設は，児童福祉法第38条によれば，「配偶者のない女子又はこれに準ずる事情にある女子及びその者の監護すべき児童を入所させて，これらの者を保護するとともに，これらの者の自立の促進のためにその生活を支援し，あわせて退所した者について相談その他の援助を行うことを目的とする施設」と規定されており，2022（令和4）年現在，全国に204施設あり，世帯人数は7,305人です＊。

　利用者の生活の背景には，経済的な理由や家庭機能の崩壊，そして夫からの暴力など，パートナーとの関係の問題などがあります。入所理由には，住宅事情，母親の未婚，心身に不安定さがある，障害がある，など育児へのサポートを必要とするケース，配偶者からの暴力（DV：ドメスティックバイオレンス。68ページのコラム⑫参照）による緊急避難的な入所のケースもあります（表2－17）。

＊厚生労働省「令和4年社会福祉施設等調査の概況」2023による。

2）職員の構成

　母子生活支援施設には，母子ともに安全で安心できる生活環境を提供するため，世帯単位での居住スペースがあります。そこで，子どもの養育支援や母親の就労支援など，自立に向けた支援を行っています。職員は，「児童福祉施設の設備及び運営に関する基準」により，施設長，母子支援員，少年指導員が配置されています。ちなみに保育士は，母子支援員の資格要件の1つとなっています。なお，一定の条件を満たす施設に対しては，個別対応職員や心理療法担当職員が配置されています。

表2－17　母子生活支援施設における入所理由別世帯数（上位3つ）

総数	配偶者からの暴力	住宅事情	経済的理由
2,780人（100％）	1,399人（50.3％）	438人（15.8％）	296人（10.6％）

注）総数には不詳も含む。
資料：こども家庭庁「児童養護施設入所児童等調査結果の概要（令和5年2月1日現在）」2024

表2-18 母子生活支援施設のデイリープログラムの例

時間	1日の流れ	実習生の活動
6:30	起床・着替え・洗面	
7:00	母親，就労のため外出	
7:45	学校登校	
10:00	未就学児自由遊び	観察・参加・遊び援助
12:00	昼食	昼食援助
12:30	午睡	午睡援助
14:00	自由遊び	観察・参加
15:00	おやつ・自由時間 学童帰園・学習	おやつ援助・自由遊び援助 学習指導
18:30	間食	間食援助
19:00	各部屋へ	

3）デイリープログラム

母子生活支援施設におけるデイリープログラムは表2-18のようになっています。

4）保育士の仕事と役割

母子生活支援施設では，入所から退所に向けての支援，退所後の相談にのるなど，それぞれの世帯に応じた支援を行っています。特徴としては以下の3点です。

①**母子への日常的な生活支援**
さまざまな手続きや家事の支援，病院への同行，治療や服薬のサポートなどを行います。情緒の安定を図るため，母子の生活環境を整えていきます。また，退所後も母子の生活の相談を受けることもあります。

②**就労支援**
就労に向けての相談や，情報提供などを行います。また，就労先の選択肢が広がるよう，資格取得のサポートなども行います。

③**子育て支援**
母親が安心して働くことができるように，日中の保育や保育所降園後の保育，下校後の子どもの学習指導，進路に関する相談などを行います。また，DV被害を受けた母子の入所もあるため，危機管理をしつつ仕事を行っています。

5）実習生に求められること

母子世帯を取り巻く環境を理解しよう

　実習においては，母子世帯を取り巻く社会的状況（離婚，未婚，DVなど），経済的な実態などについてきちんと把握した上で実習に臨むことが必要です。そして，施設利用にいたった生活背景を理解しながら，子どもに対する生活支援や母親への子育て支援，就労支援などの具体的な取り組み方を学びましょう。日中は母親が就労していることが多いため，実習では未就学・未就園児の保育，小学校下校後の学童とのかかわりが主となります。施設を利用する世帯数も少ないため，子ども一人ひとりと密接なかかわりとなります。そのため，DV（68ページのコラム⑫参照）や虐待に関する知識をもって臨みましょう。

コラム ⑪

この数をどう思いますか？　－子どもの虐待の実態－

　「子どもの虐待のことを聞いたことがありますか」と尋ねると，多くの人たちが「聞いたことがある」と答えると思います。では，どのくらいの子どもたちが虐待にあっているのでしょうか。右の図は，1990（平成2）年度からの児童相談所における児童虐待相談処理件数の推移です。2022（令和4）年度は，219,170件で1990年度の約200倍となっています。現在児童相談所は，全国に234か所（2024年4月1日現在）ありますので，児童相談所1か所で年約936件，ほぼ毎日2.5件以上を処理していることになります。また，虐待で命を失った子どもたちの数は，2009年28人，2010年33人，2011年39人，2012年32人，2013年25人，2014年20人，2015年26人，2016年30人，2017年40人，2018年22人，2019年25人，2020年29人，2021年18人，2022年18人でした（「令和4年における少年の補導及び保護の概況」〈2023年9月〉警察庁生活安全局人身安全・少年課より）。しかしながら，この数には，無理心中で命を失った子どもたちは入っていません。参考までに，その数は，警視庁の同じ調査から，2009年37人，2010年29人，2011年26人，2012年38人，2013年29人，2014年25人，2015年20人，2016年26人，2017年13人，2018年8人，2019年21人，2020年21人，2021年29人，2022年17人です。
　では，「虐待だ」と児童相談所に通告された場合，どうなるのでしょうか。
　その子どもたちは，児童相談所の一時保護施設（2024年4月1日現在，154か所）に入所し，後日家庭裁判所の審査などにより児童養護施設や乳児院などの児童福祉施設に入所します。しかしながら，児童福祉施設に入所するのは2021（令和3）年度では1.8％で，85.6％の子どもたちは面接指導となり家庭に戻ることになります。ということは，この子たちは，保育所や幼稚園・小学校などの学校に通うことになります。

とくに近年は，配偶者からの暴力（DV）による入所が目立ってきています。DVは，子どもにも精神的なダメージを与えます。DVを見ることも，虐待を受けていることと同様，子どものこころに大きなダメージを与えるのです。このような，適切な養育環境や教育的な配慮を行う余裕すらなかった生活状況のなかで，母子ともに情緒的な不安定さが見られる場合もあります。

　実習では，子どもたちの言動に戸惑うこともあるかもしれません。職員に積極的に質問することはもちろん，子どもたちのこころの動きに着目し，かかわり方を工夫しましょう。

　最後に注意点としては，緊急一時保護されているケースや，暴力をふるう配偶者やパートナーから居場所を知られないよう逃れてきているケースもあります。実習中に知り得た母子に関する情報は決して口外してはいけません。

　では，保育所や学校ではどのように対応しているのでしょうか。文部科学省は，特別支援教育で援助・指導をするべきだとしていますが，どのように援助・指導すべきかについてはほとんど言及されていません。そのため，保育・教育現場では特別な援助・指導がなされていません。年々そのような子どもの数が増えており，今後保育所や学校でどのように援助・指導していくのかが問題になると考えられます。

　ところで，親子関係の基本は信頼関係です。しかも，乳幼児期は，信頼関係がもっとも強い時期ですし，親を通して信頼関係を築く大事な時期です。その信頼をしている親によって虐待を受けているのです。そのようなことを考えてみて，あなたは，この数をどう思いますか。

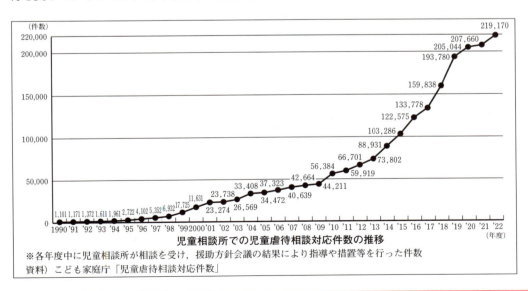

児童相談所での児童虐待相談対応件数の推移
※各年度中に児童相談所が相談を受け，援助方針会議の結果により指導や措置等を行った件数
資料）こども家庭庁「児童虐待相談対応件数」

11 各施設での実習　〜養護系〜
児童自立支援施設での実習

1）施設の概要

子どもたちの育ちの背景に目を向ける

　児童自立支援施設は，児童福祉法第44条において「不良行為をなし，又はなすおそれのある児童及び家庭環境その他の環境上の理由により生活指導等を要する児童を入所させ，又は保護者の下から通わせて，個々の児童の状況に応じて必要な指導を行い，その自立を支援し，あわせて退所した者について相談その他の援助を行うことを目的とする施設」と定められ，2022（令和4）年現在，全国に58施設あり，在所児の数は1,114人です＊。

　児童自立支援施設の児童は，児童相談所の措置による入所と，家庭裁判所の審判による送致（保護処分）とに分けることができます。

　児童相談所からの措置としては，窃盗などの触法少年やぐ犯少年＊＊の入所が多く見られます。また，児童養護施設などの施設からの措置変更による入所や，家庭裁判所の審判により犯罪少年が入所する場合もあります。特徴としては，非行行動が主たる理由としてあげられ，反社会的・非社会的行動が重複していることがあります。

　多くの入所児童の家庭背景に目を向けると，ひとり親や両親の不仲，離婚・蒸発，貧困，アルコール依存，DV（68ページのコラム⑫参照）などが見られます。そのため，安定した家庭環境で育つことができず，適切なしつけを受けたり，安心できる生活が営まれるという経験が乏しいまま成長してきている子どもが多くいます（表2−19）。

　また，最近は，発達障害（AD/HDやASD＊＊＊），知的障害，そして虐待など不適切なかかわりを経験した子どもも入所しています（表2−20）。こうした

＊厚生労働省「令和4年社会福祉施設等調査の概況」2023による。

＊＊家出をくり返す，深夜徘徊する，不道徳な人との交流，いかがわしい場所に出入りするなど，将来罪を犯し，刑罰法令に触れる行為を行う虞（おそれ）のある少年のことをさす。

＊＊＊Part1の「3　特別な支援を必要とする子どもについて知る」も参照。

表2−19　児童自立支援施設における養護問題発生理由（その他を除いた主な理由）

母の放任・怠惰	父母の離婚	父の虐待・酷使	母の虐待・酷使	母の精神疾患等
58人（5.1％）	9人（0.8％）	82人（7.2％）	79人（7.0％）	46人（4.1％）

表2−20　児童自立支援施設における被虐待経験の有無

入所児童総数	虐待経験あり	虐待経験なし	不明
1,135人（100％）	828人（73.0％）	262人（23.1％）	42人（3.7％）

注）総数には不詳も含む。
資料：厚生労働省「児童養護施設入所児童等調査結果の概要（令和5年2月1日現在）」2024

家庭環境は子どもの人格形成に大きな影響を及ぼしているともいえます。自分が大切にされた経験や愛着関係を十分に築くことができなかったことが影響し，他者との関係に困難を感じる子どもが多いのも事実です。子どもたちの非行は，「愛されたい」「認められたい」「自分を見てほしい」という欲求が十分に満たされないがために引き起こされる行動であり，こころのサインであるともいえます。

必要以上に警戒心を抱く実習生がいるかもしれませんが，子どもたちとの生活を通して，実習前に抱いていた子どものイメージは肯定的なものに変化していくはずです。

2）職員の構成

児童自立支援施設では，入所児童のおおよそ4.5人につき1人以上の割合で児童自立支援専門員や児童生活支援員が配置されます。そのほか，個別対応職員，家庭支援専門相談員＊，心理療法担当職員，嘱託医，栄養士，調理員，また職業指導を行う際には職業指導員を配置することとされています。

＊ファミリーソーシャルワーカー（➡用語説明）

3）デイリープログラム

児童自立支援施設では，小舎夫婦制＊＊の場合，夫婦が1つの寮舎を担当し，子どもたちの援助を行っています。最近は，交代制＊＊をとる施設も増えてきています。

デイリープログラムは子どもの自立を援助することを目的に作成されており，大きく分けると「生活指導および生活支援」「学習指導」「職業指導」です。そのほかに体育指導や心理治療などを行い，より家庭的な雰囲気のなかで情緒を安定させながら，生活や学習面に関して積極的に取り組む意欲を育て，社会で生活する上でのルールを学んでいきます。表2-21に児童自立支援施設のデイリープログラム例を掲載します。

＊＊小舎夫婦制と交代制：夫婦である児童自立支援専門員と児童生活支援員が1つの寮舎に住み込み，家庭に近い形態をとり，子どもたちとともに暮らす形態のことを小舎夫婦制という。従来，児童自立支援施設はこのスタイルがとられてきた。しかし近年では，労働条件の改善，職員の運営上の負担が大きいなどの理由から，小舎では，職員が交代で子どもたちと生活をともにする交代制のスタイルがとられたりするようになってきている。

4）保育士の仕事と役割

生活指導および生活支援

入所している子どもたちは，成長過程で養育環境や人との関係の築き方が要因となり，社会性やモラルを身につける経験が乏しかったり，もともと社会性やモラルを身につける意思や能力が十分でなかったりする場合が多いようです。そのため，一定の枠組みのある規則正しい生活（わかりやすい生活の流れ）に

表2-21　児童自立支援施設のデイリープログラムの例

時間	1日の流れ	実習生の活動
6:30	起床あいさつ	起床を促す
7:00	清掃，洗濯物干し，布団干し	寮内の清掃を行う
7:30	配食・朝食	朝食準備・配食・片づけ
8:00	登校準備 登校・体操	歯磨き・服装・持ち物確認 登校引率
8:30	授業開始　授業を受ける	寮内清掃
11:40	下校	子どもたちの迎え入れ
12:00	配食・昼食	昼食準備・配食・片づけ
12:40	登校	登校引率，服装・もち物の確認
13:00	授業を受ける 学習指導・クラブ活動	
15:30	下校 クラブ活動	子どもたちの迎え入れ 野球，ソフトボールなどのスポーツ，木工，園芸などの指導
16:00	帰寮・清掃 自習時間	余暇指導
17:30	配食・夕食	夕食準備・配食・片づけ
18:00	学習	学習指導（予習，復習）
19:00	入浴，洗濯 自由時間，おやつ	入浴指導，洗濯などの指導 テレビ鑑賞，読書指導
21:00	黙想，日記	日記指導，個別指導
21:30	就寝準備	布団敷き・衣類整理・歯磨き指導など就寝指導
22:00	消灯	

より，社会性を身につけることができるような働きかけをしていきます。また，子どもたちは，落ち着いた生活環境のなかでの職員とのやりとりを通して，人との適切な関係の築き方を学んでいきます。

学習指導

　児童自立支援施設には，勉強に対して苦手意識をもっている子どもが多くいます。それは，安心して生活できる環境になかったことや，さまざまな理由により学校での授業についていけなかったことが原因としてあげられます。

　そのため1997（平成9）年の児童福祉法改正から，就学義務を課し，施設内の分校に通うか，地域の小・中学校に通学することになりました。少人数の落ち着いた環境を作り，個人の学力に応じて学習に取り組むことを通して考える習慣を身につけ，生きる上で必要な基礎学力を習得できるような指導をしています。

職業指導

　入所している子どもの大半が中学生です。中学校卒業後の進路は就職が多い

ため，児童自立支援施設では職業指導に力を入れています。

　清掃活動などの園内作業に加え，就職に際し必要となる資格取得に向け勉強をしている子どももいます。そのため，目標に向かって取り組んでいる子どもをはげまし，支え，働く上での姿勢を身につけるための支援をしています。

5）実習生に求められること

　実習を通して，子どもとのかかわりから，自分自身の子どものとらえ方を見つめ直しましょう。そして，実習期間中は以下のことを心がけましょう。

先入観にとらわれず公平に接する

　実習では，先入観にとらわれず，分け隔てなく子どもたちとかかわるようにしましょう。事前学習を進めていくと，「子どもとうまくかかわれるだろうか」と，不安な気持ちを抱くこともあると思います。しかし，子どもたちとともに生活し，丁寧にかかわっていくと，実習前に抱いていた子どもたちへのイメージが変化していくはずです。

体験の共有を通して子ども理解に努める

　子どもたちとの生活を通して「ともに行う」ことを大切にしましょう。からだを動かし，施設でのさまざまな活動に一生懸命取り組むことにより，共有体験も増え，話す話題も増えていきます。実習が進むにつれ，子どもの言葉づかい，行動の背景に着目することもなくなり，子ども理解が深まることでしょう。

施設の方針や指導にしたがう

　子どもとよい関係を築きたいという思いが強ければ強いほど，実習生が子どもの言いなりになってしまうこともあります。また，子どもの言動にふり回されてしまうこともあります。勝手な判断をすることなく，常に実習生としての立場を忘れないようにしましょう。子どもたちの言動で疑問に思ったこと，気になることは職員に伝え，積極的に指導を受けましょう。職員に質問を多くすることにより，子ども理解も深まります。

守秘義務について

　子どもたちの生活にかかわる保育士の仕事において，子どもたちのプライバシーを守ることは，仕事をする上での基本です。

　子どもたちはさまざまな理由で施設を利用しています。実習期間中に知り得た子どもの生活歴や家庭状況などについての情報を他者に漏らすことのないようにしてください。

コラム ⑫

子どもの虐待とは，どのようなものなのでしょうか？　－虐待の定義－

　子どもの虐待とは，どのようなものなのでしょうか。

　子どもの虐待は，2000（平成12）年に成立し，2004（平成16）年に改正（右表の「法律による定義」の下線が改訂部分）された児童虐待の防止等に関する法律の第2条に，右表のように定義されています。

　ところが，最近，欧米では，これ以外に第5の定義が必要であるとされるようになってきました。その定義とは，「DV（ドメスティックバイオレンス：Domestic　Violence）の目撃」です。DVとは，一般的には「夫や恋人など親密な関係にある，または，あった男性から女性に対して振るわれる暴力」という意味で使用されることが多く，虐待では，「配偶者間において主に男性から女性に対して，身体的・言語的，性的攻撃，脅し，強制などを伴うパターン化された言動で行われる暴力」という意味で使用されます。なお，2001（平成13）年に制定され，2004（平成16）年に改正された配偶者からの暴力の防止及び被害者の保護に関する法律では，右記の表の（5）のように定義され，DVを「配偶者からの暴力」としています。また厚生労働省の福祉行政報告例は，2017（平成29）年度より児童相談所が対応した「虐待の相談種別」の中に，「暴力の目撃等によるもの」を再掲としてあげています。2020（令和2）年度の児童虐待相談のうち，「暴力の目撃等によるもの」は71,006件で，全体の34.6％にあたります。

　虐待は子どもへの人権侵害であり，親または親に代わって養育にたずさわるおとななどによる子どもの心身の成長や人格形成に重大な影響を及ぼす行為で，たとえば，

①生命に危険のある暴行や行為，

②あざや骨折が生じていなくても，子どもを殴ったり，蹴ったりすること，

③明らかに不適切な養育，

④言葉による脅かしなど（それにより，子どもに危険が予測されたり，子どもが苦痛を受けているような場合も含みます）

です。

　そこで，児童虐待の防止等に関する法律第3条には，「何人（なんぴと）も，児童に対し，虐待をしてはならない」と定められているのです。

虐待の種類	法律による定義*	具体的例や解説など
(1) 身体的虐待	児童の身体に外傷が生じ、又は生じるおそれのある暴行を加えること。	子どもを殴る、蹴る、投げ落とす、熱湯をかける、首をしめる、溺れさせる、逆さづりにする、タバコや線香の火を押しつけるなどの身体的な暴行。縄などにより身体を拘束する、冬期戸外に閉め出す、一室に監禁するなども含む。
(2) 性的虐待	児童にわいせつな行為をすること又は児童をしてわいせつな行為をさせること。	子どもに性的な行為やいたずらをすること。強要して子どもの裸を写真やビデオに撮ることも含む。父親（実父、継父）が娘を対象にすることが多く、保護者的立場にある兄が妹にというようにきょうだいの間で起きることもある。
(3) ネグレクト	児童の心身の正常な発達を妨げるような著しい減食又は長時間の放置、保護者以外の同居人による前二号**又は次号**に掲げる行為と同様の行為の放置***その他の保護者としての監護を著しく怠ること。	子どもの健康状態を損なうほどの不適切な養育、危険についての重大な不注意をすること。家に閉じこめる、子どもの意志に反して学校に登校させない、重大な病気になっても病院に連れて行かない、乳幼児を家に残したままたびたび外出する、乳幼児を車に放置する、適切な食事を与えない（栄養失調）、衣服・下着などを長時間ひどく不潔なままにする、極端に不潔な環境のなかで生活させるなど。
(4) 心理的虐待	児童に対する著しい暴言又は著しく拒絶的な対応、児童が同居する家庭における配偶者に対する暴力（配偶者（婚姻の届出をしていないが、事実上婚姻関係と同様の事情にある者を含む。）の身体に対する不法な攻撃であって生命又は身体に危害を及ぼすもの及びこれに準ずる心身に有害な影響を及ぼす言動をいう。）その他の児童に***著しい心理的外傷を与える言動を行うこと。	子どもに対する言葉による脅かし、無視などの拒否的な態度などで、子どものこころに深い傷を負わせる行為。「おまえなんか産まなければよかった」などとくり返し言ったり、大声でどなったりすることや、子どもからの働きかけに応えなかったり、きょうだい間で著しい差別をしたり、凍りつくような無感動や無反応など。
(5) DVの目撃	（DVの定義）配偶者からの身体に対する暴力（身体に対する不法な攻撃であって生命又は身体に危害を及ぼすものをいう。）又はこれに準ずる心身に有害な影響を及ぼす言動。	配偶者間において主に男性から女性に対して、身体的・言語的、性的攻撃、脅し、強制などをともなうパターン化された言動で行われる暴力。DVを子どもが目撃することにより、心理的虐待を受けているのと同様に子どもにさまざまな心身の症状が表れ、自分が育った家庭での人間関係のパターンから感情表現や問題解決の手段として暴力を学習することになるなど。

＊法律による定義は、（1）～（4）は児童虐待の防止等に関する法律第2条、（5）は配偶者からの暴力の防止及び被害者の保護に関する法律第1条による。
＊＊前号二号とは「（1）身体的虐待」「（2）性的虐待」のこと、次号とは「（4）心理的虐待」のことをさす。
＊＊＊表内の下線は筆者による。

12 各施設での実習 〜養護系〜
児童相談所ならびに一時保護施設での実習

1）施設の概要

児童相談所

　児童相談所＊は児童福祉法第12条＊＊に基づき，個々の児童や家庭にもっとも効果的な処遇を行い，その権利を保護することを主な目的としています。児童福祉行政の機関として，都道府県および政令指定都市では，児童相談所を設置することが義務づけられています（2024〈令和6〉年4月1日現在，234か所）＊＊＊。児童福祉のあらゆる問題の相談に応じ，必要な調査や心理判定などを行い，その結果，家庭への指導や施設入所を決定する行政的権限をもっています。

　児童相談所の機能は，大きく分けて「相談」「判定」「指導」「措置」「一時保護」の5つがあります。

一時保護施設（一時保護所）

　一時保護とは，児童相談所に設けられた，必要に応じて児童を家庭から離して一時的に保護する機能のことで，2024（令和6）年4月1日現在，全国に154か所あります。一時保護が行われる状況は，①保護者の家出などによる保護者の不在や放任・虐待，②処遇方針を決めるための行動観察や生活指導が必要な場合，③短期間の心理療法や生活指導が必要であると判定された場合，④さまざまな原因で施設入所ができるまで待機する場合，などです。一時保護施設で保護した児童は，永続的に入所できるものではありません。保護する期間は，虐待以外は1ヵ月以内，虐待の場合は2ヵ月までと法律で定められています。ただし，児童相談所長や都道府県知事が必要だと認めた場合には，延長されることがあります。

　一時保護施設の定員の平均は22.12人（2020〈令和2〉年10月現在）で，居室の平均は約9室（同）です。全体の45％の保護施設に個室はなく（同），数人で使用する場合がほとんどです＊＊＊＊。援助方針を決定するための行動観察も一時保護の目的の1つですから，児童養護施設対象児，情緒障害児短期治療施設（児童心理治療施設）対象児，児童自立支援施設対象児，知的障害児施設対象児など，さまざまな状態の子どもたちが生活をともにしています。そのため，ストレスが高まり，トラブルが発生しやすい状態の保護施設も少なくありません。

＊児童相談所だけではなく，「子ども相談センター」「こども・女性・障害者支援センター」など，名称が多岐にわたる。また，「分室」もある。

＊＊児童福祉法第12条の概要は以下の通り。「都道府県は，児童相談所を設置しなければならない。2　児童相談所は，児童の福祉に関し，主として前条第1項第1号に掲げる業務（市町村職員の研修を除く）並びに同項第2号（イを除く）及び第3号に掲げる業務並びに障害者の日常生活及び社会生活を総合的に支援するための法律第22条第2項及び第3項並びに第26条第1項に規定する業務を行うものとする。3　略　4　児童相談所は，必要に応じ，巡回して，第2項に規定する業務（前条第1項第2号ホに掲げる業務を除く）を行うことができる。5　児童相談所長は，その管轄区域内の社会福祉法に規定する福祉に関する事務所（以下「福祉事務所」という）の長（以下「福祉事務所長」という）に必要な調査を委嘱することができる。」（以下略）

＊＊＊厚生労働省ホームページ「児童相談所一覧（令和4年7月1日）」

2）職員の構成

所長，児童指導員（保育士），看護師，栄養士，調理員，一保（一時保護）心理士，嘱託医，学習指導員，夜間指導員などが勤務しています。

3）デイリープログラム

一時保護施設に入所する以前の不適切な状況から，安心・安全を実感できる環境を提供し，基本的な生活習慣が身につくようなデイリープログラムが組み立てられています（表2－22）。

4）保育士の仕事と役割

生活指導員および保育士が数人の児童を担当し，生活指導やレクリエーション，保育，教育・学習指導を行っています。一時保護所からは，原則として通学はできません。1人での外出も禁止されています。これは，児童の安全を守るための措置です。入所できる期間は短期間であることや，年齢差，また必要とされる配慮の違いなどはありますが，数グループに分けてデイリープログラムを構成するなどの工夫がされています。

＊＊＊＊（前ページ）三菱UFJリサーチ＆コンサルティング「一時保護所の実態と在り方及び一時保護等の手続の在り方に関する調査研究 報告書」令和2年度子ども・子育て支援推進調査研究事業，2021

表2－22 児童相談所一時保護施設のデイリープログラムの例

	学童	幼児	実習生の活動
7:00	起床・着替え・洗面・掃除	起床・着替え・洗面・掃除	起床を促す，着替え・洗面援助，清掃活動
7:30	ラジオ体操		体操などの援助
8:00	朝食	朝食	配膳・朝食援助
8:30	自由時間	自由時間	各々の活動の援助
9:20	読書	読み聞かせ	読み聞かせの実践，環境整備
9:50	朝の会	朝の会	朝の会の参加・実践
10:00	学習	設定保育	学習支援・保育活動の参加・実践
12:00	昼食	昼食	配膳・昼食援助
12:30	自由時間	自由時間	各々の活動の援助
13:20	学習	午睡	学習・午睡支援（一部心理相談支援）
15:00	おやつ	おやつ	おやつ援助
15:30	掃除	自由時間	各々の活動の援助
16:00	自由時間・入浴	入浴	入浴支援
18:00	夕食	夕食	配膳・夕食援助
20:00	自由時間	就寝	就寝援助
20:50	夜の会・就寝（小学生）		就寝援助
22:00	就寝（中学生以上）		見まわり

※土・日・祝日の活動内容は，異なることがあります。

5）実習生に求められること

入所の背景について理解し，支援の方法を学ぶ

　一時保護施設の子どもたちは，虐待や親の養育困難など，さまざまな理由で入所しています。入所理由の異なる子どもたちそれぞれの経緯を知り，子どもの不安な気持ちにより添った，信頼関係が培われるような実習態度が望まれます。

子どもの状態に合わせてかかわろう

　保護施設の日課を把握して，職員の子どもたちとのかかわりを観察しながら，入所児と話しましょう。できるだけ早く，名前と年齢を覚えるとよいでしょう。おとなに対する不信から，実習生を受け入れられない子どもも少なくありません。その反面，職員に話せない悩みを打ち明けてくる子どももいます。そうした子どもたちに対応するためにも，心理学を学んでおくことも必要です。

ほかの職種の職員との連携を学ぶ

　保護施設職員や児童相談所職員との連携，保護施設内の児童指導員（保育士）以外の職種との業務分担や連携について学びましょう。

コラム ⑬

ある子が話をしてくれない，どうしたらよいですか？

　ある児童養護施設に実習巡回に行ったときのことです。
　実習生から，「寮の女子中学生のうちの1人がなかなか話してくれない。どうしたらよいですか」と，質問されました。こちらも細かな状況がわからず，中学生ということで思春期にもあたるため，二次反抗期かなと思い，「あいさつは欠かさず，できる限り話しかけて」と通り一遍の指導をしました。
　その実習生が実習を終え大学に報告に来たときに，後日談を話してくれました。
　私が帰った夜にちょうど2人きりになれたので，話をしたそうです。もちろん会話は一方的で，相手からは「うん」「いいえ」といった返答しかなかったようなのですが，別れ際にその女子中学生から「先生は，2週間したら帰っちゃうんでしょう。別れるのがいやだから話をしないの」と言われたそうです。それを聞いて，実習生は，その子と時間が許す限り話をしたり，一緒にいるようにしたそうです。最後の日は――，想像してみてください。

コラム⑭

どうして，子どもを虐待するの？　−虐待の発生要因−

　虐待にはいろいろなタイプがあり，個々のケースによっても異なりますが，下表のような発生要因が家庭において複合して生じたときに，虐待へと発展しやすくなるといわれています。これらの要因がある家庭の子どもは，虐待を受ける割合が高いといわれており，関係者からのよりきめ細かな支援が必要となります。

　ところで，これらの虐待の発生要因は，虐待の発生の可能性を高める要因（リスク要因）であり，これらが必ずしも虐待を引き起こすというものではありません。若い保護者でも立派に子育てをしている人はたくさんいますし，未熟児として生まれてもふつうの親子関係のもとで育てている保護者もたくさんいます。ですから，リスク要因があるからといって，短絡的に虐待と結びつけてはいけません。さらに，保護者自身が，1人の親からは虐待を受けたけれども，もう1人の親とはよい関係にあった，園や学校などで先生や仲間とよい人間関係を経験した，適切な心理的ケアを受けた，といった場合などには，こころの傷が癒され，虐待を防止するように働く要因となると考えられます。

発生要因	説明
（1） 社会からの孤立	①地域から孤立している：日中の話し相手，身近に交流できる相手，子育ての悩みを相談する相手がいないなど，地域から孤立すると，育児不安や養育上の混乱を誘発しやすく，虐待につながる可能性が高いといえる。また，地域から孤立していると，虐待の発見が遅れたり，虐待を深刻化させてしまうことにもなる。 ②職場から孤立している：①のような家庭は，職場や行政などからも孤立する傾向が強く，①を助長する要因となる。
（2） 家庭の状況	③夫婦間がストレス状況：夫婦関係が不安定で，一方が支配し配偶者を服従させるという関係のなかでは，配偶者が虐待を黙認するということがしばしば起きる。 ④家庭内がストレス状況：若くして結婚し，心理的に親になりきれない場合やアルコール性疾患，精神的，経済的な問題を抱えている場合などは，生活上の不満や子育てからくるストレスで虐待が起こりやすくなる。
（3） 保護者の生育歴の問題	⑤子ども時代に保護者からやさしく愛され，保護された経験がない：子どもを虐待する保護者のなかには，保護者自身が虐待を受けて育った場合が多いといわれている。それまでの生育歴から，人への信頼感がもちにくく，また自己評価も低いなど，安定した人間関係がもちにくくなっている人も多く見られる。暴力を受けた体験は，その保護者が子どもを育てるときに無意識のうちに再現しやすく，子どもに暴力をふるいやすくなる。保護者自身が得られなかった愛情と信頼をわが子との関係で満たそうとし，親子の役割逆転が起こり，子どもが自分の期待どおりに応えてくれないと見離された気持ちになり，虐待につながる場合もある。 ⑥体罰が適切なしつけの手段であると信じている：保護者から，しつけの際に暴力をふるわれると，それがしつけモデルとなり，子どもに暴力をふるうことが当然と思い，虐待につながる場合が多い。
（4） 子ども自身の要因	⑦ハイリスク児である：子どもに慢性疾患や障害があったり，よく泣いたり，食べなかったりするなどのいわゆる「育てにくい子」「手のかかる子」（ハイリスク児）の場合は，保護者がその対応に追われ，余裕がなくなり，拒否的感情から子どもに虐待をしてしまう場合がある。
（5） 保護者と子どもとの関係	⑧わが子に対して不正確な認知の仕方をしている：子どもへの虐待では，子ども全員に虐待をするのではなく，しばしばきょうだいのなかの特定の子どもだけが対象となる場合がある。たとえば，未熟児のため出生直後から長期入院していて，その間，母子分離の状態にあると，その子どもに愛情を感じられなくなったり，ほかのきょうだいと比較してしまい，どうしても受け入れられなかったりすることが原因で，虐待に結びつくことがある。

13 各施設での実習　～養護系～
児童心理治療施設での実習

1）施設の概要

生活・治療・教育をともに行う児童心理治療施設

　児童心理治療施設は，児童福祉法第43条の2に規定＊があり，施設全体が生活の場，治療の場であり，生活支援を基盤として心理治療を行う施設です。

　この施設は，家庭や学校などにおいて対人関係のもつれや歪みなどの心理的・情緒的な原因により心が不安定になっている子どもたちが多く利用しています。たとえば①学校生活になじめず孤立しやすい，②家庭に引きこもりがちである，③おこりっぽく感情のコントロールがむずかしい，落ち着きがない，④不安が強い，⑤夜尿，頻尿，どもり，緘黙，チックなどの癖，などがあげられます。このようなことからなかなか集団生活になじめず，心理的ストレスから社会への適応がさらに困難になることもあります。また，表2－23に示したように，虐待を受けるなど幼少期から不適切な養育環境で育ち，その影響によって反応性愛着障害や二次的な障害として発達障害のような行動を示す子どもが増えています。

　原則的に18歳以下が対象となりますが，特別な理由により措置を延長した18歳以上20歳未満の入所者もいます。集団生活への適応のむずかしさが顕在化してくる3歳児以上の入所が多く，平均利用期間は，2.5年となっています。表2－24に委託あるいは在所期間を示します。2022（令和4）年現在，全国に51施設あり，在所児数は1,398人となっています＊＊。利用する必要の有無については，児童相談所で判定を受け，入所か通所の措置が決まります。

＊「家庭環境，学校における交友関係その他の環境上の理由により社会生活への適応が困難となった児童を，短期間，入所させ，又は保護者の下から通わせて，社会生活に適応するために必要な心理に関する治療及び生活指導を主として行い，あわせて退所した者について相談その他の援助を行うことを目的とする施設とする」

＊＊厚生労働省「令和4年社会福祉施設等調査の概況」2023による。

表2－23　児童心理治療施設における入所児の家庭状況（上位4つ）

総数	母の虐待・酷使	父の虐待・酷使	母の放任・怠惰	母の精神疾患等
1,334人（100%）	206人（15.4%）	199人（14.9%）	133人（10.0%）	89人（6.7%）

表2－24　児童心理治療施設における委託期間または在所期間（上位4つ）

総数	1年未満	1年以上2年未満	2年以上3年未満	3年以上4年未満
1,334人（100%）	338人（25.3%）	338人（25.3%）	256人（19.2%）	166人（12.4%）

注）総数には不詳も含む。
資料：こども家庭庁「児童養護施設入所児童等調査結果の概要（令和5年2月1日現在）」2024

2）職員の構成

職員は，医師（精神科または小児科の専門医），心理療法担当職員，児童指導員，保育士，看護師，個別対応職員，家庭支援専門相談員*，栄養士および調理員（委託業者に依頼している場合には不在）が配置されています。そのほか，施設長，事務職員，教師などが，必要に応じて勤務しています。心理療法を担当する職員は子ども10人につき1人以上，児童指導員および保育士は子ども4.5人につき1人以上と，それぞれ配置が規定されています。

*ファミリーソーシャルワーカー（➡用語説明）

3）デイリープログラム

施設では，生活指導，心理治療，学校教育の3部門に分かれて業務が行われます。また，家族との治療協力を図り，子どもを取り巻く地域の関係機関と連携して，子どもと家族を援助します。地域の学校に登校できる子どもは通学しますが，通学が困難な子どもには，施設内で学習指導が行われます。表2－25に児童心理治療施設（入所）のデイリープログラムの例を示します。

表2－25　児童心理治療施設（入所）のデイリープログラムの例

時間	1日の流れ	実習生の活動
7:00	起床，洗顔・歯磨き	起床を促す，着替え・洗面援助
7:30	朝食	配膳・朝食援助
8:00	登校または学習準備	環境整備
8:30	午前中の学習	学習支援
12:00	昼食・自由時間	昼食援助
13:30	午後の学習	学習支援
15:00	下校・おやつ	迎え入れ，おやつの準備
16:00	学習・そのほかの活動（掃除など）	子どもとともに過ごす
17:00	自由時間	
17:30	夕食準備・夕食	夕食援助
19:00	入浴・自由時間	入浴援助（低年齢児）
21:00	就寝（小学生以下）・学習	就寝援助，学習支援
22:00	就寝	見まわり

4）保育士の仕事と役割

保育士は，主に子どもの生活支援を担当します。近年，保護者による育児放棄などで放任されて生活をしてきたため，基本的な社会生活上必要となるしつけなどが身についていないケースが増えています。そのため，保育士の役割は，

生活の営みを通して社会のルールを学んだり，人間関係に必要なコミュニケーションの取り方などを学習したりするための支援を提供することにあります。

5） 実習生に求められること

子どもの精神的育ちを支えるかかわりを

　子どもたちが，人間関係を形成していくために必要なルール，コミュニケーションの仕方をどのように学んでいくのか，また，そのために行われる職員の日々の取り組みを観察しましょう。それは，日課や環境作り，職員の言葉がけなどから学ぶことができるでしょう。また，福祉，医療，教育など多職種間でどのような連携をとっているのか，さらに継続して行われる家庭と児童相談所や学校などの外部機関との連携など，子どもの育ちを支援するために必要な工

コラム ⑮

子どもに虐待，どうすればいいの？　－虐待の発見・対応－

　幼稚園や保育所は，子どもたちが家庭から離れて集団生活を行う場であるとともに，母親を中心とした保護者との接点も多い場所です。そのため，保育者は虐待の第一発見者になる場合が多く，幼稚園や保育所は虐待を発見し防止できる場としての役割を担っています。

　虐待を受けている子ども（被虐待児）には，右ページの表のような特徴があります。このうち「日常的な特徴」は，特に虐待を発見する一つのポイントになります。しかしながら，子どもが発するSOSのサインは弱々しく間接的な場合があるので，日ごろから虐待に関心をもって接することが必要です。

　子どもの虐待を見つけたときは疑いのレベルであっても，児童相談所や福祉事務所（家庭児童相談室）にすみやかに「通告」することが必要です（警察でもかまいません）。児童虐待の防止等に関する法律の第6条は，「児童虐待を受けたと思われる児童を発見した者は，速やかに，これを市町村，都道府県の設置する福祉事務所若しくは児童相談所又は児童委員を介して市町村，都道府県の設置する福祉事務所若しくは児童相談所に通告しなければならない」と定めています。また同法同条第3項に，「刑法（明治40年法律第45号）の秘密漏示罪の規定その他の守秘義務に関する法律の規定は，第1項の規定による通告をする義務の遵守を妨げるものと解釈してはならない」とあり，虐待の通告は守秘義務の例外規定としています。通告せずに幼稚園や保育所で何とかしようとしてしまいがちですが，これは虐待を深刻化させる最大の一因と言われます。虐待する保護者は保身から虚偽を述べるケースがあり，専門家でも見抜けないことがある，などがその理由です。

　では虐待する保護者には，どう対応すればよいでしょうか。基本的には通告し，専門機関

夫について学びましょう。

　子どもたちが情緒的に混乱しているという事実を受け止め，子どもの精神的な育ちを支えるようなかかわり方を心がけましょう。たとえば，あいさつされることで，子どもたちは自分が社会の輪のなかにいるという実感をもてるようになります。また，花がきれいだということを知ったり，季節の変化を楽しんだりするなど，さまざまな自然の移り変わりに対する言葉がけにより，子どもたちの感受性が養われ，今を生きているという感覚が育ちます。実際に職員の子どもたちに対する言葉がけには，そのような配慮がなされているはずです。ですから，こうした視点から職員の子どもたちへのかかわり方をとらえることは，具体的な支援に対する学びへとつながっていくでしょう。

の指導を仰ぎます。62ページのコラム⑪にある通り，通告後も90％以上は「在宅指導等」となり子どもは家庭に戻ります。幼稚園や保育所への登園も再開しますので，専門機関の指導のもと園で支援体制チームを作り，被虐待児ばかりでなく保護者への対応も行います。なぜなら，虐待してしまう保護者の多くは家庭や子育てなどに不安や悩みを抱えていることが少なくなく，保護者の気持ちを理解したり，相談相手になってその精神的負担や不安を少しでも軽くすることが必要だからです。その際，保護者を非難するのではなく，虐待してしまう理由や背景をできる限り把握し，保護者を支えるという視点でかかわることが大切です。

特徴	特徴の説明
日常的な特徴	①同じ服を着てくる　　②お風呂に入らない ③人前で服を脱ぎたがらない（傷などを隠すため） ④大人のちょっとした行動でこわばる　⑤給食をおいしいといってきれいに食べる ⑥園や学校などから帰りたがらない　など
心的外傷後ストレス障害（PTSD）からくる特徴	①不眠や浅い眠り　　②いらつき，興奮や怒りの爆発 ③集中力の欠如　　④過度の警戒心（ビクビクしがち） ⑤ちょっとしたことで驚いたり，泣いたりする過度の驚愕反応 ⑥トラウマとなった出来事を思い出させる場面や状況になると，会話を避ける，場所や人を避ける，冷や汗の発汗，心臓の動悸，めまいなどを感じる ⑦孤立感，感情表出の欠如により他人を信じられない，愛せない，悲しめない，笑えないなどが起こる ⑧自分の一生の展望がもてないない　など
心理・行動的な特徴	①固い表情，オドオドしている，不自然な笑い，落ち着きがない，緩慢な動作，など ②自己イメージの悪さ，自信喪失感，自己主張，自信過剰，など ③攻撃性の表出（小動物の虐待，身体的暴力や言葉の暴力，いじめ・脅しなど，ときには職員や教員などのおとなにも攻撃） ④おとなびた子どもの態度　など
対人関係の特徴	①相手の独占化　　②極端な甘え　　③疎遠的行動や乱暴　など

14 各施設での実習 ～障害系～
福祉型障害児入所施設での実習

1）施設の概要

一人ひとりの障害に対応した療育と支援

　福祉型障害児入所施設は，児童福祉法第42条の規定により「1　福祉型障害児入所施設　保護，日常生活の指導及び独立自活に必要な知識技能の付与」を目的としています。

　対象となる子どもは，身体に障害のある児童，知的障害のある児童，精神に障害のある児童（発達障害児を含む）とされています。福祉型障害児入所施設数は243施設，在所児数は5,964人（2022〈令和4〉年現在）です＊。

　福祉型障害児入所施設は，おおむね3歳から18歳未満の知的障害児・盲児・ろうあ児・肢体不自由児・自閉症児を対象とした施設です＊＊。入所にあたっては，居住地の市町村に申請し，医師の診断のもと児童相談所を通して判断され，その上で障害の程度に応じて入所が認められます。また，保護者による虐待その他の場合には，措置によって入所することもあり，社会的養護を必要とする子どもも入所しています。

　入所のケースとしては，数日の滞在となる短期入所（ショートステイ）から，そこでの生活が主となる長期入所（ロングステイ）など，療育（➡用語説明）の目的によってさまざまです。

　療育の目的は，利用児・者一人ひとりの障害に対応した療育と，発達支援の提供が主となります。近年は，学齢期の発達障害児の利用や相談が増加する傾向にあるため，その療育の幅も広がっています。また，最近の研究では，早期発見，早期療育を行うことにより，障害の軽減や社会適応能力の向上が期待できることもわかってきました。このような背景も，利用児・者の増加の一因と考えられます。

　また，入所の理由としては，家庭での養育が困難なケースが増えていること，障害が重いほど自力での生活が困難であり，社会で自立できる受け皿や居場所が周囲にないこと，家庭内虐待などがあげられます。子どもの特性を踏まえ，障害種別や個別性に応じた支援，子どもを支える家族に対する支援，また障害者に対する社会の理解を得るための地域支援などが課題としてあげられます。

＊厚生労働省「令和4年社会福祉施設等調査の概況」2023による。

＊＊障害児の入所施設は，3歳から18歳未満の児童を対象とした施設であるが，各々の事情により，例外的に18歳以上の成人を受け入れている施設も多い。18歳以上の利用者が含まれる場合には，児童福祉法の規定だけではなく，障害者総合支援法の規定にしたがった環境を整えることが必要となっている。

2）職員の構成

　職員の構成は，嘱託医，児童指導員，保育士，栄養士（40人以下の場合には不要），調理員（調理を外部委託の場合は不要），児童発達支援管理責任者（児発管*）をそれぞれ1人以上配置することが共通しているほか，利用する子どもの障害に応じて次のような規定があります。

　嘱託医については，知的障害児・自閉症児の場合は精神科，盲ろうあ児の場合は眼科または耳鼻咽喉科の経験を有する医師が対象となります。さらに，自閉症児の場合には，医師1人以上の常駐が義務づけられています。

　児童指導員および保育士の配置については，知的障害児・自閉症児は，4.3人に1人以上，盲ろうあ児は，乳幼児4人につき1人以上，少年5人につき1人以上，肢体不自由児は3.5人に1人以上としています。なお，30人以下のいずれかの施設で知的障害児を受け入れる場合，35人以下のいずれかの施設で盲ろうあ児を受け入れる場合には，さらに1人以上を加えることが規定されています。

　このほか，看護師については，自閉症児の場合には20人につき1人以上，肢体不自由児の場合には1人以上とされています。

　心理指導を行う必要性がある場合には心理指導員（児童5人以上）が，職業指導を行う必要がある場合には職業指導員が配置されます。

　このように，利用する子どもによって細かく規定がされているため，自分の実習先がどのような母体で，どのような職員が従事しているのかをしっかり調べておく必要があります。

*児童福祉施設等で活躍する職種。主に，子ども自身の希望や保護者のニーズなどをもとに，短期・長期目標や支援内容や援助方針などを「個別支援計画」にまとめることなどが職務である。

3）デイリープログラム

　施設では，子どもの自立へ向けた生活指導（通学指導も含まれる）および，社会生活を営む上での困難さを軽減するための訓練（点字指導，手話指導，歩行訓練も含まれる）が行われています。また，学齢児が学習している間，18歳以上の成人は作業訓練を行っています。

　施設入所児のうち，義務教育年齢の児童の多くは，地域の特別支援学校**に通学していますが，症状が重いなどの理由で通学が困難な児童には学習指導プログラムが行われたり，訪問講師が来て教育が行われたりしています。知的障害児施設（入所）については表2-26に，盲児施設については表2-27に，自閉症児施設については表2-28にデイリープログラムの例をあげています。

　このように，子ども一人ひとりのおかれている状況はさまざまで，個々に対応したプログラムとなっています。

**学校教育法で規定された，心身に障害がある児童生徒を対象とした学校。2007（平成19）年の学校教育法の一部改正により，それまでの盲学校，ろう学校，養護学校は「特別支援学校」に名称を統一した。

表2-26 知的障害児施設（入所）のデイリープログラムの例

時間	1日の流れ	実習生の活動
6：00	起床	起床を促す
6：30	洗面・朝の支度	朝の支度援助＊
7：00	朝食	朝食援助
8：30	登校	登校準備・室内外清掃
9：00	作業・学習・訓練・通院	作業補助
11：45	昼食準備	昼食準備
12：00	昼食	昼食援助
13：00	作業・学習・訓練	作業補助
15：00	帰寮・おやつ	おやつ準備
16：00	自由時間	ともに過ごす
17：00	入浴	入浴援助
18：00	夕食	夕食援助
19：00	自由時間	ともに過ごす
21：00	就寝	就寝を促す

＊本書では，対象者の活動を助ける用語として「介助」「援助」「支援」の3つを使用している。一般には，「介助」は「介護分野」で，「援助」は「看護分野」で，「支援」は「福祉分野」でよく使われるようだが，意味，使い方に明確な区分はない。

表2-27 盲児施設のデイリープログラムの例

時間	1日の流れ	実習生の活動
7：00	起床	起床を促す，洗面・着替え介助
7：30	朝食	配膳・朝食援助
8：00	登校・学習	通学支援・学習支援
10：00	保育（乳幼児）・学習指導（学齢児）	保育の設定・実践，学習支援
12：00	昼食	配膳・昼食援助
13：00	午睡	午睡の促し，環境整備
14：00	自由時間・下校（低学年）	迎え入れ
15：00	おやつ	おやつの準備
16：00	保育（乳幼児）・学習指導（学齢児）	保育の実践・参加，学習支援
17：00	下校（高学年以上）	配膳
17：30	夕食準備・夕食	夕食援助
19：00	入浴・自由時間	入浴介助，利用児とともに過ごす
～22：00	就寝	見まわりなど

4）保育士の仕事と役割

子どもたちの人生の土台作りを担う

　子どもたちは，幼児期から青年期の成長著しい時期を，施設で過ごします。そのため，子どもたちに直接かかわる職員は，子どもの生活そのものの充実および基本的生活習慣の確立，社会的スキルの向上および行動障害の軽減のための支援，教育的支援ならびに職業獲得に向けての支援，医療的治療への付き添い，そして子どもたちの家族への支援にいたるまで，さまざまな役割を担って

表2-28 自閉症児施設のデイリープログラムの例

時間	1日の流れ	実習生の活動
7:00	起床,洗面,健康視診,朝の運動	起床を促す,着替え・洗面援助
8:00	朝食	配膳・朝食援助
9:00	日課,学齢児登校	活動・学習支援
10:00	各活動,学習	
12:00	給食	給食支援
13:00	健康視診,自由時間	ともに過ごす
14:00	各活動(プール,運動など)	活動に対する支援
15:00	各活動(外出など)・学齢児下校	
16:00	各活動(マラソン)	迎え入れ
17:30	夕食準備,配膳手伝い	配膳
18:00	夕食	夕食援助
19:00	入浴,洗面	入浴・洗面援助
21:00	就寝準備	
22:00	就寝	見まわり

います。それはいわば,そこで生活する子どもの人生の土台作りを担っているものといってもよいでしょう。

そのため,施設における保育士の業務は,利用児の生活全般を請け負っています。施設での生活は家庭生活に代わる役割があるので,家事も重要な業務の1つとなります。

また施設では,子どもの障害や育ち,家庭状況に応じた個別の支援計画があります。個別支援計画は,年齢および月齢や学年に応じた短期目標(スモールステップ)と将来への展望をも含めた長期目標とで構成されています。

こうした計画をもとに,具体的には次のような支援を行っています。

①生活リズム,生活スキルの獲得
②情緒の安定,自己統制力の獲得
③人との関係作り,コミュニケーション能力,社会性の獲得
④医療・服薬管理
⑤職業リハビリ
⑥訓練の指導援助
⑦レクリエーション指導
⑧家族への相談援助
⑨障害の理解に向けた地域社会への啓発活動

5）実習生に求められること

一人ひとりの子どもをよく観察しよう

　知的障害のある子どもたちは，一人ひとりの症状ならびに障害の重さが異なります。また，複数の発達障害が混在していることもあります。さらには，それまでに置かれた環境によって，生活経験が乏しい子ども，施設での生活に慣れない子どもなど，一人ひとりの経験も異なります。そのため，子どもたちそれぞれの特性に配慮した支援が求められます。かかわりをもった子どもの様子をよく観察することが必要です。

　子どもによっては，自傷，他傷などの傾向が見られたり，発作などの症状を抱えたりしているケースもあります。子どもの生命の安全を守るための環境の工夫や職員の配置，子どもへの配慮などについてよく観察し，わからないことについては，積極的に尋ねましょう。

　また，思いもよらない行動に出てしまう子どももいます。そのようなときには，子どもの安全に気を配り，ケガを負わすことのないよう，子どもの行動には細心の注意を払ってください。

個別支援計画の目標とその意味を考えよう

　施設では，それぞれの子どもの療育に適した個別支援計画が立てられています。そこには，一人ひとりに対応した明確な到達目標ならびに課題が設定されています。毎日の生活は，そういった目標を目指して支援が進められているため，担当した子どもにどのような目標が設定され，またどのような課題があるのかを知ることは大切なことです。たとえば，排泄行動の援助でも，完全な自立を目指すのか，あるいは部分的にできるようにするのか，などの目標によって，どこまで介助し，またどこから自立を促すのかが異なります。それぞれの子どもの個別支援計画の目標と，子どもたちが施設で生活する意味を考えることで，具体的な援助のあり方に対する深い考察が得られることでしょう。

子どもとのコミュニケーションを心がける

　子どもの多くは，人との関係作りにむずかしさが見られます。なかには，話しかけても返事が返ってこない場合や，こちらの指示や言葉がけに対して反応がない子どももいます。保育者としてその療育を担っているのだと考えて，意識的に話しかけるように心がけましょう。実習では，コミュニケーションの楽しさを子どもが感じることができるよう，子どもの発言に同意したり，笑顔で関わるなど，肯定的な関わりを心がけましょう。

症状に応じた支援の工夫について学ぶ

　子どもによって症状が異なるため，支援計画は具体的な子どもの姿から立案されます。たとえば，先を見通すことが困難な自閉症の子どもたちには，1日の予定を紙に書いたり，写真や絵であらわしたりすることも効果的です（TEACCHプログラム*ともよばれています）。子どもの症状に応じて，どのような支援の工夫がなされているか，学びましょう。

　施設では，子どもたちがより快適に過ごせるような環境作りに努めています。そういった環境上の取り組みについても観察するとよいでしょう。

　また，盲ろうあ児，難聴の幼児は感覚器に障害があるため，そのほかの感覚器官を駆使して外界を理解しようとしています。そのため職員も，触覚や嗅覚などの別の感覚を通して理解できるように配慮するなど，外界とのかかわり方に工夫をしています。また，レクリエーションについても，目の見えない（見えにくい）子どもに対しては鈴などを入れたボールや風船などで球技を行ったり，耳の聞こえない（聞こえにくい）子どもに対しては触覚を活用したゲームを取り入れたりするなどの工夫をしています。子どもの興味や関心について知り，個別・集団での活動にも着目してみましょう。

＊**T**reatment and **E**ducation of **A**utistic and related **C**ommunication handicapped **Ch**ildren（自閉症および関連する領域のコミュニケーション障害の子どもたちのための治療および教育）の略。主に自閉症の子どもを対象にした個別の教育プログラム。自閉症の特性をふまえ，子どもたちに対する表現をシンプルにしたり，絵や文字を記したカードを使用することで，子どもの理解を促したりして，コミュニケーションスキルや社会生活向上のためのスキルアップを目指すもの。

15 各施設での実習 ～障害系～
医療型障害児入所施設での実習

1）施設の概要

　医療型障害児入所施設は，児童福祉法第42条の規定により「2　医療型障害児入所施設　保護，日常生活の指導，独立自活に必要な知識技能の付与及び治療」を目的としています。

　対象となる子どもは，前節「14　各施設での実習　～障害系～　福祉型障害児入所施設での実習」の対象児と同様，身体に障害のある児童，知的障害のある児童，精神に障害のある児童（発達障害児を含む）ですが，条文にも見られるように，療育（➡用語説明）のみではなく，治療が必要なケースがその対象となります。対象となる子どもは，治療が必要な肢体不自由児，重症心身障害児，自閉症児となります。福祉型障害児入所施設同様，保護者による虐待の入所もあります。

　医療型障害児入所施設数は221施設，在所児数は7,785人（2022〈令和4〉年現在）です*。

＊厚生労働省「令和4年社会福祉施設等調査の概況」2023による。

2）職員の構成

　職員の構成は，医療法において規定されている病院に必要とされている従業者のほか，児童指導員，保育士，児童発達支援管理責任者**をそれぞれ1人以上配置することが共通しており，利用する子どもの障害に応じて次のような規定があります。

＊＊79ページの側注参照

　児童指導員および保育士については，上記の基準に加え，自閉症児を主に対象とした施設では子ども6.7人につき1人以上，肢体不自由児を対象とした施設では乳幼児10人につき1人以上，少年20人につき1人以上の配置が定められています。

　また，理学療法士（PT），作業療法士（OT　➡用語説明）については，肢体不自由児を主に対象とした施設では1人以上，重症心身障害児を主に対象とした施設では1人以上の配置，といった基準があります。

　職業指導を行う場合に限り，職業指導員を，肢体不自由児を主に対象とした施設へ，適宜，配置することとなっています。

3）デイリープログラム

　医療型障害児入所施設は，医療機関に併設されている施設が主であり，医学的なケアを必要とする子どもが対象となります。そのため，療育やリハビリテーションを通して障害そのものを軽減しながら，子どもたちが生活していくために必要な日常生活習慣の確立と社会性の発達を促すための援助や支援を行い，社会参加の一助となる訓練や指導が行われています。ここではデイリープログラムの例として，肢体不自由児の場合を表2－29で，重症心身障害児の場合を表2－30で紹介しますので，参照しましょう。

　施設の1日は，各種の専門職員が連携し，子どもたちの24時間の生活全般にわたる支援（療育）を行っています。起床したのち，健康観察と医療処置，着替えをして，ベッドから車いすなどに移乗し，訓練室やプレイルームに移動します。特別支援学校*へ登校する子どももいます。登校しない子どもたちはプレイルームで過ごしますが，そこでは一斉保育や療育などが行われています。

*79ページの側注参照

表2－29　肢体不自由児施設のデイリープログラムの例

時間	入所部門	実習生の活動
6:45	起床，洗顔，着替え	起床を促す，洗顔
7:00	朝食	食事介助
8:00	登校準備	見送り，登校つき添い
8:30	特別支援学校へ登校，申し送り	申し送りに参加する
9:00	遊び（幼児）	子どもとともに遊ぶ
9:50	水分補給	水分補給
10:00	一斉保育	子どもたちをプレイルームへ移動させる
10:30		保育に参加する
11:30	トイレトレーニング	排泄介助
11:45	昼食	食事介助
12:30	トイレトレーニング	歯みがき・排泄介助
12:45	午睡（幼児）	施設内清掃，壁面製作など
13:30		
14:00		迎え
14:30	午睡からの目覚め	排泄介助
14:40	下校（一部の児童）	
15:00	下校，おやつ	水分補給，おやつ
15:30	入浴，水分補給，宿題	入浴介助，入浴が終了した子どもとともに過ごす
16:00		
17:30	自由時間	
18:00	夕食	食事介助
19:30	自由時間，学習	学習指導後，子どもたちとともに過ごす
20:30	着替え	
21:00	小学生（低学年以下就寝）	

表2－30　重症心身障害児施設（入所）のデイリープログラムの例

時間	1日の流れ	実習生の活動
6：00	起床，着替え・洗面，検温	起床を促す，着替え・洗面援助
7：30	朝食	配膳・朝食援助
9：00	特別支援学校登校	登校援助
10：00	成人は活動・入浴，児童は療育	観察・参加
12：00	昼食	昼食援助
13：00	成人は活動・入浴，児童は療育	観察・参加
15：30	おやつ・自由時間	おやつ援助・利用者とともに過ごす
18：00	夕食・自由時間	夕食援助
21：00	就寝準備	洗面・就寝援助
21：30	就寝	見まわり

子ども一人ひとりに即した内容が設定され，夕食，就寝準備，就寝といった流れになっています。なお，入浴や清拭は季節や子どもたちの体調に合わせて行われています。

4）保育士の仕事と役割

療育について

　医療型障害児入所施設では，子ども一人ひとりの障害を深く理解し，それぞれの発達に合わせた個別支援計画が作られ，その計画にそって支援が行われます。また，子どもの個性を大切にし，その子どもがもっている潜在能力を引き出し，伸ばしていくことを目的に，遊びを通した楽しみながらの保育が行われています。

　保育士としての仕事は，子どもたちの日常生活の介護を看護師と協力して行うとともに，子どもの話し相手，遊び相手をしながら情緒の安定を図るということにあります。ですから，子どもを支援していく病棟での業務と，就学前の幼児を対象とした保育業務を担うことになります。

　また，施設では，からだ全体を使った遊びとして，感覚統合遊び＊などの療育が実践されています。職員は，シーツブランコ，トランポリン，ボールプール，ボールを使ってのバランス遊び，水遊びなど，手足やからだ全体を動かし，感覚や身体運動を活性化する遊びを取り入れています。そうすることで，子どもたちのさまざまな感覚を刺激し，感覚を通した心地よさや楽しさをほかの子どもたちと共有しながら，リラックスして落ち着いた時間を過ごすことができるよう配慮しています。

　療育の実践に際しては，子どもへの総合的ケアを視野に入れ，子どもたちが

＊感覚統合遊びでは，脳の発達に必要な刺激として，主に前庭覚（ブランコなどの重力と運動に関する感覚）や固有覚（ジャンプなどの筋肉や関節に関する感覚），触覚を使用する。からだ全体を使い，不足している感覚刺激を遊びを通して行い，その経験を積み重ねることによって脳の発達を促し，同時に運動機能も発達させていく。

もつ，生きる力の可能性を十分に発揮できるよう，さまざまな工夫を凝らして行われています。たとえば，医師の指導のもと，PTやOTが，それぞれの障害に応じて機能訓練を行います。また，機能的な障害から食べ物を食べたり，飲み込んだりすることがむずかしい子どももいるため，食事内容にも工夫が見られます。

　基本的な生活習慣については，いきいきと，自分でやろうとする気持ちを大切にしながら，個人指導，設定遊び，自由遊び，機能訓練などを行います。また，集団保育などを通してコミュニケーション能力や，遊ぶ力，人とのかかわりを高めたりしていきます。

　そのため，保育士だけではなく，医師，看護師のような医療職などの専門職との連携が必要です。実習では，療育における各専門職の役割と機能を学びましょう。

重度の障害児・者の「いのち」を守り，「くらし」を支援する

　入所者には，常時，医療の必要な超重症児・者も含まれています。こうした子どもたちのなかには，医療スタッフによって，呼吸や体温，血中酸素のモニター管理，また痰の吸引や経管による静脈への栄養補給などの支援を受けている人もいます。

　また施設では，多職種の職員が配置されており，利用者の人権を尊重しながら，生活の質（QOL：Quality of Life ➡用語説明）が豊かになるよう，食事や排泄，移動，身のまわりの動作などの生活支援を行います。とくに保育士は，利用者の生活が豊かなものになるよう生活環境を整え，支援していきます。

遊びを通して発達を支援する

　施設では，遊びを通して利用者が楽しみながら多様な感覚を刺激し，心身の発達が促されるよう，さまざまな支援が行われています。遊びを展開していくためには，日々の利用児・者と保育士の関係性が大切です。利用児・者には，意思疎通がむずかしい子どもや成人も多くいます。そのようななかで，目の動きや表情，手の動きなどから利用児・者の気持ちを理解しようと心がけ，一人ひとりの気持ちに即したかかわりが必要となります。身体の動きや健康状態，感覚の特性などに留意し，保育士を含めた職員の応答的なかかわりによって，利用児・者の心身の発達が促されていくのです。

生活の場への配慮

　施設という集団での生活のなかで，どのように子ども一人ひとりの個性を伸ばし，よりよい暮らしの場を築きあげるのか，また，子どものライフステージを視野に入れた育ちをどう保障していくのかについては，保育士をはじめとす

る支援者全員で検討する必要があります。

　実習では，子どもの個性を認め，子どものもつ潜在能力を伸ばしていくために，多職種間でどのような情報交換が行われ，長期および短期の個別支援計画が立てられているのかについて理解していきましょう。

家庭・地域への配慮

　施設では，隣接する特別支援学校で授業を受けるなど，学習の機会が保障されています。施設を利用している子どもたちは，知的な発達にも個人差があり，個々に応じた対応や教材が必要です。そのため，学校と施設との連携は欠かせないものとなっています。

　また，保育士は，施設内の状況だけではなく，家庭の状況などをふまえて，日々の療育の方法を考えていく必要があります。そこでは，子ども自身の意志，保護者の意見をきちんと受け止めていく姿勢が求められます。また，障害のある子どもの家族や身内へのアプローチも課題としてあげられます。保護者やきょうだいに対してどのような支援が必要とされるのかについても考えてみましょう。

　一方，最近は，あわせて養護的な問題，とりわけ虐待の問題を抱えて入所する子どもも見られます。その背景には，わが子の障害を受け止めきれずに困惑している保護者の思いがあることも理解しておきましょう。

5）実習生に求められること

子どもを理解する気持ちでかかわろう

　医療型障害児入所施設の実習では，療育と同時に日常生活上の介助（食事，入浴，排泄）などを行います。医療機関，家庭と職員の連携を緊密に行い，どのように子どもへの生活支援を行うのかについて，理解を深めてほしいと思います。

　また，実習生の学びも，実習施設によっては，部分実習（実習指導者の指示を受けながら，療育の一部を担当すること）や全日・責任実習（指導を受けながら療育の1日のプログラムを担当する）が行われることがあります。施設で行われている療育などを参考にしながら，子どもたちが興味をもって取り組める内容を考え，プログラムを立案し，実施してみましょう。

　肢体不自由児や重症心身障害児，自閉症児などの障害の程度が重い子どもたちと，最初はどのようにかかわったらいいのか戸惑うことも多いと思います。また，重症の子どもたちは，実習生の働きかけに対して，反応が少ないということがあるかもしれません。

しかし，職員と子どもたちとのかかわりを参考にしながら，実習生自らが子どもを理解しようとする気持ちでかかわっていくことで，子どもたちと自分らしくかかわることができるようになっていきます。実習が進むにつれ，ちょっとした表情やしぐさから，その子らしさが見えてくるはずです。あせらず，じっくりと子どもの反応を待ちましょう。子どもの立場に立った保育を行うために，子どもたちの表情やしぐさ，行動などからたくさんのことを理解し，子どものペースに合わせてじっくりかかわりましょう。

いのちの大切さを再認識しよう

実習を通して，「いのちの大切さ」を再認識することになるでしょう。利用児・者は，一人ひとりが豊かな個性をもち，人間としての尊厳をもって生まれてきた存在です。

保育士をはじめとする多職種にわたる支援者には，施設を利用する一人ひとりがもつ能力や可能性を見出そうとする視点が求められます。また，利用児・者が自分らしく心豊かに生活するということがどういうことなのかについて，じっくりと考えてみましょう。

とくに，重症心身障害の子どもが生活する施設では，保育士の仕事は，そのほとんどが看護や介助の補助で，はじめは疑問に思うこともあるでしょう。実習では，食事介助やおむつ交換などの生活介助を行うことから，戸惑うことが多いかもしれません。しかし，ここで求められていることは，さまざまな面からその人を支えていく，幅広い保育の専門性であることが理解できると思います。

いのちを支えるための環境作り

施設では，利用児・者の生活が豊かなものになるよう，明るく四季を感じる雰囲気作りを心がけています。そのため実習生は，施設内で利用児・者が心地よく生活していくためにどのような配慮がなされているのかについて学びましょう。施設によっては，壁面製作などを任されることがあるかもしれません。

また，どのように利用児・者のプライバシーが守られ，個人がくつろぐことのできる生活空間となっているかについても着目してみましょう。

利用児・者は，常に医療的ケアを必要としています。そのため，利用児・者が安全に生活することができる環境作りがなされています。実習生は，こうしたさまざまな視点から，施設内の環境に着目するようにしましょう。

16 各施設での実習 ～障害系～
児童発達支援センターでの実習

1）施設の概要

児童発達支援センターは，児童福祉法第43条（2024〈令和6〉年4月1日施行）に「児童発達支援センターは，地域の障害児の健全な発達において中核的な役割を担う機関として，障害児を日々保護者の下から通わせて，高度の専門的な知識及び技術を必要とする児童発達支援を提供し，あわせて障害児の家族，指定障害児通所支援事業者その他の関係者に対し，相談，専門的な助言その他の必要な援助を行うことを目的とする施設とする」と規定されており，障害のある子どもの通所施設をさします。従来，児童発達支援センターは福祉的支援を主とする福祉型（3類型：障害児，難聴児，重症心身障害児）と，福祉的支援に併せて治療（リハビリテーション）を行う医療型（肢体不自由児）に分かれていましたが，2024年施行の児童福祉法の改正により2つは統合されました。この背景には，それまで障害の種別により細かく分かれていた施設の設置基準を一元化し，多様なニーズをもつ障害児が身近な地域で支援を受けられるよう整備したということがあります。

利用児は，未就学の障害のある子ども，または障害の可能性のある子どもが対象となります。障害の種別については，視覚障害，聴覚障害，知的障害，発達障害，肢体不自由，小児慢性特定疾病や難病等の身体虚弱，重症心身障害などのほか，精神的に強い不安を感じやすい場合や複数の種類の障害を併せ有する場合などがあります。児童発達支援センターでは，個々の障害の状態，および発達の過程・特性等に応じた発達支援を行うほか，家族への支援を行っています。

利用する子どもたちは保護者の養育のもとにあり，自宅から施設へ通園しています。子どもの症状やニーズによって，利用頻度は毎日，あるいは週に1日から数日というケースもあり，さまざまです。週に1日から数日の子どもたちは，多くの場合，幼稚園や保育所などに通っており，それぞれの場で健常児とともに集団生活も経験しつつ，専門的な療育（➡用語説明）を受けるために施設に通園しています。児童発達支援センターは地域における障害児支援の中核的な役割を担っており，対象児が通う保育所，認定こども園，幼稚園等連携を図りながら支援を行っています。

児童発達支援センターは，全国に794施設（旧福祉型703施設，旧医療型91施設），在所児は42,068人（旧福祉型40,494人，旧医療型1,574人 2022〈令和4〉年現在）となっています*。

＊厚生労働省「令和4年社会福祉施設等調査の概況」2023による。施設数は旧型の類型を筆者により合算した数となる。

2）職員の構成

　職員の構成は，嘱託医（精神科，または小児科の専門医），児童指導員，保育士，栄養士（40人を超える施設），調理員（外部委託の場合は不在でも可），児童発達支援管理責任者*がそれぞれ配置されています。

　なお，児童指導員および保育士，機能訓練担当職員，看護師（訪問看護師等が医療的ケアを行う場合は不在でも可）の数については，子どもの総数を4で割った数以上の人数を配置し，その半数以上は児童指導員または保育士であること，また肢体不自由児が通う場合は，医療法に規定する診療所として必要な職員の配置が求められています。

*79ページの側注参照

3）デイリープログラム

　1日のスケジュールは，クラス単位の活動である集団療育プログラムと，子ども一人ひとりに応じた個別療育プログラムが並行して行われています。集団療育プログラムでは，造形やリズム遊びなどの保育活動とともに，専門スタッフの指導のもと，音楽療育や水泳療育などを取り入れている施設もあります。

　主として難聴児を通わせる児童発達センターでは，聴覚の能力開発支援や言語障害の軽減，言語機能の発達促進を意図したプログラムが構成されています。

　また，主として肢体不自由のある児童を通わせる児童発達センターでは，療育やリハビリテーションを通して，障害そのものを軽減しながら発達を促すための訓練や指導が行われています。

4）保育士の仕事と役割

生活指導を通して

　養護学校（現，特別支援学校＊）義務教育化＊＊にともない，近年は，学齢児

＊79ページの側注参照

＊＊1973（昭和48）年11月に「学校教育法中養護学校における就学義務及び養護学校の設置義務に関する部分の施行期日を定める政令」が公布され，養護学校は1979（昭和54）年度から義務教育となった。

表2-31　主として知的障害のある児童を通わせる児童発達支援センターのデイリープログラムの例

時間	1日の流れ	実習生の活動
8：15	バス内対応	（バス内対応），環境整備
9：00～9：30	登園・通園バス到着・受け入れ，視診	受け入れ・観察
10：00	朝の活動・主活動・訓練	観察・参加，療育支援
12：00	昼食	配膳・昼食援助
13：00	自由遊び・午後の活動	保育の参加・実践
15：00	おやつ	配膳
16：00	降園バス	（バス内対応），環境整備

表2-32　主として難聴児を通わせる児童発達支援センターのデイリープログラムの例

時間	1日の流れ	実習生の活動
9：00	午前グループ登園	迎え入れ，環境整備
9：30	グループ指導・個別指導	観察・参加
11：30	給食	配膳・給食支援
12：20	自由遊び，保護者指導	遊びの支援
13：00	午前グループ降園 午後グループ登園	環境整備 迎え入れ
13：30	個別指導	観察・参加
15：00	おやつ，自由遊び，保護者指導	おやつの準備，遊びの支援
15：30	午後グループ降園	環境整備

表2－33　主として肢体不自由のある児童を通わせる児童発達支援センターのデイリープログラムの例

時間	1日の流れ	実習生の活動
8：15	職員出勤	出勤
8：30	職員会議・通園バス出発	（職員会議参加）
9：00～9：30	登園・通園バス到着・受け入れ，視診	受け入れ・観察・排泄介助
10：00	朝の集会	観察・参加
10：30	療育	療育観察・参加
12：00	昼食	昼食介助
13：00	自由遊び	児童とともに過ごす
13：30	帰りの集会	観察・参加
13：45	降園・通園バス出発	児童見送り
14：00	教室整備	清掃・教材準備
17：30	退勤	

の利用よりも乳幼児の利用が多くを占めているため，施設の活動は基本的生活習慣に対する支援，また社会性を身につけるための支援，早期療育プログラムの充実に重点が置かれています。そのため，保育士は，とくに生活指導を通して，基本的生活習慣の確立や対人関係の発達支援などを行っています。また，家庭との連携による子どもの育ちの促進，保護者やその家族の障害に対する理解のサポート，家庭生活における支援のあり方の指導など，家庭支援の役割も担っています。

家庭生活と療育

　施設では，子ども一人ひとりの障害を深く理解し，それぞれの発達に合わせた個別支援計画が作られており，その計画にそって支援が行われます。障害がある利用児・者への療育については，「14　各施設での実習　～障害系～　福祉型障害児入所施設での実習」（78ページ～）ならびに「15　各施設での実習　～障害系～　医療型障害児入所施設での実習」（84ページ～）でふれた障害児入所施設と共通する点が多いので，あわせて確認しておきましょう。

　通園施設では，子どもたちは家庭から施設へ通うため，生活の場が家庭と施設との2場面になります。家庭生活と施設での療育のあり方がかけ離れていると，効果的な発達の促しに結びつきません。そのため，双方の情報共有が必要です。

　また，多くの子どもたちが特別支援学校などに並行して通学しています。知的な発達にも個人差があり，個々に応じた対応や教材が必要です。そのため，学校と施設との連携は欠かせないものとなっています。

　こうした施設と家庭生活，学校との支援計画の共有や連携は，保育士の重要な職務の1つとなっています。

家族への支援

　こうした通園施設では保護者も施設に通い，保育（療育）に参加することがあります。保育士は施設の状況だけではなく家庭の状況などもふまえ，日々の療育の方法を考えていく必要があります。そこでは，子ども自身の意志，保護者の意見をきちんと受け止めていく姿勢が求められます。また，障害のある子どもの家族や身内へのアプローチも課題としてあげられます。保護者やきょうだいに対してどのような支援が必要かについても考えてみましょう。

5）実習生に求められること

人とのかかわりがもてるような配慮を

　知的障害のある子どもたちの行動・反応は多種多様です。子どもたちそれぞれの症状について，生育歴や病状などを事前に確認しておくとよいでしょう。また，対人関係作りが困難な子どもが多いため，かかわりをもつことそのものが，むずかしいと感じられることもあるでしょう。しかしながら，対人関係スキルの向上のためには，他者と「ともに過ごす」ことが，その第一歩となります。子どもたちと活動をともにする，また意識的に子どもたちが返せるような問いかけを試みるなど，人とのかかわりを保てるような配慮をしながら接するよう，心がけましょう。

さまざまな療育プログラムから学ぼう

　通所施設での実習は，知的障害児，難聴児，重症心身障害児ともに，療育にかかわる部分を支援する内容が主となります。子どもの症状によってどのような療育が求められているのかについて事前に調べておくと，療育へ参加するときに，より具体的な援助のあり方が学べるでしょう。

　現在，障害の多様化に応じて，さまざまな療育のあり方が模索されています。施設によっては音楽療法や水泳療法を取り入れるなど，その療育プログラムも異なりますが，こうしたプログラムからどのような効果が期待できるのか，また，その子どもに対してなぜそのプログラムが必要なのかを考察してみましょう。

コラム ⑯

子どもの虐待，その後は？ ー虐待と児童相談所・児童福祉施設，そして，どこへー

　子どもの虐待には，児童相談所が深くかかわっています。虐待の疑いがある場合には児童相談所などに通告する義務があり，児童相談所は通告を受けると各事例を調査し，事例ごとにさまざまな対応をします。この対応には，「家庭への指導」と「施設入所」とがあります。児童相談所は，虐待により子どもが保護者のもとで養育されることが困難だと判断すると，児童福祉施設入所の措置をとり，子どもに生活の場を提供します。児童福祉施設の保育士や児童指導員などは，日常の生活場面でのきめ細やかな配慮により，子どものこころの傷を癒し，成長を援助します。また，児童養護施設のなかには，虐待を受けてきた子どもたちに心理的な治療を行う心理療法士が配置されている施設もあります。

　児童養護施設や乳児院などは，保護者のいない子どもを預かる施設というイメージがあるかもしれませんが，最近では保護者のいる子どもの入所が多くなっています。これは，近年，虐待など家庭環境等の理由から社会的支援が必要な子どもが増えていることを示しています。そのなかでも，虐待を受けている子どもの入所率は，2023（令和5）年2月1日現在の調査では，養護施設児の71.7％（前回65.6％），心理治療施設児の83.5％（前回78.1％），自立施設児の73.0％（前回64.5％），乳児院児の50.5％（前回40.9％）と，前回2018（平成30）年2月1日現在の調査より，すべての施設において増えており，50％を超えています（厚生労働省，こども家庭庁「児童養護施設入所児童等調査」より）。

　保護者から虐待を受けた子どもは，身体的な傷だけでなく，こころにも深い傷を負っています。ですから施設は，入所してきた子どもに対し，安心して生活できる場，守られているという実感をもてる場を提供することが必要です。虐待を受けた子どもは，ときに問題行動を起こすことがありますが，できる限り受容的にかかわることが必要です。

　なお，保護者からの同意が得られず，家庭裁判所の承認を得て児童福祉施設に入所した子どもに対する施設長の監護権＊は，保護者の監護権に勝ることになります。保護者からの強引な引き取りには，児童相談所に相談するとともに，警察の援助を得るなどして断固とした態度で臨むことが必要です。

　ところで，保育実習は，保育所ばかりではなく，児童福祉施設でも行われますので，虐待についての深い知識が必要となります。もちろん，施設職員の注意をよく聞いて実習することは言うまでもありませんが，それほど不安に思うことはありません。というのも，虐待を受けている子どもたちも，そのほかの子どもたちと同じ子どもたちだからです。

　最後に，虐待を受けた子どもは，児童福祉施設に入所したら終わりでしょうか。そうではありません。虐待を受けた子どもにとって児童福祉施設は生活の場であり，普段は近隣の幼稚園や学校などへ通園・通学をしています。ですから私たちは，いつでも虐待を受けた子どもたちに出会う機会があるという認識のもとで，保育や教育にあたるべきなのです。

＊**監護権**：保護者が子どもを観察・保護する権利，親権における本質的要素のこと。

17 各施設での実習　～障害系～
障害者支援施設・指定障害福祉サービス事業所・国立重度知的障害者総合施設のぞみの園での実習

1）施設の概要

　この節で取り上げる障害者施設は，障害者総合支援法＊（正式名称：「障害者の日常生活及び社会生活を総合的に支援するための法律」2014〈平成26〉年施行）に基づく施設をさします。このうち，厚生労働省で規定されている保育実習の対象となる施設は，「障害者支援施設」ならびに「指定障害福祉サービス事業所（生活介護，自立訓練，就労移行支援又は就労継続支援を行うものに限る）」とされています。こうした施設は，実際には法律に示された複数の機能を併せ持つ施設が多く，複合的に運営されているため，実習実施にあたっては，障害者総合支援法をよく理解しておくとともに，実習先がどのような支援を行う施設なのかについてあらかじめ調べ，またオリエンテーションなどでよく確認しておく必要があります。

　対象となる利用者は，成人の知的障害者ならびに身体障害者であり，障害の認定と施設利用のプロセスには，「障害支援区分＊＊」が用いられています。この障害支援区分により，介護給付の必要度について調査が行われ，市町村審査会での総合的な判定をふまえて，市町村が認定しています。

　さらに，利用者が必要なサービスを受ける場合には，この障害支援区分を基準にし，本人の希望や状態にあわせてその内容が決定されます。サービスの内容については，表2-34，表2-35を参照してください。利用者の実態についても，あらかじめ調べておくとよいでしょう。

障害者支援施設

　障害者支援施設とは，障害者総合支援法第5条第11項に，「障害者につき，施設入所支援を行うとともに，施設入所支援以外の施設障害福祉サービスを行う施設（のぞみの園及び第一項の厚生労働省令で定める施設を除く。）をいう」と定められています。

　障害者支援施設では，成人の障害者が施設に入所し，生活しています。障害支援6区分をもとにした各自治体の基準により入所が許可されます。利用者に対して，食事，入浴，排泄その他の日常生活を送る上での支援を行っています。障害福祉サービスを併設している施設も多く，日中の活動については同じ施設内で障害福祉サービスのプログラムを受けているケースも見られます。また，障害者支援施設を拠点に，日中は別の施設に出かけサービスを受けるケースも

＊障害者総合支援法は，「地域社会における共生の実現に向けた新たな障害保健福祉施策を講ずるための関係法律の整備に関する法律」の第1条の2を軸にするものである。

＊＊障害支援区分とは，障害者に対する介護給付の必要度を表す6段階の区分（区分1～6：区分6の方が必要度が高い）である。介護給付の必要度に応じて適切なサービス利用ができるように導入された。

増えています。障害者支援施設と障害福祉サービスは事業としては別事業となるため，日中の支援と朝夕・休日などの生活の支援では担当者が異なることもあり，担当者の連携も大切な業務の一つです。2022（令和4）年現在，障害者

表2-34　福祉サービスに係る自立支援給付等の体系（介護給付）

①居宅介護（ホームヘルプ）者児	自宅で，入浴，排せつ，食事の介護等を行います。
②重度訪問介護　者	重度の肢体不自由者又は重度の知的障害若しくは精神障害により，行動上著しい困難を有する人で常に介護を必要とする人に，自宅で，入浴，排せつ，食事の介護，外出時における移動支援などを総合的に行います。2018（平成30）年4月より，入院時も一定の支援が可能となりました。
③同行援護　者児	視覚障害により，移動に著しい困難を有する人に，移動に必要な情報の提供（代筆・代読を含む），移動の援護等の外出支援を行います。
④行動援護　者児	自己判断能力が制限されている人が行動するときに，危険を回避するために必要な支援や外出支援を行います。
⑤重度障害者等包括支援　者児	介護の必要性がとても高い人に，居宅介護等複数のサービスを包括的に行います。
⑥短期入所（ショートステイ）者児	自宅で介護する人が病気の場合などに，短期間，夜間も含め施設で，入浴，排せつ，食事の介護等を行います。
⑦療養介護　者	医療と常時介護を必要とする人に，医療機関で機能訓練，療養上の管理，看護，介護及び日常生活の支援を行います。
⑧生活介護　者	常に介護を必要とする人に，昼間，入浴，排せつ，食事の介護等を行うとともに，創作的活動又は生産活動の機会を提供します。
⑨障害者支援施設での夜間ケア等（施設入所支援）者	施設に入所する人に，夜間や休日，入浴，排せつ，食事の介護等を行います。

※表中の「者」は「障害者」，「児」は「障害児」であり，それぞれが利用できるサービスです。
出典：全国社会福祉協議会「障害福祉サービスの利用について　障害者総合支援法　地域社会における共生の実現に向けて　2018年4月版」

表2-35　福祉サービスに係る自立支援給付等の体系（訓練等給付）

①自立訓練　者	自立した日常生活又は社会生活ができるよう，一定期間，身体機能又は生活能力の向上のために必要な訓練を行います。機能訓練と生活訓練があります。
②就労移行支援　者	一般企業等への就労を希望する人に，一定期間，就労に必要な知識及び能力の向上のために必要な訓練を行います。
③就労継続支援（A型＝雇用型，B型＝非雇用型）者	一般企業等での就労が困難な人に，働く場を提供するとともに，知識及び能力の向上のために必要な訓練を行います。雇用契約を結ぶA型と，雇用契約を結ばないB型があります。
④就労定着支援　者	一般就労に移行した人に，就労に伴う生活面の課題に対応するための支援を行います。
⑤自立生活援助　者	一人暮らしに必要な理解力・生活力等を補うため，定期的な居宅訪問や随時の対応により日常生活における課題を把握し，必要な支援を行います。
⑥共同生活援助（グループホーム）者	共同生活を行う住居で，相談や日常生活上の援助を行います。また，入浴，排せつ，食事の介護等の必要性が認定されている方には介護サービスも提供します。さらに，グループホームを退居し，一般住宅等への移行を目指す人のためにサテライト型住居があります。

※表中の「者」は「障害者」，「児」は「障害児」であり，それぞれが利用できるサービスです。
出典：全国社会福祉協議会「障害福祉サービスの利用について　障害者総合支援法　地域社会における共生の実現に向けて　2018年4月版」

支援施設は5,498施設あり，利用者数は149,896人となっています*。

指定障害福祉サービス事業所

　指定障害福祉サービス事業所とは，障害者総合支援法により定められた「障害福祉サービス」を行う事業者をさします。同法第5条には，「障害者福祉サービス」とは，「居宅介護，重度訪問介護，同行援護，行動援護，療養介護，生活介護，短期入所，重度障害者等包括支援，施設入所支援，自立訓練，就労移行支援，就労継続支援，就労定着支援，自立生活援助及び共同生活援助」と示されています（主な内容については表2－34，2－35を参照）。保育実習では，これらのサービスのうち「生活介護」「自立訓練」「就労移行支援」「就労継続支援」を行う事業者が対象となっています。

　「生活介護」では，主に昼間に，入浴，排泄・食事などの身体介助や家事援助などが行われています。「自立訓練」には，機能訓練と生活訓練があります。機能訓練では，理学療法や作業療法などの必要なリハビリテーションが行われ，生活訓練では自立した日常生活を営むために必要な訓練が行われます。「就労移行支援」は，就労するために必要な訓練のほか，資格取得などの支援も行われています。「就労継続支援」には雇用契約を結ぶA型と非雇用のB型があり，仕事内容も多岐にわたります。工場部品の加工，刺繍などの手工業，パソコン入力，農作業，カフェやレストランの調理やホールスタッフなど，事業所によって異なります。なお，「就労移行支援」と「就労継続支援」の違いは，対象者のニーズに基づきその目的や対象，雇用契約，賃金の有無などにあります。

　先に見た障害者支援施設が運営しているケースもあれば，単独で設置している場合もあります。利用者は，日中，自宅または障害者入所施設から通いで施設に出かけて活動を行っています。こうした施設は「○○作業所」といった名称で運営されていることも多くあります。これらの支援は，利用者それぞれの具体的な障害の特徴や障害支援区分，年齢，経験を考慮し，個別支援計画をもとに，利用者のニーズや状態に応じて組み合わされ，提供されます。

　2022（令和4）年現在，「生活介護」事業を行っている事業所は9,508施設，利用者実数は269,175人です。「自立訓練」事業については，機能訓練が401施設で利用者実数は888人，生活訓練が1,583施設で利用者実数は12,048人です。「就労移行支援」は3,393施設で37,887人，「就労継続支援」のうちA型は4,429施設，101,448人，B型は15,588施設，406,577人となっています。

独立行政法人　国立重度知的障害者総合施設のぞみの園

　国立重度知的障害者総合施設のぞみの園（以下，「のぞみの園」）は，厚生労働省の管轄下にある独立行政法人であり，「独立行政法人　国立重度知的障害者総合施設のぞみの園法」によって，その運営規準が定められています。その第

*厚生労働省「令和4年社会福祉施設等調査の概況」2023による。

3条には,「重度の知的障害者に対する自立のための先導的かつ総合的な支援の提供,知的障害者の支援に関する調査及び研究等を行うことにより,知的障害者の福祉の向上を図ることを目的とする」と,その目的が示されています。

事業内容に関して,ほかの知的障害者施設と大きく異なる点は,①知的障害者の自立と社会参加に関する調査研究部門,②知的障害者施設に従事する職員の養成および研修部門,③障害者支援施設運営に対する指導および助言,を障害者支援とともに行っている点にあります。

のぞみの園は,群馬県にある施設です。その業務は多岐にわたりますが,規模も大きく,広大な敷地内でさまざまな作業施設や事業が運営されています。利用者は,居住支援281人（施設入所,共同生活援助〈グループホーム〉）,日中活動330人（生活介護,自立訓練〈生活訓練〉,就労継続支援B型）,地域支援17人（短期入所,相談支援,地域生活支援事業〈日中一時支援〉）,発達障害児支援40人（児童発達支援,放課後等デイサービス,保育所等訪問支援）（2023〈令和5〉年4月現在）となっています*。

のぞみの園は知的障害者が生活する施設ではありますが,「知的障害者支援施設」には属していません。ただし,利用者に対するケアに関しては,一般の知的障害者施設と共通する点が多く,実習の際に配慮する事柄も同様のため,本書では,主に知的障害者施設を説明している本節にてまとめて紹介することとしました。

> *「独立行政法人国立重度知的障害者総合施設のぞみの園」ホームページ（事業内容）より。
> https://www.nozomi.go.jp/facility/index.html

2）職員の構成

提供できるサービスの内容や事業所としての認定条件などにより,それぞれ配置すべき人員が異なります。主に配置が求められている職域としては,医師,看護職員,生活支援員,サービス管理責任者（サビ管**）,栄養士,調理員のほか,理学療法士（PT）,作業療法士（OT）,言語聴覚士（ST ➡用語説明）,心理担当職員（臨床心理士）などがあります。

なお,保育士は職員の設置基準には含まれていませんが,保育士の資格をもつ職員は多く,保育士の専門性は現場で必要とされているといえるでしょう。

勤務形態は,入所施設では早番,遅番,日勤,夜勤,宿直などのシフト制が用いられています。また,曜日によっても出勤体制が異なります。通所施設では,日曜日,祝日は休園日のところが多く,土曜日の運営は月2回程度です。職員の勤務時間も9時から17時までとなっています。

> **社会福祉施設等で活躍する職種。主に,サービス全体の管理や,利用者本人の希望や家族のニーズなどをもとに,支援内容や援助方針などを「個別支援計画」にまとめることなどが職務である。

3）デイリープログラム

施設では,利用者の生活や自立に向けた職業訓練が計画されています。また,

休憩時間や自由時間を設けるなど，利用者が精神的にくつろいだ生活が送れるよう工夫がなされています．表2-36，表2-37に入所施設と通所施設のデイリープログラムの例を示します．

4）保育士の仕事と役割

生活支援員の仕事（支援内容）は，大きく，①生活指導，②職業指導，③自立訓練の3つに分けることができます．なお，入所施設と通所施設では，生活指導の際の重点が異なりますが，支援する立場としての生活支援員の役割や配慮のあり方に違いはありません．

生活指導

個々の利用者の能力に合わせ，基本的な生活習慣の習得を支援します．生活する力を向上させることにより，利用者の自信や意欲の向上につなげていきます．排泄指導や食事指導，衣服を整えるなど，生活習慣の指導がなされるとともに，後述するように，日常生活を生き甲斐のあるものとするための体験を大事にし，生活の質を高める支援がなされています．

表2-36　障害者支援施設（入所）のデイリープログラムの例

時間	1日の流れ	実習生の活動
7：00	起床，着替え・洗面	起床を促す，着替え・洗面援助
8：00	朝食	配膳・朝食援助
9：00	朝礼・ラジオ体操	体操援助
10：00	作業・散歩などの活動	作業援助
12：00	昼食	昼食援助
13：00	作業・入浴	作業援助・入浴介助
15：30	作業終了・自由時間	利用者とともに過ごす
18：00	夕食・自由時間	夕食援助
21：00	就寝準備	布団敷き・洗面・就寝援助
22：00	就寝	見まわり

表2-37　指定障害福祉サービス事業所のデイリープログラムの例

時間	1日の流れ	実習生の活動
9：30	随時，登園（園バスなどによる）	登園の出迎え，環境整備
10：00	午前作業・訓練（利用者によって配属が異なる）	活動に対する支援，療育活動への参加
12：00	昼食	昼食援助
13：00	午後作業・訓練（利用者によって配属が異なる）	活動に対する支援
14：45	午後作業・訓練終了	療育活動への参加
15：30	随時，降園（園バスなどによる）	見送り，環境整備

職業指導

　障害のある人たちの生き甲斐につながるようなさまざまな作業や仕事を指導します。たとえば，手工芸や工芸，陶芸，農芸などの作業が行われており，具体的には，シイタケ栽培，パンや化粧箱，紙袋，ワインを製造している施設などもあります。また，空き缶などの分別作業やクワガタの幼虫の飼育などを取り入れている施設もあり，その作業内容はさまざまです。

　就労継続Ａ型・Ｂ型施設（97ページ表２－35の「③就労継続支援」参照）では，こうした作業に従事した利用者に労働賃金が支払われます。

自立訓練

　身体機能や生活能力を向上させるための訓練をさします。知的な障害のある人は，身体的な障害をともなうことも多く，そのための歩行訓練など，身体機能の訓練などが行われます。また，前述した生活指導を自立のための訓練ととらえ，「生活訓練」と位置づけることもあります。

5）実習生に求められること

利用者一人ひとりの障害や習慣の特徴を知る

　利用者は一人ひとり，その障害の程度や習慣の特徴が異なります。その点は職員からよく説明を受けるようにしてください。たとえば，左手から着替えることが習慣となっている，腰を支えるよりも腕を肩に回すことを好むなど，介助の方法にも利用者それぞれの好みがあります。また，感情の起伏の激しい利用者やこだわりが強い利用者に対しては，かかわり方にはとくに注意が必要です。

　なお，利用者の多くは，自力での日常生活の営み，たとえば，食事，着替え，移動，排泄，入浴などを行うことが困難です。そのため，実習では，食事介助や入浴介助，排泄介助などを，それぞれの場面に応じて担います。

尊厳をもった接し方を心がける

　「利用者は目上の方だ」ということを忘れずに接するよう，心がけてください。職員は，利用者との信頼関係が形成されている上に，ともに生活している安心感から，親しく砕けた言葉づかいを用いることもありますが，実習生は同じような言葉づかいをしないよう気をつけてください。

　また，食事や排泄，衣服の着脱などの介助では，プライバシーを守り，個々の人権に配慮した介助を行います。

実習中の作業の目的は，作業そのものにあるのではなく，利用者と行動をともにし，コミュニケーションをとることにあります。たとえ会話が成立しなくても，言葉をかけながらかかわるようにしましょう。

「ほう・れん・そう」を心がける

　さまざまな生活の介助は，複数の職員とともに行われることが多いのですが，ときには，実習生1人にその場を任されることもあります。そのようなときは，場への責任をもつことはもちろん，どんなに小さなことでも，必ず，職員に「報告」（ほう）・「連絡」（れん）・「相談」（そう）するように心がけてください。

コラム ⑰

施設実習を行う上でもっとも大切なこと

　施設で実習を行う上でもっとも大切なことは，対象児・者や施設への誤った見方，先入観をなくすことです。

　たとえば，「知的障害児は，障害があるから自分では何もできない」「児童養護施設の子どもは，保護者と一緒に住んでいないのでひねくれている」などと考えることは，偏見以外の何ものでもありません。このようなイメージは，実習の第一歩である「対象児・者を正しく理解する」ことの妨げとなります。

　施設を利用する対象児・者は，何らかの理由，あるいは，家庭での養育などの問題で入所・通所している場合がほとんどです。また，心身上や行動上，生活上の問題を抱えているケースも少なくありません。いかなる理由であっても，人として生きていく権利をもっています。発達のスピードはゆるやかですが，常に成長を続けています。ですから，健常児・者と分け隔てなく接することを心がけましょう。

　障害児・者施設では，さまざまな障害の種類と程度の利用児・者がいます。発達段階にも違いがあり，対応方法は一人ひとり異なります。短い実習期間では，すべての利用児・者への対応を把握することはむずかしいことですが，観察のポイントや発達段階に応じたかかわり方などを指導担当者に聞き，実践してみましょう。見ているだけでは「対象児・者を正しく理解する」ことはできません。

福祉関連用語の説明

ADL (Activities of Daily Living)	日常生活を送るのに必要な動作のこと。直訳すると「日常生活のいろいろな動作」。たとえば、寝起きや移動、排泄や入浴、食事、衣類の着脱などがそれにあたる。障害者や高齢者の身体能力や障害の程度を測る重要な指標となっている。
QOL (Quality of Life)	「生活の質」「人生の質」「生命の質」などと訳される。病気や障害、加齢などによって生活に制約ができたり、苦痛をともなったり、その人らしく生活できなくなってしまったりすることがある。個人の人生観や価値観を尊重し、その人が「これでいい」と思えるような生活をできる限り維持することに配慮しようとする考え方をいう。
PT (Physical Therapist)	理学療法士のこと。理学療法とは、からだに障害のある人の動作回復のために、主として、基本的動作能力の回復を図る治療体操、その他の運動を促したり、電気刺激、マッサージ、温熱などの物理的手段を加えたりすることをいう。
OT (Occupational Therapist)	作業療法士のこと。作業療法とは、からだや精神に障害のある人の応用的動作能力や社会適応能力の回復を図るため、手芸、工作、そのほかの作業を行わせることをいう。
ST (Speech Therapist)	言語聴覚士のこと。脳卒中後の言語障害（失語症、構音障害など）や聴覚（聴力）障害（難聴）、言葉の発達の遅れ、声や発音の障害など問題の本質や発現メカニズムとその対処法を見いだすために検査・評価を実施したり、必要に応じて訓練、指導、助言、そのほかの援助を行ったりする専門職である。さらに、医師や歯科医師の指示のもと、嚥下訓練や人工内耳の調整なども行う。
社会福祉士	社会福祉士及び介護福祉士法（1987〈昭和62〉年5月26日制定、2016年〈平成28〉年3月31日最終更新）により定められた国家資格。身体上もしくは精神上の障害があること、または環境上の理由により、日常生活を営むことに支障がある人の福祉に関する相談に応じ、助言、指導、その他の援助を行うことを業とする人のことである。
PSW (Psychiatric Social Worker)	精神保健福祉士のこと。社会福祉学を学問的基盤として、その人らしいライフスタイルの獲得のために、精神障害者の抱える生活問題や社会問題の解決のための援助や、社会参加に向けての支援活動を行う。
ケアワーカー	介護福祉士のこと。身体上、もしくは精神上の障害によって日常生活に支障がある人に、心身の状況に応じた介護を行い、生活全体にかかわることで暮らしを支え、自立に向けた介護を利用者や家族とともに実践する。
ソーシャルワーカー	一般的に社会福祉従事者の総称として使われることが多いが、福祉倫理に基づき、専門的な知識・技術を有して社会福祉援助を行う専門職（社会福祉士、精神保健福祉士、介護福祉士）のことをさすこともある。
MSW (Medical Social Worker)	医療ソーシャルワーカーのことで、とくに、保健・医療機関に従事するソーシャルワーカーのことをいう。疾病や心身障害などによって生じる療養中の心理・社会的問題の解決と、退院援助、社会復帰援助、受診・受療援助、経済的問題の解決、調整援助、地域活動援助などを行う。
ファミリーソーシャルワーカー（FSW：Family Social Worker）	家庭支援専門相談員のこと。児童養護施設などの児童福祉施設に配置されている。虐待などの家庭環境上の理由により入所している児童の保護者に対し、児童相談所との密接な連携のもとに電話や面接などによって、児童の早期家庭復帰、里親委託などを可能にするための相談、指導などの家庭復帰支援を行う。
リハビリテーション・ソーシャルワーカー	リハビリテーションの過程で、社会福祉援助活動を行う者のことをいう。まだ限定された職種ではなく、ソーシャルワーカー、生活指導員、医療ソーシャルワーカー、カウンセラーなどと称される職種がかかわっている。
移乗動作 (transfer activities)	「ベッド⇔車いす」「車いす⇔便器」など、乗り移りの動作のことをいう。玄関の昇り降り、浴槽への出入り、バス等への移乗なども含まれる。
移動介助	自力での移動が不能（困難）な患者や高齢者、障害者の移動を助ける行為のこと。
嚥下障害	飲食物がうまく飲み込めない、むせる、飲み込んだものが食道につかえるといった障害のこと。
機械浴	身体障害者施設等に設置された重度障害者用入浴機器を利用した入浴。
特殊浴槽	自力で入浴することがむずかしい人が、寝たままの状態などで入浴できるように設計された入浴装置のこと。
部分浴	からだの一部分だけを湯につけて洗うこと。

仰臥位（ぎょうがい）	あおむけのこと。
口腔ケア（こうくう）	口腔清掃，歯石の除去，義歯の調整・修理・手入れ，簡単な治療などのこと。これにより，口のなかの疾病予防・機能回復，健康の保持増進，さらにＱＯＬの向上を目指す。
誤嚥（ごえん）	食べ物や水，唾液などが，食道ではなく気管の方に入ってしまうこと。
誤嚥性肺炎（ごえんせいはいえん）	細菌がだ液や胃液とともに肺に流れ込んで生じる肺炎。高齢者に多く発症し，再発をくり返すという特徴がある。再発をくり返すと，耐性菌が発生して抗生物質治療に抵抗性をもってしまうため，優れた抗生物質が開発された現在でも，多くの高齢者が死亡する原因になっている。
座位入浴	入浴台などを利用して，座った状態から入る入浴方法。
残存能力	障害のある人が，残された機能を用いて発揮することができる能力のことのこと。
ストマ	ギリシャ語で「口」という意味。一般に，人口肛門，人口膀胱（ぼうこう）の排泄口を表す用語として用いられている。
ストレッチャー	からだが動かせない人を寝たまま移送する手押し車のこと。
摘便	指を肛門から入れ，便を取り出すこと。
トランスファーシート	ベッドの上で，寝ている人のからだを上下や左右の方向に寄せたり，起こして車いすへ移乗させるなどの介護動作を容易に行う用具。内側が滑りやすく特殊加工された布性の筒型シートで，その上に介護される人のからだを載せて移動させる。シートは，縦・横・斜めと自由自在に動くので，からだを持ち上げなくてもあらゆる方向への移動が楽にでき，介護者の介護負担の軽減や腰痛予防になる。
ノーマライゼーション	障害者や高齢者など，社会的に不利を負う人たちを当然のこととして守り，支えるのが社会であり，その人たちがあるがままの姿でほかの人びとと同等の権利を享受できるようにするという考え方であり，また，その方法。
バイタルサイン（vital sign）	患者の生命に関する基本的な情報のこと。具体的には体温・脈拍・呼吸・血圧・意識の５つをさすことが多い。
社会福祉六法	生活保護法，児童福祉法，身体障害者福祉法，精神薄弱者福祉法，老人福祉法，母子及び寡婦福祉法の６つの法律のことをさす。
プライマリケア	初期・第一次医療のこと。高度な専門医療に対して，診療所など住民に身近な医療機関が行う健康相談や診療といった「日常的な保健・医療サービス」のこと。
ペースメーカー	心臓に電気刺激を周期的に与えて収縮させ，心拍を正常に保つための装置。
療育	医療，訓練，教育，福祉など，現代の科学を総動員して障害を克服し，その子どもがもつ発達能力をできるだけ有効に育て，自立に向かって育成すること。一般的には，障害のある子どもが社会的に自立することを目的として行われる医療と保育のことをいう。
療育手帳	この手帳を見せることにより，知的障害者が一貫した療育・援助やさまざまな福祉施策を受けやすくなることを目的としたもの。都道府県の知事および政令指定都市の市長が交付する。税金の減免，医療費の免除，鉄道・バス・航空機などの公共交通機関を割引料金で利用する場合などに証明書として利用できる。そのほか，障害者雇用を希望する人が，就職の際に使用することもある。
レスパイト	保護者は，障害のある子どもを抱えると，長い年月の間に心身ともに疲れ果てて余裕がなくなり，子どもとうまく接することができなくなってしまうときがある。そのようなときに"ほっと一息"ついて，心身ともにリフレッシュでき，新たな気持ちで介護できるよう，介護から離れられないでいる家族（主に母親）を，一時的に，一定の期間，障害児・者から開放する援助のこと。障害児・者をもつ保護者に，一般の人たちと同じような就労や地域での交流，余暇活動への参加の機会を提供しようとする積極的な意味ももっている。
ソーシャルワーク	社会福祉援助活動，社会福祉援助技術のことをいう。
レジデンシャル・ワーク	社会福祉施設での入所者への援助において，施設の生活を通常の在宅での生活に近いものにすることを目的とした援助活動をいう。施設内での援助だけでは一般社会と隔絶したものになりがちなため，近隣の社会活動に積極的に参加することで社会的に適応させ，入所者の社会復帰を図ろうとするもの。

【参考文献】

- 『「わが国の社会福祉教育，特にソーシャルワークにおける基本用語の統一・普及に関する研究」報告書』社団法人 日本社会福祉士養成校協会，2005
- 『2013年版 社会福祉士国家試験対策用語辞典』弘文堂，2012

◆ ワークシート ◆
＜保育実習Ⅰ・Ⅲ（施設）事前課題＞（児童養護施設）

クラス（　　　　　）学籍番号（　　　　　　　　）氏名（　　　　　　　　　　）

1．児童養護施設とはどのような施設ですか。

2．児童養護施設はどのような人が利用していますか。

3．児童養護施設ではどのような人が働いていますか。職種と職務（仕事の内容）を書きましょう。

職種	職務
・	・
・	・
・	・
・	・
・	・

4．児童養護施設の保育士は，ほかの職種の職員とどのような連携が図れるか考えましょう。

5．児童養護施設での保育士（実習生）の役割・動き（援助内容）などを書きましょう。

時間	幼児の動き	児童の動き	職員の動き	保育士（実習生）の動き
6:30		起床・洗面	起床援助	
7:00		朝食	朝食援助	
7:30	起床・洗面		清掃	
8:00		登校		
	朝食		洗濯	
9:00	保育			
12:00	昼食		昼食援助	
13:00	午睡			
15:00	保育	下校	居室等環境整備	
	おやつ			
16:00		宿題（小学生）	学習指導	
17:00	入浴			
18:00	夕食	夕食	夕食援助	
18:30		清掃	清掃	
19:00		入浴		
		学習（中・高生）	学習指導	
20:00	就寝	自由時間		
21:00		就寝（小学生）	就寝援助	
22:00		就寝（中・高生）		
24:00			夜尿起こし	
			戸締まり巡回	
			日誌など記入	

6．児童養護施設で耳にする以下の言葉を説明しましょう。

①アドミッションケア

②インケア

③リービングケア

④アフターケア

⑤小規模グループケア（ユニットケア）

⑥地域小規模児童養護施設（グループホーム）

⑦大舎制施設

⑧小舎制施設

⑨ファミリーソーシャルワーカー（家庭支援専門相談員）

⑩里親

⑪自立援助ホーム

⑫ファミリーホーム

◆ ワークシート ◆
＜保育実習Ⅰ（施設）事前課題＞

クラス（　　　　）学籍番号（　　　　　　　）氏名（　　　　　　　　　　　）

1．私の実習先情報

実習期間　　　　年　　月　　日（　）～　　月　　日（　）	
施設種別（　　　　　　　　　　　　　　　　　　　　　　　）	
施設名（　　　　　　　　　　　　　　　　　　　　　　　　）	
どのような児・者が利用しているのか （　　　　　　　　　　　　　　　　　　　　　　　　　　　）	

2．保育実習Ⅰの目標を達成するための学び方を書きましょう

目標	学び方
1．児童福祉施設等の役割や機能を具体的に理解する。	
2．観察や子どもとの関わりを通して子どもへの理解を深める。	
3．既習の教科目の内容を踏まえ，子どもの保育及び保護者への支援について総合的に理解する。	
4．保育の計画・観察・記録及び自己評価等について具体的に理解する。	
5．保育士の業務内容や職業倫理について具体的に理解する。	

3．以下の事項を理解するための動き方を考えましょう

	実習内容	動き方
1．施設の役割と機能	（1）施設における子どもの生活と保育士の援助や関わり	
	（2）施設の役割と機能	
2．子どもの理解	（1）子どもの観察とその記録	
	（2）個々の状態に応じた援助や関わり	
3．施設における子どもの生活と環境	（1）計画に基づく活動や援助	
	（2）子どもの心身の状態に応じた生活と対応	
	（3）子どもの活動と環境	
	（4）健康管理，安全対策の理解	
4．計画と記録	（1）支援計画の理解と活用	
	（2）記録に基づく省察・自己評価	
5．専門職としての保育士の役割と倫理	（1）保育士の業務内容	
	（2）職員間の役割分担や連携	
	（3）保育士の役割と職業倫理	

4．デイリープログラムでの動き方を書きましょう

デイリープログラム	職員の動き	実習生の動き
例：登校支援	登校準備の援助	忘れ物をしていないか声をかけ，「行ってらっしゃい」と言いながら見送る。

◆ ワークシート ◆

＜保育実習Ⅲ　事前課題＞

クラス（　　　　　）学籍番号（　　　　　　　　　）氏名（　　　　　　　　　　　　　）

1．私の実習先情報

実習期間　　　　　年　　月　　日（　）～　　月　　日（　）	
施設種別（　　　　　　　　　　　　　　　　　　　　　　　　　）	
施設名（　　　　　　　　　　　　　　　　　　　　　　　　　　）	
どのような児・者が利用しているのか （　　　　　　　　　　　　　　　　　　　　　　　　　　　　　）	

2．保育実習Ⅲの目標を達成するための学び方を書きましょう

目標	学び方
1．既習の教科目や保育実習の経験を踏まえ、児童福祉施設等（保育所以外）の役割や機能について実践を通して、理解する。	
2．家庭と地域の生活実態にふれて、子ども家庭福祉、社会的養護、障害児支援に対する理解をもとに、保護者支援、家庭支援のための知識、技術、判断力を習得する。	
3．保育士の業務内容や職業倫理について具体的な実践に結びつけて理解する。	
4．実習における自己の課題を理解する。	

3．以下の事項を理解するための動き方を考えましょう

実習内容		動き方
1．児童福祉施設等（保育所以外）の役割と機能	児童福祉施設等（保育所以外）の役割と機能	
2．施設における支援の実際	（1）受容し，共感する態度	
	（2）個人差や生活環境に伴う子ども（利用者）のニーズの把握と子ども理解	
	（3）個別支援計画の作成と実践	
	（4）子ども（利用者）の家族への支援と対応	
	（5）各施設における多様な専門職との連携・協働	
	（6）地域社会との連携・協働	

3．保育士の多様な業務と職業倫理	3．保育士の多様な業務と職業倫理	
4．保育士としての自己課題の明確化	4．保育士としての自己課題の明確化	

4．デイリープログラムでの動き方を書きましょう

デイリープログラム	職員の動き	実習生の動き
例：朝食準備・朝食	配膳・食事支援	手洗い・うがいをしたか声をかけ，テーブルごとに「いただきます」をして食べるよう促す。

◆ ワークシート ◆
＜保育実習Ⅰ（施設）・Ⅲ　事前課題＞

クラス（　　　　　）学籍番号（　　　　　　　　）氏名（　　　　　　　　　　　　　）

1．福祉の場で耳にする下記の語句を説明しましょう。

・養護系施設

語句	概要
アドミッションケア	
インケア	
リービングケア	
アフターケア	
小規模グループケア （ユニットケア）	
地域小規模児童養護施設 （グループホーム）	
ソーシャルワーカー	
ファミリーソーシャルワーカー （家庭支援専門相談員）	
里親	
児童虐待	
ＤＶ	
民生委員・児童委員	

・障害系施設

語句	概要
療育（愛育）手帳	
発達障害	
ノーマライゼーション	
アドボカシー	
ADL	
QOL	
PT	
OT	
ST	
スモールステップ	
デイサービスセンター	
生活介護	
自立訓練（機能訓練）	
自立訓練（生活訓練）	
就労継続支援A型	
就労継続支援B型	
就労移行支援	

2．あなたの実習施設を利用している児・者に関する障害や問題についてまとめましょう。

障害や問題	概要
例：被虐待児の増加	保護者の虐待・経済的状況が児童養護施設入所要因のトップ。

【Part 2 参考文献】

- 有馬正高（監修）『健康ライブラリー　知的障害のことがよくわかる本』講談社，2007
- こども家庭庁ホームページ「児童相談所一覧（令和6年4月1日現在）」．2024
  https://www.cfa.go.jp/policies/jidougyakutai/jisou-ichiran
- 厚生労働省「平成29年　社会福祉施設等調査結果の概況」，2018
- 厚生労働省「児童養護施設入所児童等調査結果（平成25年2月1日現在）」，2015
- 「独立行政法人国立重度知的障害者総合施設のぞみの園」ホームページ（事業内容）より
  https://www.nozomi.go.jp/facility/index.html
- 愛知県保育実習連絡協議会・「福祉施設実習」編集委員会（編）『保育士をめざす人の福祉施設実習』みらい，2006
- 「もっと，もっと知ってほしい　児童養護施設－子どもを未来とするために－」全国社会福祉協議会・全国児童養護施設協議会，2015
- 厚生労働省「児童福祉施設の設備及び運営に関する基準の一部を改正する省令（平成31年2月25日）」，2019
- 厚生労働省「児童福祉施設の設備及び運営に関する基準」，2019
- 厚生労働省「厚生統計要覧（平成30年度）」，2018
- アメリカ精神医学会『DSM-5 精神疾患の分類と診断の手引き』医学書院，2014
- 融道男 他（訳）『ICD-10 精神および行動の障害－臨床記述と診断ガイドライン　新訂版』医学書院，2005
- 公益財団法人児童育成協会（監修），近喰晴子他（編）『基本保育シリーズ20　保育実習』中央法規出版，2016
- 名須川知子，大方美香（監修），立花直樹（編著）『MINERVA　はじめて学ぶ保育11　施設実習』ミネルヴァ書房，2019

Part 3
児童厚生施設等実習

1 児童厚生施設（児童館・児童遊園）

　保育実習Ⅲの施設実習は，厚生労働省の「保育実習実施基準」によると，「(C) 児童厚生施設又は児童発達支援センターその他社会福祉関係諸法令の規定に基づき設置されている施設であって保育実習を行う施設として適当と認められるもの（保育所及び幼保連携型認定こども園並びに小規模保育A・B型及び事業所内保育事業は除く。）」とされ，保育実習Ⅰの施設実習では実習対象施設として除外されている「児童厚生施設」や，厚生労働省では「児童厚生施設」の一つとして取り扱われている「児童家庭支援センター等」の実習も可能です（Part 1の「2　学外実習について」，ならびに表3－1参照）。

　ここでは，この「児童厚生施設」である「児童館」「児童遊園」での実習について見てみましょう。

1）児童厚生施設とは

すべての子どものすこやかな育成を－健全育成の実現に向けて

　児童福祉法*によると，児童厚生施設は，「児童遊園，児童館等児童に健全な遊びを与えて，その健康を増進し，又は情操をゆたかにすることを目的とす

＊1947（昭和22）年12月12日に制定された法律で，社会福祉六法（→用語説明）の1つ。

表3－1　保育実習における実習施設

実習名		実習対象施設
保育実習Ⅰ	保育所実習	保育所，幼保連携型認定こども園，小規模保育A・B型，事業所内保育事業
	施設実習	乳児院，母子生活支援施設，障害児入所施設，児童発達支援センター，障害者支援施設，指定障害福祉サービス事業所（生活介護，自立訓練，就労移行支援，就労継続支援を行うものに限る），児童養護施設，児童心理治療施設，児童自立支援施設，児童相談所一時保護施設，独立行政法人国立重度知的障害者総合施設のぞみの園
保育実習Ⅱ		保育所，幼保連携型認定こども園，小規模保育A・B型，事業所内保育事業
保育実習Ⅲ		児童厚生施設，児童発達支援センター，その他社会福祉関係諸法令の規定に基づき設置されている施設（実習Ⅱの実習対象施設は除く）

「指定保育士養成施設の指定及び運営の基準について」
（令和元年9月4日発）より作成

る施設」(第40条)と定めています。つまり,児童厚生施設以外の児童福祉関連施設では対象が限定されていますが,児童厚生施設は,地域の子どもを基本に,誰でも自由に遊びに来ることができる施設(時間的制約があることもあります)であるといえます。

　ところで,児童福祉法の第1条には,「全て児童は,児童の権利に関する条約の精神にのっとり,適切に養育されること,その生活を保障されること,愛され,保護されること,その心身の健やかな成長及び発達並びにその自立が図られることその他の福祉を等しく保障される権利を有する。」と,特別な保護が必要な子どもだけではなく,児童の権利に関する条約(17ページのコラム③参照)の精神に基づきすべての子どもの権利を尊重し,これを擁護することを国の責務として規定しています。

　児童福祉を歴史的にみると,戦前からの慈善事業や社会事業(セツルメント活動〈運動〉*,隣保館**)など,保護者がいなかったり,貧困家庭や片親の家庭など保護者とのかかわりが希薄になりやすい子どもに対して,親に代わって子どもを保護し,遊びや学習など生活を通じて健全に育てることを目的とした保護(ウェルフェア)が主流でした。ところが戦後になり,自己実現・人間の尊重(ウェルビーイング)の考え方に立って,地域の子どもを基本にすべての子どもを対象として,子どもたちがすこやかに生まれ,育ち,自立していく,健全育成の実現を支援しようという考え方に変化してきました。そのため,児童館などの児童厚生施設が重要な社会福祉の施設となってきました。

2) 児童厚生施設の種類

　児童厚生施設には,主に屋内施設の児童館と屋外施設の児童遊園等があります。そこで,Part 3 の第2～7節では児童館での実習,第8節では児童遊園での実習について考えてみましょう。

＊19世紀後半にイギリスのエドワード・デニソン(Edward. Denison :1840-1870)が提唱した活動(運動)で,貧困層の居住地に学生や専門家などが住み込み,そこに居住している人たちの生活を改善し,社会改良のあり方を探求する活動のこと。

＊＊セツルメント活動(運動)を実施するための施設が隣保館の源流であり,1884年にイギリスの司祭サミュエル・バーネット(Samuel Augustus Barnett)によって設立された,トインビー・ホール(Toynbee Hall)が世界最初の隣保館(セツルメント)である。なお,日本では1897(明治30)年に片山潜が,東京神田三崎町に設立した『キングスレー館』が最初であるといわれている。戦後は社会福祉事業法(2000〈平成12〉年6月に社会福祉法に改正)に基づく第二種社会福祉事業を行う社会福祉施設として設置されており,2017(平成29)年度の設置数は,全国で1,019か所である。

2 児童館とは

1）児童館の概要

地域の子どもに健全な遊び等を提供し，健康と情操を育む

　児童館活動は，19世紀後半にイギリスのデニソンやアーノルド・トインビー等によって開始されたセツルメント運動＊を源流とした活動で，20世紀になり日本に伝わり各地で展開されました。戦後，児童福祉法が制定されると，児童福祉法の理念である「健全育成」を実現する施設として確立しました。

＊119ページの側注参照。

　しかしながら，社会福祉基礎構造改革，さらに少子化や児童虐待の増加など，福祉や子どもを取り巻く問題の変化などにともなって，児童館も大きく変化せざるをえなくなりました。

　そのような中，児童館の質の向上と標準化のために2011（平成23）年3月31日「児童館ガイドライン」が制定され，2016（平成28）年と2018（平成30）年に改正されました。この「児童館ガイドライン（以降，ガイドラインと記す）」に添って児童館について考えてみましょう。

　ガイドラインによると，児童館の理念は「児童の権利に関する条約（平成6年条約第2号）に掲げられた精神及び児童福祉法（昭和22年法律第164号。以下「法」という。）の理念にのっとり，子どもの心身の健やかな成長，発達及びその自立が図られることを地域社会の中で具現化する児童福祉施設である。」

表3-2　児童厚生施設数と従事者数

施設種類			施設数	従事者数（人）
児童館			4,301	19,264
	（1）小型児童館		2,468	9,845
	（2）児童センター		1,707	8,794
	（3）大型児童館		18	303
		大型児童館A型	15	270
		大型児童館B型	3	33
	（4）その他の児童館		108	322
児童遊園			2,074	―

注）従事者数は，常勤換算数
資料：厚生労働省「令和4年社会福祉施設等調査の概況」2023

と定められています。ということは，児童館は，国および地方公共団体や保護者をはじめとする地域の人々とともに，年齢や発達の程度に応じて，子どもの意見を尊重し，その最善の利益を優先して考慮されるよう子どもの健全育成に努めなければならない施設ということができます。

児童館の目的は，ガイドラインによると，「18歳未満のすべての子どもを対象とし，地域における遊び及び生活の援助と子育て支援を行い，子どもの心身を育成し情操をゆたかにすること」と定められています。すなわち，児童館とは，地域の子ども（0歳～18歳）に健全な遊びや生活の援助を提供することで，子どもの健康を増進し，情操を豊かにすることを目的として設置されています。そこでは，子どもの生活の安定と子どもの能力の発達を援助し，児童福祉の推進を図ります。

2）児童館の設備・職員と役割

子どもたちの遊びのオアシスとして

児童厚生施設の設備や運営については，「児童福祉施設の設備及び運営に関する基準」で規定されています。

児童館の設備は，基本的には，集会室，遊戯室，図書室，便所，相談室，創作活動室，事務執行に必要な設備などが設けられます。そのほかに必要に応じて，静養室および放課後児童クラブ室，中・高校生世代の文化活動，芸術活動等に必要なスペースや備品，子どもの年齢や発達段階に応じた活動に必要な遊具や備品，乳幼児や障害のある子どもの利用に十分配慮し，必要に応じ施設の改善や必要な備品等を整備することになっています。

児童館の職員としては，基本的には，館長，子どもの遊びを指導する者（母子指導員，児童厚生員など）を置き，子どもの自主性，社会性および創造性を高め，地域の健全育成活動の助長を図るよう遊びの指導を行うとされています。なお，職員の資格としては，保育士・社会福祉士有資格者，幼・小・中・高教員免許状取得者，児童福祉施設等の勤務経歴のある職員などが，子どもの遊びを指導する者として配置されます。

児童館の機能・役割は，基本的には地域の子どもの遊びの拠点，オアシスです。それを具現化するために，ガイドラインでは，
①「遊び及び生活を通した子どもの発達の増進」
②「子どもの安定した日常の生活の支援」
③「子どもと子育て家庭が抱える可能性のある課題の発生予防・早期発見と対応」
④「子育て家庭への支援」

⑤「子どもの育ちに関する組織や人とのネットワークの推進」
をあげています。

　このような機能・役割が設定される背景には，近年日本で進む少子化，核家族化，保護者の就労形態の変化，都市化の進行にともなう地域内のつながりの希薄化，地域や家族のもつ子育て力の弱まりなどがあり，育児不安，虐待といった子どもを取り巻く問題の解決・解消が求められているのです。また，異年齢での遊びの減少，学校外の社会体験の不足，子どもの基礎体力低下といった問題も増大しており，子どもたちの生活から時間・空間・仲間の「三間」が減少するという問題が起きています。「三間」を提供でき，子どもが主人公となり，思い切り遊べるオアシスとして，児童館や児童遊園の果たす役割はより大きいものとなっています。

児童館の主な活動内容

　児童館の機能・役割を具体化する主な活動内容について，ガイドラインでは，
①遊びによる子どもの育成
②子どもの居場所の提供
③子どもが意見を述べる場の提供
④配慮を必要とする子どもへの対応
⑤子育て支援の実施（保護者の子育て支援，乳幼児支援，乳幼児と中・高校生世代等との触れ合い体験の取組，地域の子育て支援）
⑥地域の健全育成の環境づくり
⑦ボランティア等の育成と活動支援
⑧放課後児童クラブの実施と連携
の8項目をあげ，児童館運営に組織的に取り込んだ積極的な活動の展開が期待されています。

　具体的には，児童館では，文化活動の場としての子ども会，母親クラブ（みらい子育てネット，地域活動連結協議会）の推進，放課後児童クラブなど，地域組織活動の基地としてその育成を図り，地域の実情に応じて，放課後の子どもの居場所づくりと保護育成指導を行う施設ということになります。児童館で展開される子どもの自発的，主体的，創造的活動は，非行防止の観点からも有用と考えられ，年長児童の自由時間を健全かつ有効に活用させるための居場所づくりも重要な役割となっています。そのため各地で年少児童だけでなく中・高校生を対象とした環境整備などの施策整備が緊急課題となってきました。

3）放課後児童クラブ

　児童館の活用として，とくに近年重視されているのが放課後児童クラブの設置です。

　放課後児童クラブは，以前自治体や設置者によって名称が異なっていた「学童保育クラブ」「学童クラブ」「放課後（児童）クラブ」「学童保育所」など自主的に運営していた就学児童の保育の場が，2014（平成26）年に告示された「放課後児童健全育成事業＊の設備及び運営に関する基準」により，「放課後児童クラブ」に統一されました。

　厚生労働省雇用均等・児童家庭局により告示された「放課後児童健全育成事業の設備及び運営に関する基準」（厚生労働省令第63号）により「放課後児童クラブ」は，以下のように定められています。

対象：保護者が労働などにより昼間家庭にいない小学校に就学している子ども（特別支援学校＊＊の小学部の子どもを含む）
場所：児童館などの児童厚生施設や学校の空き教室を利用する
役割：家庭の子育てを支援する役割を担うとともに適切な遊びや生活の場を提供する

　その際に，放課後児童クラブの質を確保するために，設備および運営については省令で定める基準をふまえ，市町村が条例で基準を定めることになりました。

　放課後児童クラブには，放課後児童支援員＊＊＊を配置し専用区画＊＊＊＊などを設置することや，平日（小学校授業の休業日以外の日）には原則1日につき3時間以上，土・日曜日，長期休業期間など小学校の授業の休業日には原則1日につき8時間以上，原則年間250日以上開所することが定められています。

　放課後児童クラブの活動としては，
・生活の場としての活動（安全・衛生の確保，健康の管理，情緒の安定，基本生活習慣の確立，おやつの提供，所属感の獲得）
・遊びを通した健全育成の場としての活動（他の来館児童と同観点で，遊び・体験による自主性・社会性・創造性を培う活動）
・子育てと仕事の両立を支援する活動（必要な情報の提供と交換，子育ての仲間づくり）
があげられています。

　とくに，児童館に併設する際には，上述の活動の他に，①子ども同士の交流，②子どもと大人の交流，③対象児童への継続的な支援，④放課後児童クラブの保護者と地域の交流などに留意する必要があります。

＊これまでの文部科学省「放課後子ども教室推進事業」や厚生労働省の「放課後児童健全育成事業」が連携した「放課後子どもプラン」（2007〈平成19〉年にスタート）の流れをくみつつ，児童福祉法第6条の3第2項および「放課後児童健全育成事業の設備及び運営に関する基準規定」（平成26年厚生労働省令第63号）に基づき，2015（平成27）年4月から実施された事業。子ども・子育て支援の一環として位置づけられている。

＊＊79ページの側注参照。

＊＊＊保育士，社会福祉士（➡用語説明）など「児童の遊びを指導する者」の資格を有する者，あるいは基本としては2020（令和2）年3月31日までは，都道府県知事が行う研修を修了した者，修了することを予定している者。

＊＊＊＊遊び，生活の場としての機能，静養するための機能を備えた部屋またはスペースのこと。

4）児童館の種類

　児童館は，その規模と機能などから，小型児童館，児童センター，大型児童館，その他の児童館に分けられます（表3－3）。

（1）小型児童館

　小地域の子どもを対象とし，一定の要件を具備した児童館のことで，子どもに健全な遊びを与え，その健康を増進し情操を豊かにするとともに母親クラブ，子ども会などの地域組織活動の育成助長を図るための総合的な機能があります。

（2）児童センター

　（1）の小型児童館の機能に加えて，子どもの体力増進に関する指導機能をあわせもつ児童館のことです。　上記機能に加えて，中学生，高校生等の年長児童（以下「年長児童」という。）の情操を豊かにし，健康を増進するための育成機能を有する児童センターを「大型児童センター」といいます。

（3）大型児童館

　原則として，都道府県内又は広域の児童を対象とし，一定の要件を具備した児童館をいい，Ａ型児童館とＢ型児童館とに別れています。
①児童館Ａ型（大阪府立大型児童館ビッグバン*，福井県こども家族館**など）
　児童センターの機能に加え，都道府県内の小型児童館，児童センターなどの指導および連絡調整などの役割を果たす中枢的児童館です。
②児童館Ｂ型（新潟県立こども自然王国，姫路市宿泊型児童館星の子館など）
　豊かな自然環境に恵まれた一定の地域内に設置され，子どもが宿泊しながら自然をいかした遊びを通して，協調性，創造性，忍耐力などをはぐくむことを目的としています。児童センターの機能に加え，自然のなかで宿泊して野外活動が行えるようになっています。

（4）その他の児童館

　（1）（2）（3）以外の児童館です。

＊1999（平成11）年6月に開設。宇宙船をイメージした建物のデザインは，名誉館長の松本零士氏によるもの。

＊＊福井県小浜湾内のうみんぴあ大飯内に設立。内部には船，ボールプール，クッキングスタジオなどを設置している。

表3－3　児童館の種別と特徴

	（1）小型児童館	（2）児童センター（大型児童センター）	（3）大型児童館
規模	217.6m²以上 集会室，遊戯室，図書館，便所	336.6m²以上（500m²以上） 運動可能スペース　他	A型：2,000m²以上 B型：1,500m²以上 20人以上の子どもがキャンプ等の野外活動を行える適当な広場，水飲み場，炊事場等 100人以上の子どもが宿泊できる設備
事業	すべての子どもたちと，子どもにかかわる大人たちの地域活動の拠点・居場所としてのさまざまな事業	（1）の事業に加えて子どもの体力増進を図り，心身共に健全な育成を図る事業	都道府県内全域を対象に，モデル事業や中高生対象事業，指導者の要請，地域児童館育成等を図る
活動	①子どもの遊びの指導・支援，中・高校生等の年長児童の自主的な活動への支援 ②母親クラブ，子ども会等の地域組織活動の育成と指導者の養成 ③子育て家庭の支援 ④地域の子どもの健全育成に必要な活動の育成など	①（1）の①～④ ②運動に親しむ習慣の形成 ③体力増進指導を通して社会性の伸長と，こころとからだの健康づくり ④大型児童センター ・音楽，映像，造形表現，スポーツ　等の活動による年長児童の社会性の伸長，こころとからだの健康づくり ・子どもの社会参加活動や国際交流活動　等の推進	A型児童館 ①（2）の①～④ ②都道府県内の児童館の情報を把握，相互利用。 ③子どもの遊びを指導する者（児童厚生員）およびボランティアの育成 ④遊びの内容や指導技術の開発と普及 ⑤地域の特色を生かした資料，模型の展示等，一般への公開 ⑥映画フィルム，ビデオソフト，紙芝居等の保有，計画的活用，貸し出し等 B型児童館 ①（2）の①～④ ②立地条件を生かした自然観察，自然探求，自然愛護等自然と触れ合う野外活動。 ③キャンプ，登山，ハイキング，サイクリング，水泳等の野外活動，その遊びの内容，指導技術の開発・普及
対象	0～18歳未満（乳幼児から子どもにかかわる高齢者まで）		
職員	子どもの遊びを指導する者（児童厚生員）2名以上	加えて， 児童センター：体力増進指導にかかわる職員 大型児童センター：年長指導にかかわる職員	加えて， 専門知識を有する職員

3 児童館実習のポイント1

1）事前学習

　ここでは児童館（児童厚生施設）での実習に際して必要となる事前学習のポイントを解説します。

保育実習Ⅰをふり返る

　養成校で積み重ねてきた授業での学びを確認することはもちろん，保育実習Ⅰを通じて体験した施設の機能と職員（保育士）の職務理解の体験などをいかし，保育実習Ⅲの目標である「保育所以外の児童福祉施設等の役割や機能について実践を通しての理解，子ども家庭福祉，社会的養護，障害児支援に対する知識，技能，判断力の習得」が達成できるように，保育実習Ⅰの体験，とくに施設実習の体験を十分に振り返ります。

児童館実習の目的を理解する

　児童館は，乳幼児や子どもだけでなく，中・高校生も含めた幅広い年齢の子どもたちとその保護者も利用する場所です。職員（児童厚生員）は遊びを提供することが主な仕事となります。そのため児童館実習は，「児童に健全な遊びを与えて，その健康を増進し，又は情操をゆたかにする」（児童福祉法第40条）ことを目的とした遊びの提案，効果的な遊びの提供方法，利用者のすべてが充実した時間をすごせるような環境作りの工夫など，学ぶべき点が数多くあります。

目標を立てる

　本章の「5　児童館実習課題の設定」でくわしく述べていますが，何を学びに行こうとしているのか，自分なりに考えてみましょう。大枠としては「児童館・児童クラブの機能と活動内容について理解するとともに，習得した児童健全育成の基礎的な知識・技能を用いて，遊びや生活を通した子どもの健全な心身発達を直接的に支援する」こととなります。

規則正しい生活習慣を

　保育実習Ⅰでは，緊張から精神的疲労や体力的疲労，実習日誌を帰宅後遅くまで書くことによる睡眠不足などが重なり，体調を崩すことはなかったでしょ

うか？　保育実習Ⅲでも，保育実習Ⅰと同様に日誌を書くことや，指導案の準備も大切な実習の一部となります。実習前には早寝早起きの習慣を身につけ，食生活にも注意を払い，健康な状態で実習に臨むようにしましょう。

子どもの遊びについて関心を深める

児童館には幅広い年齢層の子どもたちが来館しますので，それらの子どもたちについて理解を深め，子どもの遊び全般について，日ごろから興味・関心をもち，学ぶようにしましょう。

教材の研究

教材に関しては，年齢別，季節別，戸外と室内などさまざまな場面に応じて必要な教材は何かを考え，以下のように研究を深めて，準備しましょう。
- 自己紹介をどのように行うか，またそのための小道具などの作成
- ゲーム・運動遊びについての学習
- 表現活動・手遊びについての学習
- 工作・制作活動についての学習
- 科学遊びについての学習
- 子ども文化教材（絵本・紙芝居・人形劇・パネルシアターそのほか）についての学習

指導案を作成する

指導案は，実習の時期，児童館の種類，地域環境と来館児童の年齢など，さまざまな情報を考慮した上で実際に作成してみましょう。遊びの提案・提供は，その場と状況によって臨機応変な対応が求められるものですが，基本的な指導案を立て，シナリオ通りに実行してみることによって，その反省や課題が実習時にいかされることとなります。

2）オリエンテーションのための準備

オリエンテーションのための電話連絡

オリエンテーションの日時を電話で決めます。この段階からすでに実習は始まっています。Part 1の「4　実習施設への依頼の仕方」（14ページ）などを参考にして，放課後や休日など，子どもが多く来館していると予測される時間帯を避け，落ち着いた場所から電話します。言葉づかいにも配慮し，要件をまとめて伝えます。自分の名前，学校名，どのような要件で，だれと連絡を取りたいのかを簡潔に，そして丁寧な口調で伝えます。約束の日時や担当してくだ

さる職員の名前など，聞いた情報は必ずメモし，電話を切る前に復唱します。

オリエンテーションで気をつけること

　ホームページなどで実習先児童館についての情報を収集し，施設までの道順や所要時間を調べます。できれば，オリエンテーションの日時以前に一度事前訪問をしてみるとよいと思います。

　オリエンテーションには，派手でない清潔な服装（スーツなど）で，髪型，靴，かばんなどにも注意を払います。時間厳守（5分前行動）を心がけましょう。30分以上早く到着した場合には，周囲の様子を見て環境を把握しましょう。

　もち物は，筆記用具，メモ，いただく資料を保存するためのクリアファイル，実習日誌（実習ノート），上履き，養成校から持参するよう言われた書類などを必ず持って行きましょう。オリエンテーションでは，社会人としての言葉づかいに十分気を配り，実習を受け入れていただいたことへの感謝の気持ちを込めてあいさつしましょう。

　オリエンテーションはプレ実習であり，実習の第1日目とも考えることができます。実習はもう始まっているという気持ちで臨みましょう。確認したい事項は，表3-4を参考にして，あらかじめメモしておきます。

　実習初日にとまどわないように靴箱，ロッカー，初日の服装，集合場所について確認します。また施設内を見学させていただくことが可能であれば，ぜひ，見学してください。あらかじめ施設内の様子や配置を知っておくとスムーズに実習に入ることができます。

　そして指導を受けたこと，メモしてきた情報を整理し，養成校に戻ったらオリエンテーションの報告を行います。さらに，巡回指導に来てくださる先生が確定したら，あいさつに行き，来ていただく際の駅からの道順などを確認します。

　Part1の「5　実習施設での事前オリエンテーション」を参照して準備しましょう。

表3－4　オリエンテーションの主な確認事項

チェック項目	確認事項記入欄
児童館の概要・特色	
1日の流れと週の予定	
実習スケジュール	
実習生の心得	
事前に準備するもの，しておくこと	
勤務規定（出勤・退勤時間など）	
服装	
もち物	
実習日誌の提出方法と注意事項	
実習中にかかる費用	
その他	

4 児童館実習のポイント2

　ここでは児童厚生施設（児童館）での実際の実習におけるポイントを解説します。

1）主な実習のポイント

　児童館はその規模によって，活動内容が異なりますが，基本的には実習のポイントは主に以下の4点となります。

児童館の機能と管理，タイムスケジュール

　まず，児童館の機能*を理解し，またその運営管理について学び，タイムスケジュールを把握します。開館時間は9：00～17：00が基本ですが，中・高校生対象に夜間開館（17：30～20：00）などを行う児童館も増加傾向にあります。なお，タイムスケジュールは平日と土日，学校の長期休みなどによって大きく異なります。曜日ごとの予定を頭に入れ，児童館の1日の流れを把握します。

＊学童保育クラブ，保育所や高齢者施設などが併設されている施設が増えている。本章の「2　児童館とは」も参照。

表3−5　児童館のタイムスケジュール例

時間	内容	概要
8：45	職員打ち合わせ	午前中に開催される行事の確認等
9：00	受け入れ準備	館内清掃，施設点検，乳幼児親子対象行事等の準備，事務作業
10：00	開館	
10：30	乳幼児親子対象行事	登録制の幼児クラブや年齢別の行事等
12：00	乳幼児親子の昼食	
13：00	職員打ち合わせ	児童クラブの登園人数の確認や地域の行事の打ち合わせ等
14：30	児童クラブ登録児童の受け入れ	
15：00	自由来館児の受け入れ	
17：00	児童クラブ帰りの会・自由来館児の帰宅支援	延長児童の確認等
17：30	年長児（中学・高校生）の受け入れ	
18：00	児童クラブの延長開始	
19：00	児童クラブ・年長児の帰宅	館内清掃，施設点検，事務作業等
19：30	閉館	

職員の職務

来館者のいる時間、いない時間を含めての職務がどうなっているかを学びます。参加実習が中心となりますが、部分実習も可能な限り積極的に体験させていただきます。実際に行われているプログラムの企画、立案、実行、運営、評価の流れを把握します。

子ども理解と援助技術の演習

子ども理解と援助技術の演習、子どもへのかかわり方を学びます。遊びの指導は、子どもの自主性、社会性および創造性を高め、地域における健全育成活動の助長を図るもので、子どもの発達に大きく影響する非常に重要なものです。また、その指導は専門的技術であり、ただ一緒に遊ぶことや、遊びが上手に提供できることだけではなく、子どもの遊びから学ぶことも大切です。子どもに遊び方を教えるという発想ではなく、どのように遊びを展開するのか、職員による遊びを通した指導方法を観察します。とくに、児童館の利用は小学生が中心になるので、小学生についての知識や理解が必要となります。

環境整備と安全管理

備品管理（工作室の道具・工具の管理など）、遊具の点検と修繕、安全管理（画びょうなどが落ちていないよう見まわる、はさみ・カッター・のこぎり・調理器具などの管理）、来館者への安全指導（年少の子どもがいるときは、強くボールを蹴らない、バドミントンや卓球のラケットをふりまわさないなど）、あと片づけと清掃の指導など、職員はこまやかな配慮をしているはずです。それぞれを良く観察し、学んだ事柄については実習日誌に記入しておきます。

2）そのほかの実習のポイント

上記以外の重要な実習ポイントとしては、以下の事柄があげられます。
① 養成校で学んだ子どもの発達理論をふまえ、子ども一人ひとりの個性、能力を理解します。
② 遊び、運動などの活動に関する以下の技術を修得し、生活全般への援助について学びます。
  ・基礎的な指導方法を習得します。
  ・目的に応じた指導方法を理解し、実習で応用します。
  ・配慮を要する子どもへの対応を学びます。
③ 子育て支援の観点から家庭や地域への支援、保護者とのかかわりにも目を向け、地域独自の子どもの遊びや活動状況を把握します。

④ 天候，子どもの興味関心によって変わる環境構成について学びます。
⑤ 遊びに入れない子どもへの指導はどのようにしているのかを学びます。
⑥ 子どもの個人差，異年齢の子どもの遊びの調整をどのようにしているのかを学びます。
⑦ 運動クラブ，工作クラブなどの参加者の役割分担，当番の調整・準備と，指導はどのように行っているのかを観察します。
⑧ 各コーナー，外遊びなどの連携はどのようにしているのか，職員の動きを学びます。
⑨ けんか，もめごと，親からのクレームなどにどのように対処しているのかを観察し，指導のありかたを学びます。

3）実習でかかわる活動

実習の際には表3－6にあげるさまざまな内容の活動の一部にかかわることになります。

表3－6　実習としてかかわる活動

多彩な活動	遊び					
	室外	室内(遊戯室・体育室)	室内(集会室)	工作室	児童室	図書館
・体力増進クラブ活動 （サッカー，フットサル，ダンスなど） ・音楽クラブ ・工作クラブ ・手芸クラブ ・科学実験クラブ ・土曜日クラブ（学校の週休2日制対応） ・放課後児童クラブ （放課後児童健全育成としての乳幼児サークル等） ・中・高校生のクラブ活動 ・一般自由来館児の対応 ・演劇 ・人形劇サークル ・地域のボランティア援助活動 ・行事活動 （豆まき，餅つき，夏祭り，ハロウィン祭り，クリスマス会，宿泊会，デイキャンプなど）　　　など	・野球 ・キックベース ・ままごと ・一輪車 ・木登り （ツリークライミング） ・缶けり ・鬼ごっこ ・基地作り 　　　など	・バドミントン ・ミニバスケット ・卓球 ・ビーチボール ・ドッジボール ・フットサル ・縄跳び ・リトミック 　　　など	・大型積み木 ・映写会 ・茶道教室 ・楽器 　　　など	・製作活動 ・おやつ作りと試食会 ・プラ板 ・アイロンビーズ 　　　など	・おうちごっこ ・折り紙 ・オセロ ・バックギャモン ・マグネット積み木遊び 　　　など	・読書 ・ボードゲーム ・トランプ ・囲碁 ・将棋 ・手作り絵本 ・折り紙 　　　など

神戸洋子『新訂　知りたいときにすぐわかる　幼稚園・保育所・児童福祉施設等 実習ガイド』を一部修正

コラム ⑱

（財）児童健全育成推進財団の活動

　（財）児童健全育成推進財団とは，児童館，放課後児童クラブ，母親クラブなどを応援し，健全育成を支える財団法人です。児童厚生員の資格（認定資格）を発行しています。同財団は2000（平成12）年に，児童館の連絡・調整・推進機関として機能してきた（社）全国児童館連合（1975〈昭和50〉年設立）と，ボランティア組織ならびに母親クラブの連絡調整機関であった（財）東邦生命社会福祉事業団（1973〈昭和48年〉設立）とを統合し設立されたものです。

　児童健全育成推進財団が認定する児童厚生員の資格を取得するには，保育士あるいは幼稚園や小中高校の教員資格が必要です。現場の児童厚生員は3泊4日の研修会と県単位の研修会などを受講し，2級資格を取得できます。

　近年，保育士・幼稚園教諭資格に加え児童厚生員の資格が取れる養成校が増加しました。ただし，レクリエーション・インストラクター，公認ネイチャーゲームリーダー，国立青少年教育振興機構の自然体験活動指導者などの資格と同じで，基礎資格ではありません。

コラム ⑲

保育施設におけるICT化

　大量の事務作業等が原因で，保育に支障をきたしていることが問題視されています。この問題を解消するため，国全体で取り組んでいる保育者の業務軽減対策の一つが，保育現場でのICT（Information and Communication Technology）システムの導入です。

　ICTシステムを導入することで，業務の効率化が図れます。指導案をパソコンで作成すれば，タブレットやUSBメモリーなどの記録媒体に保存でき，過去の指導案の閲覧や挿絵等のテンプレートも使用できます。登・降園の管理には専用機器が必要ですが，タッチパネルやICカードなどで打刻すれば，保育料や延長保育料などが自動で計算できます。打刻データをパソコン等で確認できるほか，カードをタッチするだけなので登・降園時の混雑が軽減できます。

　保護者からは，アプリを使って簡単に出欠の連絡ができるようになります。また，紙だと目を通すのを忘れがちな各種おたよりなども，専用のアプリやメールなどでの一斉送信や，スマホのプッシュ通知で知らせることができます。短時間で入力できるのでおたより作成の時間が削減できるほか，プリントアウトが不要になるのでコストの削減にもなります。

【参考文献】経済産業省「保育現場のICT化・自治体手続等標準化検討会報告書」

5　児童館実習課題の設定

1）実習課題設定

　まず，実習全体での大きな目標を設定します。事前指導のなかで，児童館という場に接する自分なりの切り口を考え，この視点から学んでこよう，という目標をもってください。自分は何をどのように学びたいのかを，謙虚な気持ちで考えましょう。

実習課題の作成

　表3－7の実習課題の作成例を参考にして，自分の実習課題を作成してみましょう。

　なお，作成に際しては具体的に記入しましょう。表3－8にいくつかのサンプルを示しますが，記入方法としては「～を見たい」ではなく「～をすることを通して～を理解したい」といったように具体的に記述します。

Plan-Do-Check-Act

　実習課題は，目標の設定（Plan）（計画）→（Do）実行→（Check）検証→（Act）改善のサイクルをくり返すことで，「目標」（ねらい）が日を追うごとに深まるように設定しましょう。表3－9に12日間の毎日の実習計画の作成例を示しますので，これを参考にして，自分の毎日の実習計画を作成してみましょう。

表3－7　実習課題の作成例

○○立		児童館名	
館長名		担当職員名	
実習期間	月　日（　）から　月　日	氏名	
私は，△△児童館の実習で，児童館の機能と役割について理解を深め，職員（児童厚生員）みなさんの役割について学びたいと思います。 　まず児童館の1日の流れを把握し，児童館の遊びを子どもとともに体験しながら，子どもの遊びが児童期の発達とどのように関連があるのかを学びたいと思います。 　来館した子どもにどのように遊びの指導をしておられるのか，一人ひとりに応じた援助，あるいは集団の指導はどうしているのかを見て学び，自分でも実践したいと思います。 　子どもや利用者と積極的にコミュニケーションを図り，一人ひとりの子ども，およびその生活する家庭や地域にも目を向けて行きたいです。 　また，△△児童館には学童クラブが併設されています。児童館と学童クラブの連携についても学びたいと考えています。			

神戸洋子『新訂　知りたいときにすぐわかる　幼稚園・保育所・児童福祉施設等 実習ガイド』2018，同文書院より

表3−8 実習課題の記入例

- どのような設備があり，それらがどのように利用され，どのような役割を果たしているのかを知ることを通して，児童館の方針を理解し，機能と役割を学びたいと思います。
- いも煮会があるので，その準備や行事への気持ちの向け方などを学び，当日の様子を見せていただきたいです。
- 子どもの健全育成指導として，健康なからだ作りに児童館はどのような寄与をしているのか，児童期の身体発達の様子について，直接，子どもたちと接して理解を深めたいです。
- どのような活動が子どもたちから好まれているか，観察を通して，幼児および小学校低学年の子どもに遊びの場をどのように提供しているのかを学びたいと思います。
- 遊びを通して，子どもと気持ちの交流が図りたいです。
- 地域組織活動の助長促進など，父親や地域の人をも巻き込んだ，地域に密着した児童館のあり方を感じてみたいと思います。
- 児童館と放課後児童クラブの連携を学ぶことを通して，放課後児童健全育成事業の果たす役割を考えていきたいです。
- 利用対象者となっている中学生，高校生などの年長児童とも交流を図り，小学生との利用の違いを知りたいです。
- 乳幼児を抱える母親に対する子育て支援活動などを学び，お母さん方が地域のなかで居場所を見つけられるよう，どう児童館が役割を果たしているのか知りたいです。

神戸洋子『新訂 知りたいときにすぐわかる 幼稚園・保育所・児童福祉施設等 実習ガイド』2018，同文書院より

表3−9 毎日の実習計画の作成例

	曜日	実習課題
1日目	月	児童館の1日の流れを把握する。
2日目	火	積極的に子ども・利用者とかかわる。環境整備について学ぶ。
3日目	水	指導員（児童厚生員）の日常業務を知る。
4日目	木	指導員（児童厚生員）の子どもへの対応・指導を見て学ぶ。
5日目	金	低学年の子どもの様子を理解する。
6日目	土	行事に参加し，そのねらいを理解し，地域とのかかわりを知る。
	日	休館
7日目	月	指導員（児童厚生員）の役割・業務をさらに理解し，安全への配慮を学ぶ。
8日目	火	遊びについての理解を深め，さまざまな遊びの提案・指導・援助について知る。
9日目	水	高学年の子どもの様子を理解する（中学生グループ17:00〜19:00の観察）。
10日目	木	指導者（児童厚生員）の助手を務め，遊びの指導を学ぶ。
11日目	金	指導員の立場に立って，部分実習をさせていただく。
12日目	土	児童館の機能と役割について理解を深める。

神戸洋子『新訂 知りたいときにすぐわかる 幼稚園・保育所・児童福祉施設等 実習ガイド』2018，同文書院より

6 児童館実習における実習日誌（実習記録）の書き方

1）実習日誌を書くにあたって

その日のねらいを思い出そう

　実習日誌は，その日をふり返り，実習中に気づいたことや学んだことを整理し，その反省をすることによって，次の日の実習の課題を明確にするために書きます。日誌を書くにあたっては，まずその日のねらいが何だったかを確認します。そして，そのねらいに応じて，どのような働きかけを心がけたのか，どのようにねらいが達成されたのか，あるいはどこができなかったのかを反省し，次のねらいにいかせるようにします。また自分で考えた言葉がけなども具体的に記入しておくと，今後につなぐことができます。

　実習日誌は，実習の1日にどのようなことを観察したのか，時系列に沿って記入します。ただし，起こったことや，行事，主な活動を記入するだけでなく，自由遊び，片づけなどの場面で気づいたことも記述するようにしましょう。

エピソード（形式の）記録をつけてみよう

　実習日誌には，時系列に沿って保育の流れを記入する方法のほかに，ひとつの場面を切り取って，そのときの「子どもの動き」「会話」「保育者の援助・声かけの仕方」などを記録する「エピソード（形式の）記録」という方法もあります。エピソード（形式の）記録では，ある場面を取り上げ，そこでの実習生の気づきも記入します。日誌の枠や罫線にこだわらずに記入してみましょう。

2）具体的な注意点

　実習日誌を書くときには具体的に以下の点に注意します。
① 誤字，脱字，不適切な表現をしない。
② 個人情報の扱いには十分注意する。
③ 感想・反省には，全体を通しての感想，反省点を，ポイントを絞って記入する。
④ 環境構成を見て，どこでどのような活動が行われ，児童と職員はどう動いたかが，一目でわかるように，略図を使って記入する。

　資料3－1に実習日誌の例を掲載しますので，参照しながら，以上の事柄を念頭において書いてみましょう。

Part3 ◆6 児童館実習における実習日誌（実習記録）の書き方

資料3-1　日誌例

○○○児童館	実習生氏名	入館者数　大人△名　子ども□名	
本日の行事	午前：おひさまキッズ「わらべうたの会」、午後：「クッキングクラブ」		
ねらい 幼児・低学年の子どもの様子を理解する		子どもが体験する予定の活動：　行事参加・自由遊び 17：30～中高生グループ活動のある日	

時間	環境構成	子ども・利用者の活動	職員のかかわり・援助	実習生の活動
8：45			職員出勤　朝の打ちあわせ	出勤　／　清掃
9：00		開館	開館のため館内を整える	環境設定援助
10：30	キーボード／子ども　保護者／わらべうたの楽譜	午前のプログラム　おひさまキッズ「わらべうたで遊ぼう」乳幼児とその保護者対象	わらべうたの講座を担当 （お茶をのみに、茶々つぼ、あしあしあひる、にぎりばっちり、おてんとさん）	観察・参加 Aちゃん親子とわらべうたを楽しむ。参加者の名を覚える
11：30	・タオル	赤ちゃんマッサージ	母親クラブへの支援、赤ちゃんマッサージの紹介	赤ちゃんマッサージのパンフレット配布
12：00		赤ちゃんプログラム終了	次回のアナウンスをする クッキングクラブの準備	（12：30-13：30 昼食・日誌記入）
		午後のプログラム	学童クラブの子を迎える	クッキング準備
13：00		放課後学童クラブの子ども来館（放課後の活動）	自由来館の子を受け入れる 参加申し込み者を集合させる	
15：00	キーボード　材料台／子ども　保護者／さつまいも、オレンジ、さとう、ヘラ、なべ、まな板	クッキングクラブ「さつまいものオレンジ煮」参加児童18名	手洗いエプロンをつける指導 さつまいものオレンジ煮 （栄養士のSさん指導）	食材を洗う指導
16：00		そのほかの遊び ・戸外で遊ぶ（鉄鬼） ・集会室で基地ごっこ ・図書室でオセロ	戸外遊びの見守り 片づけるよう言葉がけ	戸外の子どもと一緒に鬼ごっこ（鉄鬼：鉄に触っていれば安全という遊びを教わる）
17：00		小学生終了		清掃
17：30		早番職員退勤　／　中高校生グループ受け入れ		退勤

感想・反省

　今日は、おおよその活動の流れがつかめてきたので「幼児・低学年の子どもの様子を理解する」ことをねらいとしました。「わらべうたの会」では、わらべうたを使っての親子のふれあいや、赤ちゃんマッサージを体験することで家庭でもお母さんが子どもとの肌と肌のふれあいができることを学びました。

　わらべうたは子どもの耳にもっとも心地よい音域で構成されていること、また、乳児が非常に簡単な言葉がけやスキンシップを喜ぶことがわかりました。子どもたちがわらべうたを楽しんでいるので、私ももっと覚えようと思いました。Aちゃんは、見慣れた指導員ではない、実習生の私が抱っこしても泣くこともなく、わらべうたを楽しんでいました。小さいときからお母さんだけでなく、いろいろなおとなと出会うことも成長には欠かせないことだと感じました。

　午後、クッキングスタジオで「おやつ作り」がありました。さつまいものオレンジ煮は、おやつにもなるけれど、ごはんのおかずにもなると思いました。このクラブによく参加するMちゃんはおうちでも、よく食事の用意を手伝うそうです。小学校低学年でもお料理が上手になること、包丁も上手に使えることがわかっただけでなく、クッキングクラブは、食育にも貢献しているのだと、わかりました。実際の場面では、料理などの作業中の子どもへの言葉がけをどうしてよいかわかりませんでした。指導員の言葉がけを見て、学ばなければいけないと思いました。

神戸洋子『新訂　知りたいときにすぐわかる　幼稚園・保育所・児童福祉施設等 実習ガイド』2018, 同文書院より一部改変

7 児童館実習における指導案

1）指導案の作成

施設に応じた指導案を作ろう

　1日のある活動部分を任される，指導員（児童厚生員）の立場として行う実習を，「指導実習」あるいは「総合実習」などといいます。

　児童館の種類，規模などによって，指導方法および内容が違ってきますので，事前に実習の内容をよく確認しておきます。その上で，児童館の月間行事予定などに沿った活動を計画します。

　まず1日の流れをよく把握することが大切です。その上で，一定時間の活動の指導案を作成し，活動に必要な用具・用品を準備し，実習に臨みます。

2）季節・行事を配慮した遊び

さまざまな角度からの指導・援助を

　具体的な指導の内容としては，絵本の読み聞かせ，紙芝居を演じる，造形表現，音楽表現，ゲーム，運動遊び，科学遊び，自然に親しむ活動など，季節や行事を配慮しつつ，子どもの遊びの援助を行います。また，集団援助だけでなく，個別援助（遊べない子どもがいたら個別に遊びの楽しさを伝え，次第に遊びの仲間に入れるようにする）など，さまざまな角度から指導・援助を行うことを念頭におきましょう。

　指導案を作成したら指導員（児童厚生員）に見ていただき，助言を受けて，実情にあったものに修正します。

　なお実際の実習の場面では，予定した指導案と変わってしまうこともあります。そのようなときには，どの点がどう変化したのか，また担当職員の方がどのように援助してくださったのか，そして自分の指導案ではどの部分を予測できなかったのかをふり返ることが大切です。また，このような反省を通して，これから，どのように子どもたちと接していきたいのか書き込んでおきましょう。

　以下に指導案例を掲載しますので，これを参考に自分の指導案を作成してみましょう。

資料3－2　指導案例

指導案

学生氏名　_____㊞
指導者名　_____㊞

指導日時　　　年　　月　　日（　）　：　～　：

実習内容
工作の指導

活動場所
（※集会室，屋外などと記入）

参加予定児童
3，4年生　　11名（男子　6名　　女子　5名）

子どもの状況
「工作クラブ」として，活動に何回か参加している子どもである。

> 児童館に来館している子どもの状況を把握して，その状況にふさわしい活動を設定します。

ねらい
ビニール凧を作り，マジックで絵を描き，庭で楽しく揚げる。

準備するもの
(ア) 竹ひご（幅3mm，厚み2mm，長さ48cm），ビニール（48×64cm），凧糸（長さ1mのものを2本），足にするビニール（幅4cm，長さ50cm以上）を人数分。そのほかにマジック，セロテープ，下に敷く新聞紙など。

(イ) 凧の型紙

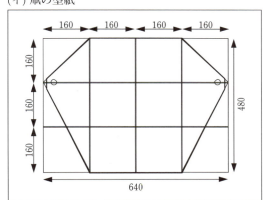

凧の作り方	①ビニールを型紙に合わせて切る
	②油性ペンで好きな絵を描く
	③竹ひごをセロテープでつける（4か所固定する）
	④両端をビニールテープで補強し，凧糸を通す穴を開ける。
	⑤穴に凧糸を通し結ぶ。真ん中に揚げるときの凧糸を結べるようにしておく。
	⑥足のビニールを両側にセロテープでつける。
	⑦もう一本の凧糸を，作っておいた結び目に結ぶ

時刻	予想される子どもの姿	指導上の留意点	環境構成
14：00	来館	来館した子どもの受け入れ	
14：40	集会室に入る	参加する子どもに部屋に入るよう指示。凧を掲載した写真集を見せる。凧は風を受けて揚ること，しっぽでバランスを取ることを伝える。	
15：00	凧作りの説明を聞く		

> 実際にどのような言葉で導入しますか

> 時系列に従って記入します

	凧を作る ・凧の形に切る ・絵を描く ・竹ひごをつける ・糸をつける	作業に入る。 型紙に合わせて凧の型を切る。 絵は油性ペンで描く。 竹ひごをセロテープで固定。糸を通すとき，凧が破けないように援助する。	・油性ペンが下に写らないよう新聞紙を敷く ・竹ひごを振り回すと危険なので，竹ひごの置かれた机の近くにいるようにする
16：00 16：30 17：00	庭で凧を揚げる 部屋に戻り，互いの凧を見せ合う 活動終了 帰宅まで自由に遊ぶ	完成したら，庭で揚げる（室内で走り回らないよう）よう伝える。 感想を聞く。	

感想・反省
参加者全員が凧を製作でき，実際に凧を戸外（庭）であげることができました。

【よくできたと思う点】
時間配分は計画通りでした。参加した子どもがみんな，楽しんでくれました。竹ひごをうまく固定できるか，糸を結ぶとき，凧の端が破れないか心配でしたが，一人ずつ順番に指導ができたので，うまくいってよかったと思います。子どもたちが喜んでくれたのが，嬉しかったです。

【反省すべき点】
私が緊張してあせってしまったことで，できあがった子どもへの言葉がけなどができませんでした。早くできた子が戸外に出ていましたが，その子たちが揚げたところを見てあげられませんでした。また，今日は低学年児がいなかったので，凧を形に切るところなどスムーズにいきましたが，幅広い年齢の子どもがいる場合には，形をあらかじめ切っておくなどの工夫をしておくように指導していただきました。

指導者の所見
　課題の立て方，準備などはしっかりできました。参加した子どもたちは楽しんでいましたね。作業速度は子どもによって，まちまちです。最後まで丁寧に見てあげていた点は評価できます。○○さんも反省しているように，先に庭に出て，凧を揚げていた子どもたちにも気をとられていましたね。ほかの指導員が庭にいたわけですから，そちらは任せてしまう，といった決断が必要な場合もあります。活動の展開はそのときによって，変化するので臨機応変の対応が求められるということを学ばれたのではないでしょうか。この経験をいかして次の実習に臨んでください。

神戸洋子『新訂　知りたいときにすぐわかる　幼稚園・保育所・児童福祉施設等 実習ガイド』2018，同文書院より

コラム⑳

メラビアンの法則（7-38-55のルール）

　「メラビアンの法則」とは，Albert Mehrabian（アルバート・メラビアン《マレービアン》：アメリカの心理学者）が行った，VC（バーバルコミュニケーション：言語・発言内容・意味など）のメッセージと，NVC（ノンバーバルコミュニケーション：声の調子・間・表情・うなずき・姿勢・ジェスチャー・対人距離・服装・髪型・化粧など）のメッセージとを比較したとき，どちらが重要なのかについて調査して得られた研究データのことです。同氏は，人が他人から受け取る情報の割合について，次のような実験結果をまとめました。

　○身体言語（顔の表情やボディランゲージ）（視覚）　　55％
　○声の質（高低），大きさ，テンポ（聴覚）　　　　　　38％
　○話す言葉の内容（言語）　　　　　　　　　　　　　　7％

　「目は口ほどにものを言う」と言います。たとえば，待ち合わせに遅れて「怒ってる？」と聞いたとき，「怒った」と言いながら目が笑っている場合には怒っていませんし，反対に，「怒ってない」と言いながら目が怒っている場合には，怒っています。
　日本の学校教育では「言語（言葉）」を「伝達」の手段として教えていますので，それによって伝えられる物事の7％を「全体」だとして勘違いする人が生まれます。
　一方，「多くの本を読む人＝たくさん勉強している人」「多くの本を読む人＝情報をたくさん得ている人」などと錯覚を起こすことがあります。しかし，われわれは，「たくさんの本を読む人」のなかに，人望もなく，仕事もできず，社会の仕組みがまったく理解できていないと思える人が多く存在することを知っています。
　これらのことから，言語が主体の「コミュニケーション教育」を受けている子どもたちは，7％を見て93％を見ていないと言えるのではないでしょうか。
　伝えるときには「言葉だけで説明」するのではなく，身ぶり・手ぶりやジェスチャーを交えながら，話すスピードや声の大きさを変え，必要に応じて絵や写真などの視覚教具を使うよう心がけましょう。

8 児童遊園での実習

「児童厚生施設」には，児童館のほかに児童遊園も含まれます。ここでは，児童遊園について解説します。

1) 児童遊園とは

児童遊園は，都市公園法に基づく街区公園*と補完的な役割をする公園で，主に幼児および小学校低学年児童を対象として，安全かつ健全な遊び場所を提供することを目的としています。標準的には面積が330㎡以上で，遊具，広場，ベンチ，便所，飲料水設備，ごみ入れ，棚，照明設備等が設けられています。設置場所としては，繁華街，小住宅集合地域，小工場集合地域，交通頻繁地域などに優先的に設置されています。2022（令和4）年度現在の設置数は，全国2,074か所で，原則的には実習対象にはなりません。なお，児童遊園には，母親クラブ等の地域組織活動を育成助長する拠点としての機能もあります。

＊1993（平成5）年6月の都市公園法施行令の一部改正により，従来の「児童公園」という名称が利用者を限定していることからその名を廃止し，制度上「街区公園」に包括された。

2) 児童遊園での実習のポイント

児童遊園のなかには"冒険あそび場"などの名称で多彩な活動を展開し，プレイリーダー，児童指導員が常駐しているところもあります。こうした，児童遊園で実習を行う場合があります。

この児童遊園では，多彩で魅力的な事業の円滑な推進を図るため，子どもたちの健全育成を支援することが実習の目的となります。

実習内容としては，
・児童遊園を訪れる子どもたちが，安全かつ自主的に遊べるよう，見守り，支援をする。
・得意分野をいかし，子どもたちのための遊びの企画を行い，実行する。
・主催・協力事業の実施を支援する。
・その他，遊び環境の整備などを行う。

などとなります。具体的には，表3－10に示すような活動があります。

遊び環境の整備としては，来場者への安全対策，危機管理，遊具や備品の点検と修繕などについて，職員がどのような配慮を行っているか，しっかり学んできましょう。

表3-10　児童遊園での活動の例

児童遊園の種類	活動
一般の児童遊園	・火おこし体験 ・飯盒炊さん ・たき火での食事体験 　木の棒に巻きつけたパン生地を，焼いて食べる。 　マシュマロやきびなごを，木の棒に刺して焼く。 　焼き芋 ・しいたけの菌打ち体験 ・どんぐりや木の実での工作（どんぐりごま，木の枝を用いたフォトフレーム作り，リース作りなど） ・屋外での紙芝居，人形劇上演　など
交通児童遊園	・交通規則を学ぶ「交通安全教室」の実施 ・自転車教室　など
小動物園または水族館等併設の児童遊園	・羊の毛刈り体験 ・羊毛での工作 ・ハムスター・モルモットなどとのふれあい体験 ・うさぎにえさをあげる体験 ・魚のえさやり体験 ・動物おりがみ教室・魚おりがみ教室 ・動物とのふれあいの話の紙芝居上演　など

神戸洋子『新訂　知りたいときにすぐわかる　幼稚園・保育所・児童福祉施設等 実習ガイド』2018，同文書院より作成

【Part 3 参考文献】

・相馬和子・中田カヨ子（編）『実習日誌の書き方-幼稚園・保育所実習-』
　萌文書林，2004
・林幸範・石橋裕子（編著）『保育園・幼稚園の実習完全マニュアル』成美堂
　出版，2008
・『児童館・放課後児童クラブ　テキストシリーズ②　児童館論』一般財団法
　人児童健全育成推進財団，2015

◆ ワークシート ◆

＜保育実習Ⅰ・Ⅲ（施設）事前課題＞（児童厚生施設）

クラス（　　　　　）学籍番号（　　　　　　　）氏名（　　　　　　　　　　）

1．児童厚生施設（児童館等）とはどのような施設ですか。

2．児童厚生施設（児童館等）には，どのような種別がありますか。
　①

　②

　③

3．児童厚生施設（児童館等）はどのような人が利用していますか。

4．児童厚生施設（児童館等）の援助内容を，項目ごとに調べましょう。
　（1）児童を育成する活動
　　①

　　②

　　③

　　④

　　⑤

⑥

（2）子育て家庭を支援する活動（子どもと子育て家庭を支援する）
①

②

③

（3）地域福祉を促進する活動（子どもと子育て家庭を支える地域住民の交流）
①

②

③

5．児童厚生施設ではどのような人が働いていますか。職種と職務を書きましょう。

職種	職務
・	・
・	・
・	・
・	・
・	・

6．児童厚生施設での保育士の職務や役割を書きましょう。

コラム ㉑

児童家庭支援センターとは

●児童家庭支援センター創設の経緯

　現在，子どもや家庭をめぐる問題は複雑多様化しており，その早期発見や早期対応など，子どもと家庭に対するきめ細かな支援が重要になっています。このような背景から，1998（平成10）年より，児童福祉施設の一つとして児童家庭支援センターが創設されました。

　本施設は「児童家庭支援センター設置運営要綱」により運営され，地域における子どもや家庭の援助や支援を担う中核的な施設の一つとして位置づけられています。

　厚生労働省の統計では，2001（平成13）年の29か所が，2022（令和4）年10月1日現在，全国で164か所（市区町村立6，社会福祉法人立147，その他11）に増えましたが，当初の設置目標340か所（2019年度末まで）には至っていません。当初は児童養護施設等への附置が設置要件でしたが，2009（平成21）年に条件が撤廃され，現在は児童館に併設する施設もあります。

●児童家庭支援センターの役割

　児童家庭支援センターは，子ども，家庭，地域住民，その他の子どもにかかわる相談に応じて，必要な助言や指導，援助を行います。児童相談所，児童福祉施設，教育委員会・学校などの専門機関と協力して，専門的援助が必要な子どもや家庭との連携を図ることなどを役割としています。これらに加えて，近年は次のような事業も実施しています。

①退所児童等アフターケア事業

　本事業には，「退所児童等アフターケア事業」と「児童養護施設退所児童等の社会復帰支援事業」があります。いずれも施設を退所した人たちへのケアとして，里親やファミリーホーム，自立援助ホームと連携を図って支援体制を確保するなど，生活，就業の相談に応じます。また，子どもたちが相互に意見交換や情報交換を行うことができる場の提供なども行っています。ソーシャルワーカーや心理療法士（➡用語説明）などとの連携を図るとともに，地域の福祉施設やサポーターなどとも協力して，手厚い支援を行っています。

②指導委託促進事業

　現在，児童相談所における児童虐待相談対応件数，ならびに都道府県や児童相談所が行うこととされている要保護児童（児童福祉法に規定される発見と通告の義務を課している養護児童，被虐待児童，非行児童，障害児童などの児童のこと）や，その保護者に対する指導などの業務は増加の一途をたどっています。本事業はそれらに対応して，専門性のある民間団体を積極的に活用することで，児童虐待の発生予防の充実を図るとともに児童虐待発生時の迅速・的確な対応を行うための体制強化を図ることを目的としています。

　このように，児童相談所の一部機能を肩代わりするばかりか，児童相談所の「一時保護」のような性質をもつ「ショートステイ」の利用相談も受け付けています。児童相談所では対応しきれない要支援の相談に対応するなど，児童家庭支援センターの役割は増しています。

Part 4
幼稚園・保育所等実習

1 実習園を知る

　実習を行うにあたって，その園では，どのような考えや方針・方法に基づいて園運営が行われ，教育・保育活動が進められているのかを，理解しておく必要があります。そうすることが，自身の実習の目的を設定し，実習生としてとるべき行動を把握する上での大切な手がかりとなります。また，保育者の行動の意味を理解する際の重要な視点をもたらしてくれます。

1) 幼稚園と保育所の違い

保育者の役割の違い

　幼稚園も保育所も就学前の子どもたちが過ごすところであることには変わりがありません。しかし，その基本的な目的や仕組みには違いがあります。一般的な違いは，Part 1 の表1-1（2ページ）で整理しています。たとえば，保育日数や保育の時間帯などの違いは，おのずとそこで行われる保育の内容や子どもたちの生活，そして保育者と子どもたちが接する時間にも関係してきます。幼稚園と保育所それぞれの役割や働きを確認し，保育者と子どもたちがどのような目的でそこで1日を過ごしているのか，そして自分は実習生としてどのようにかかわり，学ぶ必要があるのかを考えましょう。

2) 実習園の特徴を理解する

施設によって異なる特徴

　幼稚園や保育所は，施設によって設置者や経営方針，地域・立地条件，施設の規模，保育目標など，さまざまな特徴が見られます（表4-1）。それらは，保育の内容や形態，そして具体的な保育の展開にも関係します。そこで，実習を行うことになる幼稚園や保育所の特徴を理解することが大切になります。

　ここでは，実習園を理解するポイントとして，「設置機関」「経営方針や教育目標」，そして「保育内容や形態」について述べます。

①設置機関

　幼稚園，保育所は，設置機関別に公立，私立，学校法人立，社会福祉法人立，宗教法人立，株式会社立などに分けられます。また認可，認可外のものがあります。

②経営方針，教育・保育方針，教育・保育目標

　これらには，市町村の教育・保育目標が基本になっているものや，寺院や神社，教会など宗教的な教えがもとになっているものなどがあります。また，モンテッソーリ教育やシュタイナー教育などの思想や教育実践を保育にいかす場合もあり，それぞれの考えや保育の方針を理解しておくことが大切になります。

③さまざまな保育内容や形態

　幼稚園や保育所では，それぞれが工夫して特色ある保育を行っています。たとえば，英語や体操，鍵盤ハーモニカ，リコーダー，絵画および製作などの活動を保育に取り入れていることなども，その1つといえます。また，食事が完全給食であったり，お弁当持参であったり，活動の多くが異年齢児同士であったりと，子どもたちの活動や保育内容に直接にかかわるものもあります。さらに，社会的な役割や保護者のニーズにこたえるため，幼稚園では，各園の環境をいかした預かり保育や，地域の子育て支援を目的とした子育て相談や親子教室などの取り組みが，また，保育所では，低年齢児の保育や延長保育，一時・特定保育，子育て支援などの取り組みが見られます。

　このように，施設ごとに異なる教育・保育方針や実際の保育状況を理解することは，実習生としてどのように保育者や子どもたちとかかわり，実習を進めていくべきなのかを考える大切な手がかりとなります。

表4-1　教育・保育目標や方針の例

公立幼稚園（F市立S幼稚園）	私立幼稚園（H幼稚園）
「意欲的に生き生きと活動できる子どもを育てる」 ・明るくのびのびと遊べる子 ・友だちとなかよくできる子 ・遊びや仕事に最後まで取り組める子 "手作りの教育"で一人一人を大切に	「心のふれあいと温かなスキンシップを大切にしています。」 ・元気でがんばる子…「幼児体育」を正課に取り入れ，ものごとを最後までやり通す子を育てます。 ・思いやりのある子…四季折々の自然に触れながら，生命あるものを慈しむ思いやりのある子を育てます。 ・あいさつがきちんとできる子…協調心のある明るく優しい心を伸ばし，あいさつや感謝の表現ができる子を育てます。 ・絵本に親しむ子…絵本に親しむことで，夢のある創造的な心を伸ばし，情操豊かな子を育てます。
公立保育所（S市立Y保育所）	私立保育園（O保育園）
「めぐまれた自然といっぱいの愛情のなかで，こころ豊かないきいきとした子どもに育てます」 ・一人ひとりの気持ちを受け止め，人に対する愛情と信頼感を持てる子どもに育てます。 ・いろいろなことにこころ動かす，意欲いっぱいの子どもに育てます。 ・自分の思いを表現でき，周りの人への気持ちを受け入れられる子どもに育てます。 子どもたちにとって保育所が安心して過ごせる居心地の良いところであるように，そして一人ひとりがいきいき遊べる場となることを願い保育にあたります。	保育の信条 　信（信仰，信念）　誠（誠意，責任感）　敬（尊敬，人権尊重） 　愛（慈悲，愛情） 基本目標 「生命の安全を守れる，基本的な良い習慣を身につける」 保育目標 1．豊かな環境のもとで，豊かな感性を持つ子ども 2．人とかかわる中で，やさしい心を持つ子ども 3．のびのびと創造的に，自己を表現できる子ども

〈幼稚園〉デイリープログラム

1）幼稚園のデイリープログラムの実際

　デイリープログラム（日課表）とは，園の登園から降園までの1日の生活の流れを示したものです。園の保育方針によってさまざまなデイリープログラムがあります。また，その性格も固定的なものではなく，季節，天候，子どもたちの年齢や実態に応じて変更されます。

　幼稚園はおおむね4時間のデイリープログラムとなりますが，園によっては，日誌には職員（実習生）の出勤から，仕事の終了までを記入する場合もあります。

　保育者は，何時までに何を行うべきか，また子どもたちが次の活動に移るにはどれだけの時間を要するかなど，常に先を見通して保育を行っています。実習に際しては，目の前で展開されている様子だけではなく保育の意図を理解し，次に何が行われるのか予測することが大切です。そうすることで，より深く保育を理解し，実習意欲や実習態度を高めていくことができます。

幼稚園のデイリープログラム（設定保育と自由保育）

　幼稚園の教育は環境を通して行われ，幼児期の生活のほとんどは「遊び」を中心としたものですが，「遊び」の形態は，自由遊び，一斉活動など，その園の教育方針や規模によって異なります。一般に，一斉活動は，午前の登園後の出席確認後，あるいは午後の降園前の時間に設定されることがほとんどです。

　1日の活動の中心となる「主活動」にはリトミック，製作，お絵かき，ゲーム，体育遊び，また季節によってはプール，散歩などの活動や，行事にあわせた準備などもあり，年齢，季節を考慮した上で，年間指導計画に基づき設定されます。昼食はお弁当や給食などさまざまです。

　表4－2で紹介するA幼稚園は，保育者が活動を設定して行う「設定保育」を中心とした保育を行っており，園バス通園を行っているケースです。

　次に，表4－3で紹介するB幼稚園は，生活，遊びなど子どもの動きを中心にした「自由保育」とよばれる保育形態を採用している園で，徒歩通園の園です。また，「コーナー保育」という園児が自ら選んで参加するコーナーを設けるなどの環境構成を行っています。

表4-2　A幼稚園のデイリープログラムの例

時間	1日の流れ	実習生の活動
8：00	職員出勤	実習生出勤
8：10	職員会議	（職員会議への参加）・清掃
8：30	順次登園（1番のバス到着）受け入れ，健康の様子などの観察と確認　自由遊び	受け入れ・健康の様子などの観察と確認・保育観察・参加（一緒に遊ぶ）
9：30	片づけのチャイム（最後のバス到着）	片づけの援助
9：45	片づけ終了，手洗い	手洗い指導参加
10：00	朝の会	観察・参加
10：30	主活動（製作，体育遊び，劇の練習，プール，リトミックなどさまざまな活動）	保育の援助・観察・参加
11：30	主活動の終了，お弁当の準備	当番活動観察・参加
11：45	昼食　昼食後の片づけと静かな活動	個々に応じて援助・観察
12：30	自由遊び	保育観察・参加（一緒に遊ぶ）
13：40	帰りの支度　帰りの会	観察・参加
14：00	降園（1番のバス乗車）	降園援助・観察・参加
14：40	最後のバスグループ乗車	保育室片づけ
15：00〜	職員清掃，打ちあわせまたは職員会議，明日の保育準備（預かり保育）	清掃，明日の教材準備の手伝い（職員会議への参加）

表4-3　B幼稚園のデイリープログラムの例

時間	1日の流れ	実習生の活動
8：00	職員出勤	実習生出勤
8：10	職員会議	（職員会議への参加）・清掃
8：20	職員がコーナーを設定	
8：30	順次登園　受け入れ，視診　自由遊び	受け入れ・健康の様子などの観察と確認・保育観察・参加（一緒に遊ぶ）
9：30	戸外での遊び，コーナーでの活動	保育観察・参加（一緒に遊ぶ）
11：30	活動の終了，お弁当の準備	片づけの援助
11：45	昼食　昼食後の片づけと静かな活動	個々に応じて援助・観察
12：30	自由遊び	保育観察・参加（一緒に遊ぶ）
13：40	帰りの支度　帰りの会	観察・参加
14：00	降園　園児の様子を親に報告	降園援助・観察・参加
15：00〜	職員清掃，打ちあわせまたは職員会議，明日の保育準備（預かり保育）	清掃，明日の教材準備の手伝い（職員会議への参加）

〈幼稚園〉実習のポイント

　実習の目標は「養成校の授業で学んだことを保育現場で実践し，現場を体験すること」です。①見学・観察実習，②観察・参加実習，③部分実習，④責任実習（一日実習，全日実習ともよびます）（③④をあわせて「指導実習」とよびます）のそれぞれの段階で，どのような視点から保育にかかわるか，観察のポイントを徐々に深めていきます。

　実習は，これまで机上で学習したことを確認できる貴重な体験ですが，あくまでも保育の現場であることを心して謙虚な気持ちで参加しましょう。

1）「見学・観察実習」のポイント（教育実習Ⅰ）

教科書の復習と環境構成の把握

　見学・観察実習では，保育者の職務，子どもたちの様子などを見学したり観察したりします。

　まず1日目はオリエンテーションです。園を見学し，概要（設置主体，沿革，規模，特色，園児数，組構成，設備，地域環境など）についての説明を受けます。とくに，園の保育方針，特色，また年間指導計画と月案について把握し，後の自分の「指導実習」がどの部分に当たるのかを理解して，指導案を立案しなければなりません。また，保育者の服装，言葉づかいにも着目しましょう。

　そして以下の2点は必ず実行するようにしましょう。
① 各年齢の発達段階を教科書などで復習する。
② 園舎，園庭，園の周囲の環境などを把握する。

2）「観察・参加実習」のポイント（教育実習Ⅰ）

子どもとかかわり，流れ，接し方を理解

　観察・参加実習では，保育者の様子を観察しながら，実際に保育に参加します。

　観察・参加実習のポイントとしては以下の点があげられます。

> **表4－4　観察・参加実習のポイント**
>
> ○観察だからといって黙って見ているのではなく，子どもとかかわるなかで観察眼を深める。
> ○園の1日の生活の流れを知り，子どもの名前を早く覚え，顔と名前を一致させる。
> ○園の指導計画，週案，指導案にそって，どのように保育に参加するか予想を立てる。
> ○タイムスケジュールを把握し4W＋HD「Whenいつ，Whereどこで，Whoだれが，Whatなにを，Howどのように，Doどうしたか」を見る。
> ○メモ帳と短めの鉛筆を用意し，要点だけを手早くメモする（メモを取ることはあくまでも補助。園によってはメモ禁止のところもある）。また保育者の立ち位置，座り方にも注意する。
> ○子どもたちは，何をしているのか，何をしたいのか，その行動の意味を遊びに参加しながら考察し，集団の作り方，遊びの種類，内容，発展の仕方を理解する。
> ○年齢差による活動内容の違いに目を向け，子どもが好む教材，興味・関心を把握する。
> ○季節，天候，年齢に対応した保育室の配慮，また備品の置き方の工夫などの環境構成に着目する。
> ○保育者の見守り，目配り，日常の言葉がけ，けんかの仲裁の仕方などを観察する。
> ○安全・清潔な空間作りへの配慮を観察しつつ清掃はポイントを把握して行う。

3）「部分実習」のポイント（教育実習Ⅰまたは Ⅱ）

子どもの実態を把握

　「指導実習」のなかの「部分実習」は，1日の保育のなかの特定の活動だけを担任に代わって責任をもつ場合と，数人の子どもを掌握し実習生が中心となって活動を進める場合とがあります。

　指導実習に際しては，実習担当者へ早めに指導計画を提出し，助言を受けます。そして，園の月案，週案に沿っているか，指導のねらいは適切か，設定や活動に無理がないか，年齢にあっているか，子どもの実態に即しているか，季節は配慮されているか，活動場面にふさわしい言葉がけを考えているかを十分に検討し，必要に応じて修正します。

> **【部分実習の例】**
> 登園，降園時のあいさつと視診，朝の会，帰りの会での伝達，忘れ物の確認，配布物の配布，明日の活動に期待感をもたせる，食事指導や準備，手洗いの指示，など。

　また事前に，以下の準備を行うようにします。

> **表4－5　部分実習のポイント**
>
> ○子どもの実態を把握し，一人ひとりへのかかわり方と，集団への指導の両方を考える。
> ○何の教材を準備し，どこに置くか，保育者の立ち位置を押さえ，機敏にスムーズな行動ができるよう準備する。
> ○急な指示でも臆せず積極的に保育に参加できるように心がける。
> ○主活動を早く終了した子への指示，遅くなった子への配慮など個人差への対応を考える。
> ○絵本，紙芝居，手遊びなどに集中させる保育技術を修得しておく。

4）「責任実習」のポイント（教育実習Ⅱ）

保育の流れを理解し責任をもって

　責任実習は1日の保育のすべてを担当し，1日実習，全日実習ともよばれます。

　責任実習に際しては，保育の流れのなかの大切な1日を使わせていただいて行う実習であることを自覚して臨みます。実習までの準備，また実習に際しての心構えや，実習を通して学ぶポイントとしては以下の事柄があげられます。

表4-6　責任実習のポイント

○担当クラスの保育の流れを把握する。
○前日までに指導計画を立案し，担当者の助言をいただいて十分な準備を行う。
○子どもの一人ひとりの個人差に対応するとともに，全体に対して配慮と援助を行う。
○子どもたちの興味・関心を高める工夫，言葉がけ，子どもの気づきや発見への対応，気持ちの切り替え，遊びが停滞したときや行き詰ったときの指導について考える。
○必要な用具の点検，教材準備，保育室の用具整頓，換気，安全確認を行う。
○子どもたちと一緒に，1日を楽しむことを大切にする。
○保育体験全体を通じて，保育者の仕事についての理解を深める。
○送迎時の保護者との会話などから家庭や地域社会への理解，連携について考える。
○職員間の役割分担とチームワークについて学ぶ。
○保育者の資質・能力・技術に照らしあわせて，再度自己の課題を明確化する。

······················· コラム ㉒ ·······················

実習日誌をきちんと書けますか？

　実習日誌は，実習先の実習指導者以外にも，園長・施設長や実習主任，また，養成校の巡回指導担当教員，事前指導担当教員など，複数の人が読みます。ですから，誰が読んでもわかるように書くことが大切です。メモがある場合にはそれを参考に，メモがない場合には１日の出来事を思い出して，何をどのように書くのかをイメージしてから書き始めましょう。

　またメモをとる場合には，文章で記録せず，後で見てわかるようにキーワードとなる言葉を書いたり，箇条書きで簡潔にまとめると便利です。

　日誌を書く際には，以下の点に注意しましょう。

---

①読みやすいよう，漢字は少し大きめに，ひらがなは小さめに記します。
②漢字の，止め，はね，払いなどに気をつけます。
③「過去形」ではなく「現在形」で記入します。
④実習生氏名，指導担当者氏名ともにフルネームで記します。
⑤必ずボールペンを使用します。太さ0.4ミリ程度のボールペンを使用すると，見やすくなります。
⑥利用者，職員に「さん」はつけません。
　（誤）利用者さん　職員さん　（正）利用者のAさん　職員のBさん
⑦間違いやすい漢字や送りがなに注意します。
　例：曇り　少しずつ　楽譜　積極的　排泄　など
⑧起承転結に配慮した文章を心がけます。
　例：起こったこと→自分がどのようにかかわったか→指導者からの指導・助言内容→考察，今後の対応について。
⑨１つの文には，同じ言葉，同じ意味の言葉をくり返して記しません。
　（誤）利用者のニーズを判断して，利用者の環境を整え，利用者が快適に過ごせるよう，利用者のことを考えることが必要だと思う。
　（正）利用者のニーズを判断して施設の環境を整え，快適に過ごせるような工夫が必要だと思う。
　（誤）利用者の方→「者」と「方」は同じ意味なので，どちらか一つのみ使う。
　（正）利用者，または利用している方
⑩ページの最後には，翌日の目標や課題を記します。
⑪辞書等文字が調べられるものを手元に置き，あいまいな漢字，言葉づかいは必ず確認します。また，書き終わったら必ず読み直し，誤字・脱字がないかをチェックします。

4 〈幼稚園〉実習課題（目標）の設定

　幼稚園では，保育者や子どもたちとの大切な生活が展開されています。実習は，実習生にとっては学びの機会であっても，現場の保育者や子どもたちにとってはかけがえのない貴重な日常ですので，その機会をどのように過ごすべきかを十分に考え，臨むことが大切です。そこで，実習を通して教育・保育の専門家になっていくために，観察実習や責任実習でどのように目標を立て，さらに自己課題を見つけていくのかを考えてみましょう。

1）実習の基本的な目的と課題

学んだことをからだで実感しよう

　幼稚園実習の目的は，実践の場で，これまでに学んだ理論を，身体を通して実感することといえます。そして，講義や演習科目などの学習では十分には味わうことのできない，現場での「子ども」や「保育という営み」について気づき，新たな課題を見出すことにあります。そこで，実習の目標に迫るためには，まず基本的な課題を押さえ，そのことをふまえた上で，さらに関心のあることや追求したいことを，自分なりに新たな課題として設定し，積極的に解決していく姿勢が必要になります。

2）課題のとらえ方

施設，保育者，子どもを理解しよう

表 4 － 7　実習の基本的課題

基本的課題（理解すべき課題）
○幼稚園の社会的な役割
○保育者の役割
○保育の営み
○子どもについて
○保育の展開（指導計画とその実践）

①基本的な課題

　基本的な課題としては，「幼稚園の社会的な役割」を理解することがまずあげられます。次に，そこでの「保育者の役割」，また実施される「保育の営み」，そして「子ども」について理解することが重要となります。最後に，「保育の展開」として指導計画の作成とその実践について理解する必要があります（表 4 － 7）。

②理解したい課題・達成したい課題

実習を通して，自分なりの関心や追求したい課題が出てくると思います。1つは実際の保育場面や保育者の姿から生まれてくる自分なりに理解し，追求したい課題です。もう1つは，実習のなかで実際に自分が取り組み，達成したいと感じる課題です。表4－8にまとめたので，参考にしてください。

表4－8　理解したい課題・達成したい課題

保育場面，保育者の姿を通して理解したい課題	○絵本の読み聞かせの工夫 ○教材研究の進め方 ○年齢による子どもの発達や生活の違い ○障害のある子どもへの支援 ○食事の指導での先生方の言葉がけの仕方 ○登園時の子どもの迎え方 ○保護者との連絡の取り方 ○行事の計画や取り組み ○園だよりや学級だよりの作成　　など
実習を通して自分が取り組みたい，達成したい課題	○子どもの名前を覚える ○手遊びをやってみる ○壁面装飾に取り組む ○子どもとオニごっこをする ○弾き歌いをする ○給食指導を行う ○指導案（指導計画）を作成する ○読み聞かせを行う　　など

3）前期・観察実習と後期・責任実習における課題

課題を理解し，子どもの実態をふまえよう

　幼稚園における実習は，多くの場合，前期と後期の2期に分かれています。前期では観察や子どもたちとのかかわりを通して幼稚園や子ども，そして，保育者の職務などについて理解します。後期では前期の学習を一層深めるとともに，保育者としての役割をも担いながら子どもたちとかかわり，専門的な資質や技能を修得します。

　実習後，園の先生方から「先生（実習生）が教えてくれた遊びを，子どもたちはその後も楽しんでいます」などと言われることがあります。このように実習を通して，実習生も子どもたちも互いに成長することができるように，課題をしっかりと理解し，子どもたちの実態をふまえましょう。つまり，子どもたちの関心や意欲を引き出すような意義のある活動を計画・準備し，実践し，ふり返りを行うことが大切になります。

表4-9　前期・後期それぞれの課題

前期	【実習園について理解する】 ○役割 ・学校教育法や幼稚園教育要領を読み直す ○運営や環境 　オリエンテーションやホームページ，各園のパンフレットの閲覧など事前学習を通して以下の事柄を学び，整理しておく。 ・園の教育方針や保育方針 ・園を取り巻く環境（周囲の様子，子どもたちの通園の様子なども） ・自然環境や園の規模 ・園舎や園庭の様子や配置 ・保育室の様子やその整備の仕方（環境構成，壁面装飾・掲示の様子なども） ・1日の保育の流れ（毎日の取り組み，特別な取り組みなど） ・クラスの構成や教職員の配置　など	
	【子どもについて理解する】 ○1人の子どもとしての理解 ・子ども一人ひとりの発達の段階や具体的な活動の姿の違いをとらえる ○集団としての理解 ・子どもたちの集団のなかでの育ち，そこでの姿や成長を観察する。また，人間関係や仲間との取り組みなど家庭生活以外の姿をとらえる	
	【保育者について理解する】 ○子どもと一緒にいるときの姿 ・かかわり方や子どもとの接し方 ・保育技術　など ○保育以外の仕事 ・子どもの登園前や降園後の仕事 ・清掃や環境整備 ・教材の整理や準備 ・会議や打ちあわせ，保育者以外の職員とのかかわり　など	反省と評価をいかした課題設定 ↓
後期	【実践に向けた課題の設定】 ○保育への参加と実践を通したふり返り ・日々の観察やかかわりを通して子どもたちの姿や保育者の姿を理解すること ・子どもの実態（特徴，経験，活動の様子など）をふまえた保育の展開（保育者の思い，保育の内容や技術，方法）を理解すること	
	【部分実習】 ○部分的な保育の計画と実践 ・自分で取り入れたいことや子どもに取り組ませてみたいことの工夫 ・子どもの反応や表情への気づき ・ふり返り（記録，考察，担任との話し合い，次回への活用）	
	【全日実習・責任実習】 ○全日の保育の計画と実践（観察・部分実習をいかす） ・1日の保育や子どもたちの生活の流れ ・子どもたちの状況や実態をふまえた計画 ・月間および週指導計画（ねらい，行事，配慮事項など） ・最近の子どもたちの活動や様子 ・活動にかかわる実態（経験や関心など）	
	【研究保育】 ○指導計画に基づく保育実践と評価（全日実習のなかで） ・指導計画（指導案）の作成，教材研究 ・評価（反省，ふり返り）	

コラム㉓

実習課題の設定の仕方

　実習課題の設定で大切なことは，課題を達成するために「どのように行動するのか」を考えることです。つまり，自分が行動できる範囲内で課題を見つけることです。課題を設定したら，具体的に「どのように行動するのか」を一緒に記しておきましょう。具体的に行動する方法を考えておくことで「何をすればよいのかわからず立ちつくす」ことがなくなり，初日からスムーズな実習が行えます。書くことによって，どのように動けばよいのかシミュレーションすることもでき，実習への不安を軽減することもできます。

　以下の例を参考にして，自身の課題を設定してみましょう。

＜例＞

課題	行動（具体的に）
・子ども（利用者）の顔と名前を覚える	・名札を見て「○○さん」と呼ぶ ・保育者（職員）が呼称するのを聞いて覚える
・子ども（利用者）と積極的にコミュニケーションを図る	・呼称する ・子ども（利用者）の目の高さになって話す ・子ども（利用者）の正面から話す ・言葉でのコミュニケーションが苦手な子ども（利用者）とは，絵カードや筆談などを用いて話す ・保育者（職員）の行動を観察し，同じように行動する

5 〈幼稚園〉実習日誌の書き方

　実習中に実習生が行う記録として，実習（保育）日誌（記録）があります。ここではその目的や書き方を理解します。

1）実習日誌の目的

保育者と子どもの具体的なかかわりをふり返り，とらえ直す

　保育者は，さまざまな場面で瞬時に判断し，子どもの要求に対し細かな，そして適切な対応・援助を行っています。それらは，予定外のことであったり，何気ないしぐさなど無意識に行ったりしているものもあり，当然，指導計画に記載されているものばかりではありません。実習は，そうしたことも具体的に学ぶことができる機会といえます。

　また，保育は「課題設定・計画→実践・保育→ふり返り（記録）→新たな課題をふまえた計画」の流れのなかで取り組まれ，実習においてもふり返りや記録は大切な意味をもちます。

　実習日誌の記録には，保育者と子どもたちとの具体的なかかわりや，その時々の現象をあらためてふり返り，そのときに得た感覚や当初は見えなかった保育活動の意味をとらえ直し，文章や図などを用いて表します。そこでは，事実の記録にとどまらず，疑問に思ったことや教わったこと，自分の行動や取り組みについての新たな課題なども記録するようにします。

2）記録のポイント

　何をどのようにとらえ，記録するのかを整理します。実習の課題と自己課題との関係から以下のことに気をつけ，ふり返り，記録することを心がけます。
① 園生活の１日の流れ・保育の流れ　② 子どもの活動・姿
③ 保育者の援助・環境構成・言葉がけの工夫など　④ 園の動き・行事など
⑤ 保育以外の場面・保育者のさまざまな職務

3）実習日誌の内容

　実習日誌には，いくつもの決められた記入項目があります。なかには，幼稚

園の先生に聞く必要があるものもあります。事実と自分の感想や考えとを区別することが大切です。
① 日付，天気，クラス名・園児数（出席・欠席数，男児数・女児数）
② 本日のねらい（保育のねらい，または，実習生としての観察や参加のねらい）
③ 時刻（④・⑤・⑥とあわせて記入する）　④ 子どもの姿（最近の様子など）
⑤ 環境構成・保育者の動き・援助　⑥ 実習生の動き・気づいたこと
⑦ 1日の感想や反省　⑧ 指導者からの助言・受けた印象

　ほかにも，実習担当者からの助言や自分で気づいたことをメモしたり書き込んでおくことも必要です。その場合，別のノートを用いたり，メモ用紙や付箋紙などに書き込んで，日誌にはさんだり貼りこんだりするとよいでしょう。

4）記述の仕方

丁寧かつ正確に記述しよう

　実習日誌の記述にあたっては，常に，丁寧に，正確に記述することを心がけます。また，園や実習担当者の方針や指導のもと，自分の関心や課題意識をいかし，工夫した実習日誌を仕上げる姿勢が大切です（155ページのコラム㉒参照）。

　以下にいくつかの留意事項を示します。
① 誤字脱字をなくす：常に辞書を手元において書く。不安な文字は調べる。
② 用いる言葉や表現に注意する：「話し言葉」の安易な使用に注意する。専門用語，名前などの表記にも気をつける。
③ ポイントをつかんで記述する：「ねらい」や課題の観点から，焦点を絞って整理する。助言やアドバイス，実際の保育の場での気づきや発見，解決できた疑問などにも触れる。

5）実習終了時の記録（総括）

　実習の最終日には，日誌の最後に実習全体をふり返って，感想や反省，新たな気づきや今後の課題などをまとめます。内容はあくまでも各人によって違いますが，記述のポイントとしては以下のことが考えられます。
①実習を通しての自分の認識の変容（考えや見方，感じ方の変化）
②子どもの姿から学んで理解したこと（実感，具体的な理解など）
③先生方の姿や助言などから学んだこと（その場面や思い，言葉の意味など）
④今後の課題，目指す保育者像（実習や保育にいかす課題，将来像など）

6）よりよいものにするために

実習日誌をよりよいものとするためには，上記以外にも，重要なポイントがいくつかあります。以下に注意すべき事柄をあげますので，留意してください。

① 子どもの発言を記載する場合やプライバシーに関する場合は，実習担当者に相談する（「ある子どもに」「A君が」などの表現をとる場合もある）。
② 基本的にペンで清書する。この場合，同じ種類のペンを用いる。また，修正する際には，その方法について実習担当者に相談する（修正液やテープの使用や朱書きなど）。
③ 実習日誌はいくつもの個人情報を含むものであり，紛失など，保管や取り扱いに留意する。

7）記入例

各日の実習日誌およびの最終日の総括の記入例をそれぞれ資料4-1，4-2に示します。

資料4-1　各日の実習日誌の記入例

第○日目　令和○年○月○日（○）　天気　晴れ
4歳児　○○○組　男児14名　女児13名　計27名　（欠席1名）
指導者　○○　○○　先生
ねらい　子どもたちが，お互いにどのようにかかわっているかを観察する。
　　　　子どもたちと会話をし，コミュニケーションを図る。

※実習日誌（記録）なので，実習生のねらいにしています。これに応じて反省するようにします。

時刻	子どもの姿・活動	保育者の援助・環境構成	実習生の動き
8:00	○登園する。 ・身のまわりを片づける。 ・出席ノートにシールを貼る。 ○好きな遊びを楽しむ。 ＜屋外＞ ・すべり台・砂場 ・おにごっこ ・三輪車　・鉄棒　など ＜屋内＞ ・お絵描き　・ままごと　など	・あいさつをして子どもを迎え，身のまわりのものを片づけることができるよう言葉をかける。 ・遊んでいる子どもたちに声をかけたり，安全を確認しながら，子どもの様子を把握する。	・子どもにあいさつをし，片づけに必要な援助を行う。 ・カレンダーでシールを貼る日付が確認できるようにする。 ・一緒に遊びながら安全に配慮し，気をつけるように声をかける。
9:30	○片づける。 ・片づけ　・排泄，手洗い	・子どもたちの片づけの様子を確認しながら，言葉をかけたり，一緒に片づけたりする。 ・「手伝って」と誘ったり，「できたね」「早かったね」と子どもたちの取り組みを認めたりほめたりし，活動の意欲を高める。 ・排泄や手洗いを促し，衣服や履物の様子を確認する。	・子どもと一緒に片づけ，排泄や手洗いを済ませるように声がけをする。 ・手洗いの後，ハンカチで手を拭くように言葉がけし，すみやかに保育室に戻るように促す。

時刻			
	○保育室に入る。 ・着席して待つ。		
13:10	○片づける。 ・「ごちそうさま」のあいさつをする。 ・箸，スプーンセットをバッグにしまう。 ・歯みがきをする。 ・排泄をし，帰りの用意をする。	・子どもたちの姿勢や聞く態度に注意を与えながら，当番に「ごちそうさま」のあいさつを促す。 ・箸やランチョンマットなどのもち物の片づけを声がけする。 ・机を拭いて，移動する。 ・歯みがきの様子，排泄，帰りの身支度などを確認し，必要に応じて手伝ったり援助したりする。	・机を拭いて，子どもたちの箸やランチョンマットの片づけを手伝う。 ・机を保育室のはしに寄せ，ゴミなどを片づける。 ・当番の子どもと牛乳パックを給食室に運ぶ。 ・着替えがうまくできないでいる子どもを手伝ったり，できたときにはほめたりする。
13:25	○帰りの会をする。 ・帰りの用意をし，着席する。 ・バッグ ・帽子 ・出席ノート ・おたより ・手遊びをする。 ・「ぐりとぐら」を楽しむ。 （絵本の読み聞かせ）	・子どもをピアノの周囲に呼び，身支度ができた順に着席させる。 ・バッグや帽子などのもち物を確認するように言葉がけする。 ・「○○」の手遊びを行い集中させ，絵本の読み聞かせへの関心を高める。 ・「ぐりとぐら」の読み聞かせを行う。	・子どものもち物や服装を点検する。 ・子どもと一緒に手遊びを行う。

感想・その他

　今日は朝の「好きな遊び」のとき，多くの時間を「げんき広場」で活動している子どもたちとかかわりました。そこでは，前半実習のときには見られなかった草花や虫に興味をもつ子どもたちの姿を目にすることができました。子どもたちの背丈ほどもあるヒマワリの葉の裏の毛のようなものや，種の様子に関心をもち，それらを実際に見て，触れることに大きな喜びを感じているように思われました。これから責任実習に向けて，少しずつ部分実習に取り組んでいきますが，子どもたちの興味や関心をよく理解し，自然なかかわりのなかで子どもたちの取り組みを援助できるように気を配っていきたいと思います。

資料4－2　最終日の総括の記入例

　（前略）後半実習では，2回目の実習ということもあり，ものの置き場所がわかっていたり，子どもたちに対してどのように接していけばよいのかなど，前回の反省などがあったので少し気持ちに余裕をもって実習に臨むことができました。前半実習では，よく声をかけてくれたり反応を示してくれたりした子ばかりに注意が向いてしまったので，今回はできるだけ多くの子どもたちと関係を築くことができるようにかかわりました。

　○月ということもあり，「げんき農園」での収穫や「なかよし村」の散策を通し，植物と触れあう子どもたちの姿を観察することができました。そこでは，子どもたちが実際に植物を観察したり触れたりしながら実や種のでき方を知ることで，植物について具体的に理解することができるのだと思いました。「なかよし村」では，子どもたちと一緒に会話を交わしながら草花と触れあうことで，「子どもの目線に立って保育をする」ということの意味が理解できた気がしました。子どもたちの世界は私たちおとなが思っている以上に低い位置・場所でくり広げられていて，当然見えているものも大きく異なります。（中略）

　また，後半実習では全日実習に取り組ませていただきました。全日実習では本当に反省することが多く，学ぶことも多くありました。これまで実習を通して学んだことをふり返り，先生方に多くの助言をいただきながら事前の準備や環境設定を行いました。「子どもたちの予想される行動をたくさん考え，それに対しての自分の対応を何通りも考えること。1日の流れが一本になるように一つひとつの活動を組み立てていくこと」など，指導案を立てていく際にふまえておくべきことを何度も確認しながら臨みました。（中略）

　これまでの実習で，先生方の援助の仕方や言葉のかけ方を吸収し，準備をしてきたつもりでしたが実際の場面では，自分が子どもに何をしてあげればいいのかわからなく，その歯がゆさから涙が止まりませんでした。（中略）実習は，多くのことに挑戦し，そのなかでの失敗はこの先長い時間をかけて研究し直し，自分のものにしていくことができるとても重要な学習の機会だとあらためて感じることができました。（中略）子どもたちの笑顔は本当に素敵で，こころが癒されることも多々ありました。

　（中略）先生方の優しい笑顔や明るさが私の緊張をやわらげてくださり，元気に実習ができたと感謝しております。（以下，略）

6 〈幼稚園〉指導実習（部分実習・責任実習）の実際

1）「指導実習」の意味

自分で計画し保育を実践

　実習は，現場の保育へのかかわり方によって，おおむね「観察実習」「参加実習」「指導実習」の3種類に分けられます。
○**「見学・観察実習」**：保育者が行う保育を主に観察し，保育や子どもなどについて学ぶ。
○**「観察・参加実習」**：保育者が行う保育に補助をしながら参加し，保育におけるかかわりや働きかけなどの実際を学ぶ。
○**「指導実習」**：保育を計画・立案して実際に保育を行う。
　また以下で説明するように「部分実習」と「責任実習」*に分けることもあります。「部分実習」では，1日のうちの一部の保育活動を，「責任実習」では子どもの登園から降園までの1日の保育を計画し，実践します。

＊「責任実習」は「一日実習」「全日実習」ともいう。

2）「指導実習」

　実習生が実際に保育や子どもの指導を行う実習には「部分実習」と「責任実習」とがあります。
①**「部分実習」**
　「部分実習」は，全体的な保育の流れのなかの1つの場面，または活動といえます。立案する際には，「観察実習」で学んだ保育の流れや前後の活動とのつながり，普段の取り組みを考慮し，いかします。また，担当者の助言を参考に，活動が子どもの生活の流れに自然に組み込まれるように工夫します。
②**「責任実習」**（「一日実習」「全日実習」）
　「責任実習」のねらいは，保育全般および保育の内容の理解に基づいて，子どもの生活や遊びの指導を行うことにあります。具体的には以下の4点について実践し学びます。
○ 保育形態の理解　○ 指導案の立て方　○ 指導技術　○ 反省と評価の方法
　実習生が指導者の立場として計画を立て，環境構成を行い実践します。事後には反省と評価を行い，実習担当者（指導者）の指導を受けます。また1日のなかで，「部分実習」の指導する内容や場面，時間を増やしていくことで実践

力を高め，1日全体を指導する「一日実習」を計画し，実践するようにします。

3）指導案の作成

保育の展開に沿って作成しよう

　指導案には以下の資料4－3の内容が盛り込まれます。それにはあらかじめ知っておく必要のあること，子どもの実態把握や教材研究を通して考えておくことなどがあります。保育や指導の流れは，実習日誌の記録のように時間の経過に沿って作成します。

資料4－3　指導案の内容

①基本的な事項
・実施日，クラス編成（年齢）　・子どもの人数，指導者氏名，実習生氏名
②子どもの姿
・その時期の様子　・テーマ（活動）に関する実態や姿
③ねらい
・保育や活動の目標（主に主活動に関する目標）
④主活動について
・テーマ（活動名）　・内容（活動の意味や手立てなどが入ることもある）
⑤展開（指導，活動の流れ）
・時刻（時間）　・子どもの姿，活動
・保育者の援助と環境構成（そのほか必要に応じて準備など）　・評価（ねらいと対応させる）

4）「部分実習」の指導案（主活動の場合）

　主活動での「部分実習」の指導案を作成してみましょう。資料4－4に「部分実習」の指導案の一例を示します。

資料4－4　部分実習指導案「みのむしを作ろう！」

○歳児保育指導案

　　　　　　　　　　　　　　　　　　　　令和○○年　○月　○日（○）
　　　　　　　　　　　　　　　　指導クラス　○○組：男児○名，女児○名（計○名）
　　　　　　　　　　　　　　　　担任：　　　　　　　　　　先生
　　　　　　　　　　　　　　　　指導者：　　　　　　　　（実習生）

1　活動名：みのむしを作ろう！
2　ねらい：身近なものを用いて作る楽しさを味わう。
3　子どもの実態：
　虫や小動物に興味をもち，仲間を誘って園庭で虫取りなどをして楽しむ様子が見られる。また，「製作コーナー」ではさまざまな材料を用いて，自分なりに工夫し，好きなものを作って楽しんでいる。

4 内容（活動について）：
　みのむしについて話し，活動に関心をもたせる。紙をちぎったり，紙コップに貼る活動では，自分なりの工夫やイメージを大切に取り組むように見守りたい。でき上がった作品を紹介し，認めあい，協力して部屋に飾るようにしたい。

5 活動の流れ

子どもの活動	援助と環境構成
◎手遊びをする。 ・「はじまるよ」 ・「おちたおちた」	◎手遊びを一緒に楽しみ，保育者の話に関心をもつようにする。
1 みのむし作りを楽しむ。 　みのむしを作ろう！ （1）「みのむし」について話す。 　・「知っている」 　・「見たことある」　など	○みのむしについて話すことで，みのむしに関心をもつようにする。 　・具体的にイメージできるように，みのむしを図鑑や絵本で知らせる。
（2）「みのむし」を作る。 ①道具を準備する。 　・のり　・マーカー ②折り紙をちぎる。 　・茶色，黄色，黄土色，黒色 　・ちらし ③紙コップに折り紙を貼る。 　・仕上がりをイメージして貼る。 ④みのむしの顔を作る。 　・マーカーで顔を描く。 　・紙コップに顔を貼りつける。 ⑤みのむしに糸をつける。 　・糸をもらう。 　・紙コップに糸をつける。 　※コップの底の穴に糸を通し，糸の先をコップの内側にセロハンテープで貼る。 ⑥片づける。 　・道具を片づける（ロッカーのお道具箱に）。 　・周囲のごみを拾う。	○男子，女子ごとにロッカーに道具を取りにいくように声をかける。 　・お道具箱の始末を声かけする。 ○各グループに，ちらしや折り紙を配り，各自好きな折り紙やチラシをちぎるように話す。 　・大きさや量，色の選択について話す。 　・各自がちぎった紙を入れるパックを配る。 ○さまざまな色の折り紙やチラシを紙コップに貼るように声をかける。 　・お手拭の用意をする。 　・落ちた折り紙の始末を声かけする。 　・紙コップの内側に名前を書く。 ○丸い紙を配り，マーカーでみのむしの顔を描くように説明する。 　・丸い紙を配る。 　・紙コップの置き場所に配慮させる。 　・紙コップの底に近い方に「顔」を貼るように声かけする。 　・のりづけがうまくできない子どもには両面テープを使わせるなど援助する。 ○糸の通し方や，内側に貼る方法を，実物を用いて説明する。 　・一人ひとりの仕上がりを確認し，できたことを認め，近くの友だちを手伝うように声をかける。 ○使ったのりやマーカーを片づけることや，周囲に落ちているごみを拾うことを声かけする。 　・協力して取り組むように促す。 　・できている様子を確認し認めほめる。
2 活動をふり返る。 （1）作ったみのむしを互いに見せ合い，話し合う。 ①自分のみのむしについて話す。 　・名前，みのむしの性格，好きなもの　など ②友だちのみのむしについて話す。 **3 木にかざる。**	○自分のみのむしのキャラクターを考えさせ，紹介させることで，話をしやすくするとともに作ったものに親しみや愛着をもたせるようにする。 ○それぞれの作品のよさを知らせる。 ○壁面装飾の「木の枝」に，子どもの希望を取り入れながらみのむしがぶら下がっているようにかざる。

6 評価：自分のみのむし作りを楽しむことができたか。

5）「責任実習」（「一日実習」「全日実習」）の指導案

次に資料4-5に「責任実習」（「一日実習」「全日実習」）の指導案の一例を示します。なお，主活動の部分については，ここに示したように，「別紙参照」として全体の流れから抜き出して別に作成しても構いません。

資料4-5 一日実習指導案「みのむしを作ろう！」

○歳児保育指導案

令和○○年　○月　○日（○）
指導クラス　○○組：男児○名，女児○名（計○名）
担任：　　　　　　　　　　　　　先生
指導者：　　　　　　　　　　　（実習生）

1　活動名：「みのむしを作ろう！」（主活動名）
2　ねらい：身近なものを用いて作る楽しさを味わう。友だちと協力したり工夫したりして活動を楽しむ。
3　子どもの実態：
　友だち関係が広がり，遊びの種類によるグループができている。身近な自然の事象に対する関心が高まり，自然物とかかわろうとする意欲や，大切にしようとする気持ちが育っている。同じ目的をもって遊ぶなかで相手の気持ちを受け入れたり協力したり，話しあったりして活動を展開する姿が見られる。
4　内容（活動について）
　「みのむしを作ろう！」では，知っている虫の話などから活動に関心をもたせたい。紙をちぎったり，紙コップに貼ったりする活動では，自分なりの工夫やイメージを大切にさせ，また，糸を通したり飾ったりすることを通して，友だちと協力して取り組むことの楽しさや達成感を味わわせたい。
5　活動の流れ

時刻	子どもの活動	援助と環境構成
8：20	○登園する。 ・バスで登園する。 ・保護者と一緒に登園する。 ・保育者や友だちにあいさつをし，バッグを片づけ，活動着に着替える。 ・おたより帳にシールを貼る。	（保育室や周辺の環境を整備する） ・子どもたちを園庭や保育室で出迎える。 ・子どもたちとあいさつを交わし，子どもの表情や健康状態に留意する。 ・着替えやもち物の始末の声かけを行い，様子を確認する。 ・カレンダーで日付を示したりし，シールがきちんと貼れるように援助する。
8：50	○好きな遊びをする。 ・友だちや保育者と一緒に好きな遊びを楽しむ。 ＜屋外＞ ・砂場　・ブランコ　・すべり台 ・おにごっこ　・ジャングルジム　など ＜屋内（保育室・ホール）＞ ・ごっこ遊び（ままごとなど）　・絵本 ・お絵かき　・ブロック　・積み木　・巧技台　など	・子どもの様子を見守り，安全に配慮しながら，子どもと一緒に活動する。 　・遊具やおもちゃの使い方 　・運動帽子の着用，靴のはき方　など ・なるべく集団での遊びが展開するように必要に応じて誘ったり，声かけしたりする。 　・1人で遊んでいる子には声をかけ，遊びに誘ったりする。
10：15	○片づける。 ・自分が使ったものや近くにあるものを協力して片づける。 ○排泄をして保育室に入室する。 ・トイレに行き，手洗い，うがいを済ませ，保育室で保育者や友だちを待つ。	・片づけの声かけをし，子どもたちと一緒に片づける。 ・誘ったり，手伝いを頼んだりするなど，協力して取り組むように働きかけを行う。 ・取り組みを認めほめることで頑張りをほかの子どもたちにも知らせ，意欲を高める。 ・排泄，手洗い，うがいを行うことを声かけし，促す。 ・トイレの様子を確認し，必要に応じて手伝うなど援助を行う。

167

時刻	環境構成・子どもの活動	実習生(保育者)の援助と留意点
	・汗を拭く。	・机を並べ,「朝の会」の準備をする。 ・保育室に戻った子どもに,着席して待つように声かけする。
10:35	○「朝の会」を行う。 ・朝のあいさつをする。 ・保育者のお話を聞く。 ・歌を歌う。 　「朝の歌」「やまのおんがくか」「きのこ」 ・出席調べ(返事をする)をする。 ・トイレに行く(行きたい人)。	・月日,曜日,天気を確認する。 ・今朝の遊びの様子などを子どもたちと話す(身近な話題)。 ・伴奏しながら子どもたちと歌う。 ・じょうずに歌えたことや身ぶりをほめる。 ・一人ひとりの顔を見,返事にうなずきながら出席をとる。 ・欠席した子どものことを知らせる。 ・主活動の時間を考慮し,必要に応じてトイレに行くように声かけする。
	○「みのむしを作ろう!」※この時間帯の活動として,「部分実習指導案例」に示したものが該当する	
11:30	○給食の準備をする。 ・当番:エプロンに着替え,手を洗い,給食室から給食を運ぶ。 ・日直:給食台を並べ,各グループの机を拭く。 ・手を洗い,箸箱を用意し待つ。 ・給食をもらう。 ・「ありがとう」	・給食台を並べ,机を拭くふきんを用意する(5枚)。 ・身支度を整え,給食当番の子どもたちと給食室から給食を運ぶ。 ・机の上の箸箱やランチョンマットの状況(置き方や忘れ)を確認し,準備のできたグループから呼んで給食を配る。
11:55	○給食を食べる。 ・「いただきます」のあいさつをして食べる。 　日直:「いただきます」のあいさつをする。	・グループに入って,子どもたちと一緒に食べる。 ・食べている様子(進度や好き嫌い,こぼしなど)に留意し,声かけする。
12:30	・「ごちそうさま」のあいさつをして片づける。 　日直:「ごちそうさま」のあいさつをする。 ・食器や箸箱などを片づける。 　当番:食器などを給食室に運ぶ。 ・歯を磨く。	・床に落ちている食べものを片づける。 ・机を拭き,部屋の端に寄せる。 ・当番と一緒に食器を給食室に運ぶ。 ・子どもたちの様子を見守りながら,配布物や連絡事項などを確認する。
12:45	○室内で好きな遊びを楽しむ。 ・好きな遊びを楽しむ。 　ままごと　絵本　お絵かき 　ブロック　粘土　など	
13:15	○片づけをし,帰りの用意をする。 ・協力して片づける。 ・着替えて,帰りの用意をし,グループごとに座る。 　通園バッグ　おたより帳 　帽子　お手拭　お手紙	・子どもたちと一緒に片づける。 ・「だれが頑張っているかな」など声かけしたり,ほめたりして意欲を高める。 (「帰りの会」の場の設定)
13:30	○「帰りの会」を行う。 ・手遊びを楽しむ。 　「げんこつやまのたぬきさん」 ・紙芝居を見る。 　「ブレーメンのおんがくたい」	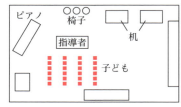
13:50	・保育者の話を聞く。 　今日の活動(ふり返り) 　もち物の確認 ・「さようなら」のあいさつをする。	・今日の活動をふり返り,頑張りを認める。 　(みのむし作り) ・明日の予定(「フルーツバスケット」)を話し,期待をもたせる。 ・けがや健康の状況を確認し,「さようなら」のあいさつをする。

14:00	○降園する。	・お迎えの保護者へあいさつし，子どもを見送る。 ・バスに乗車させ見送る。 （降園指導の終了を報告し，保育室や周辺の環境を整備する。）

6　評価　友だちと協力したり工夫したりして活動を楽しむことができたか。

コラム㉔

「障害者総合支援法」とは

　障害者総合支援法（以下，総合支援法）は障害のある人への支援を定めた法律で，正式名称は「障害者の日常生活及び社会生活を総合的に支援するための法律」です。従来施行されていた障害者自立支援法の内容や問題点を考慮し，障害者自立支援法を改正する形で2013（平成25）年4月に施行されました。

　総合支援法第1条の2で述べられる基本理念は，障害者基本法をふまえ，以下を明確にしています。

- 障害の有無にかかわらず，全ての国民が基本的人権を持つ個人として尊厳を尊重され，共に生きる社会を実現すること
- そのために，障害のある人が地域社会で日常生活や社会生活を営むための支援を受けることができること
- 妨げとなる物事や制度，観念などあらゆるものの除去に努めること

　第4条は，以下の人を「障害者」として定義しています。

- 身体障害者（身体障害者福祉法第4条で規定）のうち18歳以上の人
- 知的障害者（知的障害者福祉法でいう）のうち18歳以上の人
- 精神障害者（精神保健及び精神障害者福祉に関する法律第5条に規定）のうち18歳以上の人（発達障害のある人を含む）
- 難病（治療方法が確立していない疾患その他の特殊の疾患で，政令で定めるものによる障害の程度が厚生労働大臣が定める程度）のある18歳以上の人

　総合支援法は，さまざまな福祉サービスを障害や難病のある人個々のニーズに応じて組み合わせて利用できる仕組みを定めています。具体的には，障害や難病のある人に対して80項目に及ぶきめ細かな調査を行い，その人に必要なサービスの度合いである「障害支援区分」を認定し，障害支援区分に応じたサービスが利用できるようになっています。障害者総合支援法の施行後も問題点を解消するため，3年をめどに障害福祉サービスのあり方を見直すこととされ，2018（平成30）年と2021（令和3）年に法律の一部が改正されています。この改正では，障害のある児童・高齢者への対応や感染症対策の強化などが盛り込まれました。

【参考文献】
厚生労働省ホームページ（最終閲覧日：2019年11月5日）
「LITALICO仕事ナビ」https://snabi.jp/article/113　（最終閲覧日：2019年11月5日）

 7　〈保育所〉デイリープログラム

1）保育所のデイリープログラムの実際

　保育所の保育は，開園から閉園までの時間が幼稚園より長くおおむね8時間ですが，時間外保育を行っている園も多くあります。幼稚園にはないおやつや午睡（お昼寝）の時間が組み込まれています。保育士の勤務は早番から遅番までいくつかの時間帯に分かれたシフト割をとっています。

　保育所は，子どもたちに対して，「養護」と「教育」を一体的に行っています。「養護」は，子どもの健康と安全を守る"生命の保持"と，子どもの心の安定を図る"情緒の安定"を目指しています。また，「教育」は，保育所保育指針に示されている「健康な心と体を育て，自ら健康で安全な生活をつくり出す力を養う領域"健康"」，「他の人々と親しみ，支え合って生活するために，自立心を育て，人とかかわる力を養う領域"人間関係"」，「周囲のさまざまな環境に好奇心や探究心をもってかかわり，それらを生活に取り入れていこうとする力を養う領域"環境"」，「経験したことや考えたことなどを自分なりの言葉で表現し，相手の話す言葉を聞こうとする意欲や態度を育て，言葉に対する感覚や言葉で表現する力を養う領域"言葉"」，「感じたことや考えたことを自分なりに表現することを通して，豊かな感性や表現する力を養い，創造性を豊かにする領域"表現"」の五つの領域に示されているねらいを，子どもたちが環境を通して総合的に身につけていくことができるようにしていきます。

　デイリープログラムは，目前の子どもたちの育ちを捉え，その育ちに応じて「養護」と「教育」のねらいが達成されるように組み立てられる一日の指導計画です。

　次ページでは，3〜5歳児のデイリープログラムを紹介します。表4−10で紹介するC保育園は，午前の時間に課題活動を行っています。7：00〜8：30と17：00〜19：00は時間外保育（早朝・延長保育）です。

　同じく表4−10で紹介するD保育園は，自由遊びを中心にした園です。保育のねらいに沿って一日の流れを組み立てていきますが，保育所は保育時間が長いことから，家庭的な雰囲気の中でくつろぐことも大切で，午睡（昼寝），おやつ，水分補給の時間などが組み込まれています。

表4-10　C保育園およびD保育園（3〜5歳児）のデイリープログラムの例

時間	C保育園（課題活動導入園3〜5歳児）	D保育園（自由遊び中心園3〜5歳児）	実習生の活動
6：40	早番職員出勤	早番職員出勤	
7：00	開園・時間外保育受け入れ	開園・時間外保育受け入れ	
8：30	順次登園　受け入れ，視診・時間外保育園児の引き継ぎ 自由遊び	順次登園　受け入れ，視診・時間外保育園児の引き継ぎ 自由遊び 3歳児おやつ，水分補給 自由遊び	受け入れ・視診・保育観察・参加（一緒に遊ぶ）
10：00	片づけ，3歳児おやつ		観察・参加
10：30	課題活動(製作,体育遊び,劇の練習,プール,リトミックなどさまざまな活動)		保育観察・参加（一緒に遊ぶ）
11：30	課題活動の終了，給食の準備	片づけ，給食の準備	片づけ・給食の援助
11：45	昼食（給食）　昼食後の片づけと静かな活動	昼食（給食）　昼食後の片づけと静かな活動	個々に応じて援助・観察
12：30	自由遊び	自由遊び	保育観察・参加（一緒に遊ぶ）
13：00	午睡	午睡	午睡援助
13：00〜14：00	職員会議・教材準備・日誌，連絡帳記入	職員会議・教材準備・日誌，連絡帳記入	（職員会議への参加）・教材準備補助
14：30	めざめ　着替え	めざめ　着替え	着替え援助・観察・参加
15：00	おやつ	おやつ	おやつの援助
15：30	帰りの会	帰りの会	観察・参加
16：00	順次降園 自由遊び	順次降園 自由遊び	清掃・一緒に遊ぶ
17：00	時間外保育園児引き継ぎ	時間外保育園児引き継ぎ	
19：00	閉園	閉園	
19：15		遅番職員退勤	

神戸洋子『新訂　知りたいときにすぐわかる　幼稚園・保育所・児童福祉施設等 実習ガイド』2023，同文書院より

　次の表4-11は1，2歳児のデイリープログラムです。1，2歳児は，登園した時点で検温を行います。体調変化の著しい乳幼児ですから，健康状態を保護者も保育者も把握する必要があります。基本的生活習慣を身につけるために，おむつ交換，水分補給，昼食（給食），おやつなどの間に，遊びの時間をはさむよう設定しています。

表4-11　E保育園のデイリープログラム（1，2歳児クラス）の例

時間	1日の流れ		実習生の活動
	1歳児	2歳児	
6：40	早番職員出勤		
7：00	開園・時間外保育受け入れ		
8：30	順次登園 受け入れ，視診・時間外保育園児の引き継ぎ・自由遊び	順次登園 受け入れ，視診・時間外保育園児の引き継ぎ・自由遊び	受け入れ・視診・保育観察・参加（一緒に遊ぶ）
9：00	おむつ交換・排泄訓練	排泄訓練	観察・参加
10：00	おやつ・水分補給・自由遊び	おやつ・水分補給・自由遊び	観察・参加（一緒に遊ぶ）
11：00	自由遊びの終了，給食の準備	自由遊びの終了，給食の準備	片づけ・給食の援助
11：15	昼食（給食）　昼食後の片づけと静かな活動	昼食（給食）　昼食後の片づけと静かな活動	個々に応じて援助・観察
12：00	おむつ交換・排泄訓練	排泄訓練	観察・参加
12：30	午睡	午睡	午睡援助
13：00～14：00	職員会議・教材準備・日誌，連絡帳記入		（職員会議への参加）・教材準備補助
14：00	めざめ　着替え・おむつ交換・排泄訓練	めざめ　着替え・排泄訓練	着替え援助・観察・参加
14：30	おやつ	おやつ	おやつの援助
15：30	自由遊び	帰りの会	観察・参加
16：00	順次降園・自由遊び	順次降園・自由遊び	清掃・一緒に遊ぶ
17：00	時間外保育園児引き継ぎ・おむつ交換・排泄訓練		
19：00	閉園		
19：15	遅番職員退勤		

神戸洋子『新訂　知りたいときにすぐわかる　幼稚園・保育所・児童福祉施設等 実習ガイド』2023，同文書院より

　最後に，表4-12で0歳児のデイリープログラムを紹介します。0歳児は，月齢による変化が大きいため，一人ひとりの体調の変化や精神的な状態に常に留意し，個々に応じた対応をします。デイリープログラムはあくまでも目安です。午睡，授乳，離乳食，おむつ交換，排泄訓練の導入，着替えなど，すべて一人ひとりに応じた援助を行います。
　また，必要に応じて，健康診断，沐浴(もくよく)，身体測定を組み込みます。

表4-12　F保育園のデイリープログラム（0歳児クラス）の例

時間	1～3ヵ月	4～9ヵ月	10～12ヵ月	実習生の活動
6:40	早番職員出勤			
7:00	開園・時間外保育視診・検温・おむつ交換			
8:30	授乳・水分補給			
9:00	順次登園 視診・検温・おむつ交換・授乳	順次登園 視診・検温・おむつ交換 遊び	順次登園 視診・検温・おむつ交換 遊び	受け入れ・視診・観察・参加（一緒に遊ぶ）
9:30	外気浴・水分補給	外気浴・水分補給	外気浴・水分補給	観察・参加
10:00	授乳	授乳・離乳食	おやつ	観察・参加
10:30	午睡	遊び・随時午睡	遊び	午睡援助
11:00	外気浴・水分補給	外気浴・水分補給	外気浴・水分補給	観察・参加
11:30	授乳	授乳・離乳食	授乳・昼食	個々に応じて援助・観察
12:00	おむつ交換	おむつ交換	おむつ交換・排泄訓練	観察・参加
12:30	午睡	午睡	午睡	午睡援助
13:00 ～14:00	職員会議・教材準備・日誌，連絡帳記入			（職員会議への参加）・教材準備補助
14:30	着替え・検温おむつ交換	着替え・検温・おむつ交換	着替え・検温・おむつ交換・排泄訓練	着替え援助・観察・参加
15:00	授乳	授乳・おやつ	おやつ	観察・参加
16:00	順次降園	順次降園	順次降園	清掃
17:00	時間外保育園児引き継ぎ・おむつ交換・排泄訓練・授乳			
19:00	閉園			
19:15	遅番職員退勤			

神戸洋子『新訂　知りたいときにすぐわかる　幼稚園・保育所・児童福祉施設等 実習ガイド』2023，同文書院より

コラム ㉕

保育士資格の歴史を知っていますか？

　保育士は，社会福祉関連ではもっとも歴史の古い資格で，児童福祉法第18条の4に「保育士の名称を用いて，専門的知識及び技術をもって，児童の保育及び児童の保護者に対する保育に関する指導を行うことを業とする者を言う」と位置づけられています。

　保育士は，1948（昭和23）年以降，長い間「保母」と言われ，女性だけに限られた職業でした。1977（昭和52）年に児童福祉法施行令が改正されて，男性の資格取得が可能になりましたが，「保母に準ずるもの」とされていたため，「保父」という名称で親しまれました。

　その後，1998（平成10）年の児童福祉法施行令の改正で，男女とも「保育士」という名称に変更されました。また，2003（平成15）年11月の児童福祉法改正により名称独占資格として規定され，国家資格となりました。

　現在，「保育士」として保育の職業につくためには，保育士資格を有していることに加え，都道府県の保育士登録簿に登録されていることが必要となっています（保育士登録制度）。

8 〈保育所〉実習のポイント

　保育実習は，保育所や認定こども園における「見学・観察実習」，「観察・参加実習」，「指導実習」（「部分実習」と「責任実習」）を通して，これまで大学や養成校で学んできた知識・理論・技術等を再認識したり実践したりすることにより，専門的知識・技術を習得し，専門職としてふさわしい資質，能力を培うことを目的としています。

　1）見学・観察実習，2）観察・参加実習，3）部分実習，4）責任実習，それぞれの段階について，どのような視点で実習を行うとよいのかを理解しておきましょう。

1）「見学・観察実習」の目的と概要およびポイント

　見学実習では，実習園の施設，設備，環境等の見学，そして子どもと保育者とで織りなされる園生活の様子を見学することによって，実習園の概要（設置主体，沿革，規模，特色，保育目標，保育方針等）を知り，理解していきます。

　見学実習は，実習前のオリエンテーションの際に行われることが多く，見学とともに，施設長（園長）や実習担当保育者から，園の保育目標や保育方針，実習時期の予想される子どもたちの育ちや姿などについて説明を受けます。

　観察実習では，子どもたちの遊びや生活の様子，保育者の援助や環境の構成等を観察することを通して，保育所の一日の生活の流れ，子どもの発達，保育者の保育や環境の構成の意図などを学びます。

　観察の方法には，子どもとかかわらずに第三者的立場から客観的に観察するものもありますが，多くの場合は，自然に子どもたちとふれあい，かかわりながら観察をします。

表4－13　見学・観察のポイント

○保育所の生活，一日の流れ　…　登園から降園まで，各年齢別の違い，保育者の一日の動き等を通して把握します。
○子どもたちの発達の様子　…　保育者のかかわりの様子，生活習慣の習得，遊びの様子，保育者や友達とのかかわりの様子等を通して捉えます。
○保育者の役割について　…　個々の子どもへの援助と集団への援助の様子，保育者同士の連携，家庭との連携，子育ての支援，保育者の職務内容等を通して理解していきます。
○環境の構成について　…　各年齢別の保育室環境の違い，保育室の遊具や用具の内容と配置・配慮等，園庭の環境・遊具や用具の内容と配置・配慮，子どもの環境へのかかわりの様子，清潔・安全等に配慮した環境の在り方等を把握します。　　　　　　　　　　　等

2）「観察・参加実習」の目的と概要およびポイント

　参加実習は，1）の観察実習を通して理解したことをもとに，保育者の補助をするような立場で保育に参加することです。実際には，観察実習と参加実習が同時に並行するような形で進み，実習が進むに従って参加実習に移行していきます。

　配属されたクラスの保育者の動きや言葉かけ，環境の構成，その他の仕事を見習い，実習生自らも同じように保育を体験したり，保育の手助けが必要な場合は積極的にその補助を担ったりします。その際は，保育者の意図を読み取ることに留意しましょう。

　大切なことは，保育の計画（ねらい，内容，方法，一日の流れなど）を理解して，保育に参加することです。

表4-14　観察・参加実習のポイント

- 保育所における全体的な計画，指導計画を理解する。
- 実習時期の子どもの育ち，ねらい，内容，方法等を理解する。
- 子どもたちの遊びに積極的に参加し，遊びの中で子どもが経験している内容とその援助について理解する。
- 進んで子どもとかかわり，一人ひとりの内面の理解に努める。理解に基づいた援助を実践し，さらに理解を深める。
- 食事や排泄，衣服の着脱等の生活習慣について，年齢差，個人差を考慮した援助の方法を体得する。
- 教材準備，保育の準備，事務処理，また，清掃等を含む環境整備などに進んで取り組み，保育者の仕事を理解する。
- 集団で行う活動のねらい，内容，展開等について理解し，保育者の補助や手助けなどの体験を通して，保育技術や方法を体得する。
- 職員同士のチームワークや勤務体制について，体験を通して理解する。
- 子育て支援への取り組みの実際を理解する。

等

3）「部分実習」の目的と概要およびポイント

　部分実習は，担任保育者に代わり一日の保育の中の一部分を担当し，保育実践を行うものです。たとえば，登園のあいさつと視診，手遊びや絵本の読み聞かせ，クラスのみんなで行うルールのある遊び，リズム遊びや表現活動などを行います。実習園の実習計画や実習の進度に合わせて，さまざまな内容の部分実習を行います。

　部分実習に際しては，実習担当者に内容について早めに相談し，子どもの育ちやそれまでの経験をふまえたものになっているかについて助言，指導を受けるとともに，指導案（指導計画案）を作成・提出して，助言を受けます。そして，指導のねらい，環境の構成や援助，配慮点などが適切かといった観点で検

討し，綿密な計画に練り上げていきます。
　次に，指導案に基づいて保育の準備を行い，実践をします。実践後は，ねらい，内容，環境の構成や言葉かけなどについて振り返り，自己評価を行います。

表 4－15　部分実習のポイント

○子どもの実態を把握し，「個々への指導」と「全体への指導」の双方を考える。
○活動の内容に沿って教材を準備し，環境の構成や保育者（実習生）の立ち位置，予想される子どもの姿を想定した対応ができるように考える。
○子どもの声を聞いたり子どもの反応を見たりしながら，保育ができるように心がける。
○製作活動などは，製作の時間に個々の差があるため，早く作り終わった子どもへの配慮，時間がかかる幼児への配慮を考える。
○子どもたちが，絵本，紙芝居，手遊びなどに集中できるよう，保育技術を習得しておく。

4）「責任実習」の目的と概要およびポイント

　責任実習は，担任保育者に代わり，一日の保育のすべてを担当して保育実践を行うものです。「一日実習」「全日実習」とも呼ばれます。ただし，実習園の状況によっては，登園から昼食までの半日，昼食から降園までの半日（「半日実習」と呼ばれます）などの保育を担当することもあります。
　責任実習に際しては，保育の流れのなかの大切な1日を使わせていただいて行う実習であることを自覚して臨みます。実習までの準備，また実習に際しての心構えや，実習を通して学ぶポイントとしては以下の事柄があげられます。

表 4－16　責任実習のポイント

○日程，時間帯，内容等，何をどこまで担当するのかを自分から指導担当保育者に確認する。
○指導案（指導計画案）は，きめられた期日までに作成する。完成するまでには実習指導担当保育者に指導を仰ぎ，変更，修正を行い，より良い指導計画案となるように努める。
○必要な教材準備，遊具や用具の点検，安全に配慮した環境の構成等を行う。
○子どもたちとの一日の生活を楽しむことを大切にする。
○実践後は，反省と自己評価を行った上で，実習指導担当保育者から助言，指導を受け，自己の課題を明確にする。

コラム㉖

「児童福祉法」の改正

　現在，児童福祉・子ども家庭福祉など子どもに関する最大の問題の一つが「子どもの虐待」です。様々な施策が実施されていますが増加する一方であり，子ども関係の公的機関は，対応に苦慮しています。「児童福祉法」も，この子どもの虐待に対応することを目的に様々な改正を実施しています。最新の改定は令和4（2022）年に実施され，要保護児童への対応の強化，子育て世帯への包括的支援の強化などを図っています。主な改正点の概要は，以下のとおりです。

1. 子育て世帯に対する包括的な支援のための体制強化及び事業の拡充
2. 一時保護所及び児童相談所による児童への処遇や支援，困難を抱える妊産婦等への支援の質の向上
3. 社会的養育経験者・障害児入所施設の入所児童等に対する自立支援の強化
4. 児童の意見聴取等の仕組みの整備
5. 一時保護開始時の判断に関する司法審査の導入
6. 子ども家庭福祉の実務者の専門性の向上
7. 児童をわいせつ行為から守る環境整備（性犯罪歴等の証明を求める仕組み（日本版DBS※）の導入に先駆けた取組強化）等

※DBS（Disclosure and Barring Service）：「無犯罪証明書」のことで，正式名称は「犯罪経歴証明書（Certificate of Criminal Record）」といい，ある人物についての犯罪経歴の有無を証明するために各都道府県警察または警察庁が発給する公文書のことである。

　現在，これらの改正点についての施策などは，子ども家庭庁を中心に，令和6（2024）年4月1日から施行，実施されています。その中で特に7については，令和6（2024）年6月26日に，日本版DBS法として「学校設置者等及び民間教育保育等事業者による児童対象性暴力等の防止等のための措置に関する法律」が成立しました。

　この法律で，犯歴確認が義務化される事業者は，学校教育法など行政に監督や認可の法的根拠や権限がある学校や認可保育所，児童福祉施設などの事業者です。放課後児童クラブ（学童）や認可外保育所，学習塾，予備校，スイミングクラブ，技芸等を身に付けさせる養成所などの事業者は，希望し，一定の要件を満たせば国が認定し，犯歴確認などが義務化される認定制度対象の事業者となります。認定を受けた事業者は広告などで認定業者であることを示すことができるようになります。ただし，フリーのベビーシッターのように個人が一人で行っている個人事業主については，義務づけからも認定制度の対象からも外されており，完全に制度の対象外となっています。なお，イギリスの制度では，これらも対象となっています。

【参考文献】
・「自治体向け改正児童福祉法説明会資料　改正児童福祉法について（第一部）」厚生労働省

〈保育所〉実習課題（目標）の設定

　保育所での実習は「保育実習Ⅰ」で，保育所実習と施設実習を経験し，それに続いて，「保育実習Ⅱ」を選択した学生は，二度目の保育所実習に行きます。

　「保育実習Ⅰ」の目的は，実際に保育が展開されている現場で，子どもの動きや保育士の援助，環境の構成などを観察・記録することを通して，養成校や大学での講義や演習で学んだことを再認識することです。また，実際に子どもにかかわることを通して，その心情を理解したり保育者としての言葉かけやあり方を学んだりすることです。

　実習の意義は，職業倫理，専門理論，関連知識等を総合的に応用することを通して，

①これまでの授業で学んだ内容の理解および子ども理解を深め，高める。
②理論と知識を，実際の保育現場での場面で子どもたちとかかわりながら体験的に理解する。
③保育に必要な資質・能力・技術を習得するための自己課題を明確にする。
④具体的な体験や保育場面から保育士の職務について学びを深める。
⑤職業倫理を学び，専門職としての自覚をもつ。

です。

　「保育実習Ⅰ」を通して学ぶ具体的な内容は，以下のような項目となります。
・子どもとのかかわりを通じて，子どもへの理解を深める。
・子どもへのかかわりや援助を通して，乳幼児の発達の過程を理解する。
・保育者の役割とは何かを理解する。
・保育所における全体的な計画・指導計画を理解する。
・家庭や地域社会との関係について実践的に理解する。
・保育士としての仕事の内容および職業倫理を学ぶ。

　また，「保育実習Ⅱ」のねらいは，「保育実習Ⅰ（保育所）」で習得した知識や理解したこと，および講義・演習等で学んできた理論をもとに，保育士としての知識や指導技術をさらに深めるとともに，保育観の確立を目指すことです。「保育実習Ⅱ」を通して学ぶ具体的な内容は，以下のような項目となります。
・全体的な計画および指導計画の実際と，具体的な作成方法を理解して，立案し実践する。
・保育全般に参加し，養護と教育が一体となって行われる保育を理解する。
・実際の保育の場で週案，日案などが，どのように具体化されているかを学ぶ。

・保育士の社会的役割と責任を理解する。
・個々の乳幼児について，実際の姿から幼児理解を深める。
・保護者との連携，家庭および地域と保育所との関係を具体的に学ぶ。
・障害児保育，延長保育等の多様な保育ニーズに基づいて具体的な対応を理解する。

　実習課題（実習生の目標）とは，どのような視点から保育を観るかという視点です。

　目標は，日を追うごとに内容に深まりが見えるよう設定し，どこまで達成されたか振り返ったうえで，感想・考察・自分自身の振り返りなどを記録します。

　表4－17などのように，日々の実習課題を設定して，実習に臨むことが大切です（159ページのコラム㉓も参照）。

表4－17　保育実習Ⅰ（保育所）実習課題（実習生の目標）の設定例

日にち	実習課題
1日目	クラスの子どもたちの名前を覚える 子どもたちの好きな遊びを，観察を通して知る
2日目	1日の保育の流れを知る 子どもの顔と名前を一致させ，名前で呼べるようにする できるだけ，子どもたちの集団に入って遊ぶ
3日目	保育者の動き，言葉かけ，かかわり方を見る 保育者の意図を読み取り，配慮について理解する
4日目	個々の子どもの行動，発達段階による違いを知る 子ども同士のかかわりに目を向ける
5日目	個々の子どものその子らしさを理解し 積極的に子どもにかかわる
6日目（第2週）	保育に参加し，保育を理解する 紙芝居を演じる（部分実習）
7日目	保育に参加し，保育士のあり方を学ぶ 絵本を読む部分実習を行う
8日目	クラス全体の動きを知る グループでの行動などにも目を向ける 早番を経験する（早番の業務，引き継ぎの連絡を学ぶ）
9日目	それぞれの子どもに目を向ける 職員間のチームワークを見て学ぶ 遅番を経験する
10日目	乳児クラスの1日の生活の流れを知る 給食の時間の部分実習を行う 調理師や管理栄養士など，さまざまな職種との連携を学ぶ
11日目（第3週）	子どもたちにとって，よりよい生活とは何かを考える 子どもの最善の利益とは何かを考える

神戸洋子『新訂　知りたいときにすぐわかる　幼稚園・保育所・児童福祉施設等 実習ガイド』2023，同文書院より一部修正

10 〈保育所〉実習日誌の書き方

　実習においては，実習期間を通して毎日，配属されたクラスの子どもたちの様子や，それに対応した保育者の援助，また，それらの事実に対して実習生はどのようなことに気付いたりどのようなことを考えたりしたのかを記録します。さらに，日々の実習生の目標が達成できたかどうか振り返り，反省，評価も記録します。

　こうした日々の記録を実習日誌と呼びます。ここでは，その目的や書き方を理解していきます。

1）実習日誌の目的

　日々の実習生の目標にそって観察したり実践したりしたことが，どうであったのかを具体的に記録に残してまとめることで，目標が達成できたのかどうかが明確になり，その後の実習の課題を見出すことができます。

　また，実際に子どもとふれ合ったり，保育者が子どもにかかわる姿を観察したりすることを通して，子どもの発達や保育のあり方などを学んでいくことになりますが，その学びを記録に残しておくことで，自分が実習を通して何を学びえたのかを明確にすることになります。

2）実習日誌の様式

　実習日誌の様式は，大学や養成校によって異なりますが，多くは，時間の流れに沿って（時系列）子どもの活動・姿，それに対応した環境の構成や保育者の援助，実習生の気付きなどを記録していく様式が使われています。しかし，園によっては，実習の課題にそって観察したことや印象に残った出来事をエピソード形式（事実とそのことに対する気付きや考察，感想などをまとめてエピソードとして文章化する）で書くことを求めてくるところもあり，双方の様式について理解することが必要でしょう。

3）実習日誌の内容

　実習日誌の記入項目を，以下にあげます。書く内容については，事実と自分の感想・考察・反省とを区別することが大切です。

①日付，天気，年齢，クラス名，園児数（在籍数，欠席数等）
②本日のねらい（保育のねらい，実習生の目標等）
③時刻（④⑤⑥と合わせて記入する）　④子どもの活動の様子・姿
⑤環境の構成・保育者（実習生）の動き・援助　⑥実習生の気付き・推測
⑦実習生の目標に基づく考察と評価　⑧感想と今後の課題

4）記述の仕方

　実習日誌の記述にあたっては，読んでいただくことを念頭におきながら，丁寧に，正確に記述することが大切です。
　以下にいくつかの留意事項を示します。
①記入には黒のボールペン等を使用する。
②誤字や脱字がないように，常に辞書を手元に置き，不確かな場合は調べる。
③用いる言葉や表現に注意する。話し言葉ではなく，書き言葉で書く。
④一日の保育の流れや子どもの活動の様子，保育者の子どもへのかかわりや援助の実際について，後の学修に役立つよう，できるだけ具体的に詳細に記述する。
⑤ポイントをつかんで記述する。保育のねらいや実習生の目標などの視点から，焦点を絞って整理して書く。
⑥実習生の気付きや推測，考察したことを欄内に出来るだけ多く書くように努める。

5）実習終了時の記録（総括）

　実習をすべて終了した時点で，実習全体をふり返って，実習日誌の最後に感想や反省，学んだことや考えたこと，今後の課題などをまとめて記します。内容はあくまで各人によって異なりますが，記述のポイントとしては以下のことが考えられます。
①子どもの姿から学んで理解したこと（さまざまな視点から捉えられた発達の様子，実際に子どもとかかわる中で感じたこと等）
②保育者の援助，動きや言葉かけなどから学んだこと（保育者の意図や思い等）
③環境の構成から学んだこと（環境の構成に込められた意図，主体的な取り組みを促す環境について等）
④実習を通して変容した自分の認識（考え，見方，感じ方等の変化）
⑤今後の課題，目指す保育者像（今後の実習や保育につなげていく課題，将来像など）

6）よりよいものにするために

実習日誌は，子どもの人権に配慮することや後の学修の糧となるようにすることが大切です。以下のような事柄にも留意しましょう。

①子どもの個人名を記載してもよい実習園もあれば，アルファベットで「A君が～」と記載するように求める園もあります。事前に実習指導担当保育者に相談しましょう。

②記述内容を修正する場合には，その方法について実習指導担当保育者に相談しましょう。基本的には誤った箇所に二重線を引き，訂正印を押して修正しますが，修正テープ等の使用を認める園もあります。

③日誌にはさまざまな個人情報が含まれます，紛失することのないよう保管や取扱いに留意しましょう。

④実際の保育現場で，ほぼ初めて保育の体験をした記録となります。新鮮な気付き，素直な思いや考え等が記されるとともに，自己課題も見いだされています。保育者を目指す最初のステップの記録として，又，後の学修の糧として，大切に保管しましょう。

7）記入例

資料4－6　4歳児の実習日誌（例）

学生氏名

○○年　○月　○日（曜日）　　天気　晴れ	△△組　4歳児　22名　出席：△名　欠席：□名	指導保育士	○○　○○　先生
クラスの保育のねらい			
実習生の目標	一日の流れを把握する		

時間	子どもの活動	保育者の援助・配慮	実習生のかかわり・気づき
9:00	○随時登園する。 ・朝のあいさつをする。 ・所持品の始末をする。 ・室内で自由遊びをする。（ままごと／かるた／積み木／パズル／ブロック）	・時間外保育の子どもたちについて引き継ぎをし，各クラスに行くよう伝える。 ・登園した子どもの受け入れをする。 ・朝のあいさつをする。 ・視診を行う。 ・遊んでいる一人ひとりが楽しんでいることを捉え共感する。	・気持ちよくあいさつをして子どもの様子を見る。 ・全体を見渡しながら，子どもたちのなかに入って一緒に遊ぶ。 ・Aちゃんが，差し出したプリンをKちゃんがおいしそうに食べていた。「お菓子屋さん？」と聞くと「違う，パン屋さんだものねぇ」と二人が笑い合っていて，ほほえましい様子であった。
10:10	・片づけをする。	・片づけるよう伝える。 ・手洗いうがい排泄をするように助言する。	
10:30	○リズム遊びを行う。 ・ピアノに合わせてリズムをとる。（走る／歩く／止まる）	・ホールに移動するよう促す。 ・リズム遊びができるよう，ピアノを弾く。	・ホールへの移動は，「歩いて行こうね」と声をかけながら，先生は最後に歩いている子が，保育

時刻	子どもの活動	保育者の援助と配慮	実習生の動き・気づき
	・逆さに回る，ジャンプする。二人組になって「なべなべそこぬけ」をする。	・声を出して歌う楽しさを感じられるように子どもたちの声に耳を傾け一緒に歌う。 ・わらべうたに合わせて動く楽しさに気づけるよう表情豊かに歌う。	室のドアを閉めたことも確認しておられた。 ・遊び始めにくい子どもには手をつなぎ，遊びたくなるよう進める。 ・二人でペアになれない子には声かけをする。
11:00	○絵本『げんこつ山のたぬき合戦』を見る。	○『げんこつ山のたぬき合戦』の絵本を読む。 ・節をつけて読み，子どもたちの興味を促す。	・見える位置に移動するよう促す。 ・一緒に絵本を見る。
11:15	○手洗い・うがい・排泄をする。	・トイレに行くよう促し，手洗いは指の節まで丁寧に洗うよう促す。	・トイレに行き，子ども達が全員済ませたことを確認する。
11:30	○給食を食べる ・当番がお茶を配る。 ・あいさつをする。 ・給食を食べる。	・当番の子どもが配膳をしやすいよう机の位置などの環境を見直し，また，一人ずつ自分の食べられる量を言えているか見守る。 ・食事のマナーを守りながら楽しく食べられるようにする。	・机を拭き，配膳準備をする。 ・自分の食べられる量を各自がわかっていて口頭で言える様子を見ることができた。 ・一緒に食べる。
12:30	○片づける。 ・歯磨きをする。 ・手洗い・排泄をする。	・汗を拭き，着替えるよう言葉がけをする。	・食事のあとの片づけを子どもができるよう声をかけながら一緒に行う。
13:30	○午睡をする。 ・着替えをする。 ・午睡をする。	・安心して眠れるよう，やさしく言葉を掛けたり，背中をなでたりする。	・布団を敷く。 ・背中をトントンしながら寝つくまで見守る。
14:30	・目覚めた子どもから，布団を片づけ，静かに過ごす。	・目覚めた子どもから排泄をするよう促す。	・布団の片づけを子どもたちと一緒にする。
15:00	○おやつを食べる。 ・手洗い・消毒をする。 ・おやつを食べる。	・おやつのメニューについて話しながら，楽しく食べられるようにする。	・おやつの配膳をし，会話をしながら楽しく食べる。 ・机を拭き，床を掃除する。
15:40	○降園準備をする。 ・所持品をかばんに入れる。 ・さようならのあいさつをする。	・連絡帳を渡し，忘れ物がないかを確認する。 ・1日を振り返り，明日も楽しく登園でき，明日への期待をもたせるよう話す。	・タオルやコートなど持ち物が残っていないか確認する。 ・帰りの会で，子どもたちと保育者が一日を振り返って，落ち着いてから降園することが理解できた。
16:00	・時間外保育の部屋に移動する。	時間外保育該当児の確認をして，保育室の移動を促す。	・時間外保育の保育室に移動する。 ・子ども達と遊ぶ。
16:30	・順次降園する。		

一日の考察と評価（学んだこと・目標の達成）

　今日は実習2日目でしたので，「1日の流れを把握する」ことを目標にしました。活動と活動の間に，先生が必ず「トイレに行っておいで」と声をかけておられ，手洗いのとき，指の節まで丁寧に洗うことを伝えておられました。また洗面台の前に「上手な手の洗い方」が絵で描かれていたり，朝や帰りの支度がスムーズにできにくい子ども達のためには，支度の順番もポスターのように描かれていたりして，子どもたちにも目で見て1日の流れが把握しやすいのだと気づきました。

　リズム遊びでは，音楽が鳴るとすぐ子どもたちは動き始め，音楽と体の動きを楽しんでいるのだなと思いました。保育者は一人の子どもと手をつないでいても，常に全体を見渡していて，一対一で向きあうことも大切ですが，大勢の子どもたちが一緒に活動しているときは，全体を見渡す目も必要だとわかりました。また，子どもたちはどんなときも全力で取り組んでいるのだと気づきました。

　本日はご指導ありがとうございました。明日もよろしくお願いします。

神戸洋子『新訂　知りたいときにすぐわかる　幼稚園・保育所・児童福祉施設等　実習ガイド』2023，同文書院より一部修正

資料4－7　1歳児の実習日誌（例）

○○年　2月　○日（曜日　） 天気　晴れ	△△　組　　1　歳児 6　名　出席：△名　欠席：□名	指導保育士	○○　○○　先生
実習生の目標	保育者の声かけを学ぶ。		

時間	子どもの活動	保育者の援助・配慮	実習生のかかわり・気づき
8:30	○順次登園する。 ・朝のあいさつをする。（時間外保育の保育室にいる） ○自由遊びをする。 ブロック・ままごと・積み木	・受け入れ（検温・視診・体調の把握） ・一人ひとりの様子を見ながら，声かけをする。「おはよう，いっぱい寝たかな？」「朝ご飯は何を食べたの？」等	・子どもと保護者にあいさつをする。 ・子どもの言葉を引き出すような話しかけ方をしておられた。
10:00	○片づけをする。 ○排泄をする。	・一人ひとりの名を丁寧に呼び，応答する。	○排泄に付き添い，危険がないか見守る。 ・子どもたちの表情と保育者との応答的なかかわりを見る。
10:30	○おやつを食べる。 ○園庭で遊ぶ 砂場／手押し車／ままごと	・安全を図りながら，遊具を出す。	・靴・靴下の履き替えを見守り，一緒に園庭に出て遊ぶ。
11:00	・排泄，トイレに行く。 ○給食を食べる。 ・手と口を拭いてもらい，配膳を待つ。 ・「いただきます」をして，スプーンとフォークを使って食べる。	・清潔を保ち，口と手を拭く。 「もぐもぐごっくん」などと話しかけながら食事を介助する。 ・「おいしかったね」と声がけする。	○給食の準備をする。 ・配膳をする。・机を拭く。 ○楽しい雰囲気で食べるよう配慮している保育者の様子を見る。
12:00	・「ごちそうさま」をする。 ・排泄をする。 ・パジャマに着替える。	・着替えを見守る。	・排泄に付き添う。 ・布団を敷く。
12:30	○午睡をする。	・落ち着いて眠れるように，明かりを調節し，胸を叩いたりする。	・「ねんねしようね」と声をかけ，背中をトントンする。
14:40	・目覚めた子から排泄をする。	・機嫌よく起きられるよう声をかけ起こす。	・布団をたたむ。 ・着替えの援助をする。
15:00	○おやつを食べる。	・一緒におやつを食べながら一人ひとりの体調を見る。	・おやつの準備をする。 ・一緒におやつを食べながら「美味しいね」と声かけをする。
15:40	○自由に遊ぶ。 ガラガラ／描画／布おもちゃ 順次降園する。	・一緒に遊びながら，連絡帳をかばんに入れる。 ・お迎えの保育者の今日の様子を口頭でも伝える。	・一緒に遊ぶ。夕方は午前中より活動が控えめなように感じた。 ・「連絡帳にも書いたのですが」と前置きして，重要なことは口頭でも伝えるようにしておられた。
16:00 16:30	時間外保育の保育室に移動する。	○引き継ぎをする。 ・明日も保育園に来たいと思えるように，一人ひとりに丁寧に声をかける。	○時間外保育（異年齢児）の様子を観察しながら，一緒に遊ぶ。

一日の考察と評価（学んだこと・目標の達成）

　本日は，「保育者の声かけを学ぶ」ことを実習目標としました。先生方は朝の受け入れ，排泄トレーニング，手洗い，給食などの場面で，子どもたちが自分から動いていけるように一つひとつを丁寧に言葉にしておられました。食器を渡すときも「ちょうだい」を言ってから渡すようにされていました。またほかのことに気を取られなかなか食のすすまないAちゃんには，とくにメニューを一つひとつ丁寧に伝えるなどの場面を見ることができました。

　先生方は，ほめるときも，諭すときも，一人ひとりの目をしっかり見て話をしていることも学びました。私も保育者になったとき，見習いたいと思いました。

神戸洋子『新訂　知りたいときにすぐわかる　幼稚園・保育所・児童福祉施設等 実習ガイド』2023, 同文書院より一部修正

コラム ㉗

時間外保育

　保育所（園）は，保育を必要とする（保育に欠ける）児童に対して，保育を行う施設です。保育所には，基本とする保育時間があります。

　本来の保育時間に加え，さらに延長して行う保育のことを，時間外保育（延長保育）といいます。時間外保育は，子ども・子育て家庭を対象とする事業として，市区町村が地域の実情に応じて実施しています。認可されている保育所では，基本的な保育時間が決められています（保育短時間の場合，8時〜16時や9時〜17時など。これは，園によって違いがあります）。

　保護者はこれ以上の時間，子どもを預ける場合，「時間外保育（延長保育）」を利用することになります。保育時間は保護者の就労状況によって決められます。保育が必要な場合は「保育の必要性の認定」を受け，保育所のほか，認定こども園，家庭的保育所，地域型保育事業所などを利用でき，住んでいる市区町村による「3つの区分の認定」に応じ，時間の範囲内で時間外保育を受けることとなります。

　「1号認定（教育標準時間認定）」は，満3歳以上の教育を希望する場合を指し，利用先は幼稚園・認定こども園です。

　「2号認定」は満3歳以上の「保育の必要な事由」に該当し，保育所等での保育を希望する場合を指し，利用先は保育所・認定こども園です。

　「3号認定」は満3歳未満の「保育の必要な事由」に該当し，保育所等での保育を希望する場合を指し，利用先は保育所・認定こども園・地域型保育です。

　「保育の必要な事由」とは，フルタイム，パートタイム・夜間・居宅内での労働など，基本的にはすべてのケースを含む「就労」です。それに「妊娠・出産」「保護者の疾病・障害」「同居又は長期入院等している親族の介護・看護」「災害復旧」「求職活動（起業準備を含む）」「就学（職業訓練所等における職業訓練を含む）」「育児休業取得中に，既に保育を利用している子どもがいて継続利用が必要である」なども加わります。

　「就労」を理由とする利用の場合，保育の必要量，「保育標準時間」（最長11時間）と「保育短時間」（最長8時間）です。

● 「保育標準時間」と「保育短時間」とは

　「就労」を理由とする利用の場合，保育の必要量は，「保育標準時間」利用は，フルタイム就労を想定した利用時間（最長11時間），「保育短時間」利用は，パートタイム就労を想定した利用時間（最長8時間）です。

　この，「保育短時間」利用が可能になる保護者の就労時間の下限は，1ヵ月あたり48〜64時間の範囲を基本として，市区町村が定めます。

　具体的には，「保育標準時間認定」では7時00分から18時00分，7時30分から18時30分な

ど，地域の実情にあわせて各保育園が範囲を指定し，支給認定保護者が保育を必要とする時間に保育を提供します。

また，「保育短時間認定」では，8時30分～16時30分とか9時から17時までなど，最長8時間内で，保育を提供します。

上記以外の時間帯でも，やむを得ない理由により保育が必要な場合は，保護者の申し出を調整しながら，それぞれの保育園の開所時間の範囲内で，7時30分から8時30分までなどの朝の時間（早朝保育）と18時から18時30分までや，20時までなど，時間外保育を提供します。

保育標準時間認定の利用例

	7：00～18：30	18：30～20：00
月～土	標準保育時間	延長保育（月決めと単日申し込みがあります）

保育短時間認定の利用例

	7：00～8：30	8：30～16：30	16：30～17：00	17：00～17：30
月～土	時間外保育（延長保育）	短時間保育時間	時間外保育（延長保育）①	時間外保育（延長保育）②

················· **コ ラ ム ㉘** ·················

異年齢保育について

● **異年齢保育（異年齢児保育）とは**

　3，4，5歳など異なった年齢の子どもたちでクラスを構成する保育形態を表すもので「異年齢保育」「異年齢児保育」とよばれます。同年齢のクラス単位の「横割り保育」に対して「縦割り保育」とよばれることもあります。同年齢児の活動を保証することも考慮し，縦割り保育と横割り保育を組み合わせて保育を行う園も増えています。異年齢保育を実施する目的として，

　1．少子化による子どもたちの社会性や仲間関係の形成不足が懸念される
　2．少子化によりとくに過疎地ではやむを得ず導入する
　3．多様な仲間関係の形成や自我の発達によい影響を期待する

などがあげられます。

　過疎地などで年齢集団が構成できない場合や，特定の曜日に小さい保育集団で保育を行うなど消極的な導入では「混合保育」とよぶ場合もありますが，少子化できょうだいや地域の

異年齢集団など年齢の異なる子ども同士で遊ぶ機会が減少したことを背景とし，子どもたちが年齢の垣根を越えて交流できる貴重な場であると積極的な意味を与えられてきました。

● **異年齢保育のねらい**

異年齢保育のねらいは，子どもたちが年齢の枠を越えてともに学び合い，成長していくことです。異年齢の子どもとかかわりあうことで，さまざまな刺激を受け社会性や協調性，思いやりの気持ちなどがはぐくまれることが期待されています。

異年齢が一緒に生活する中で，年長児にとっては，年少児の手本になることで思いやり，いたわり，手伝う，世話をする，配慮する，見守ることが自然にできるようになります。その結果，年長児としての自覚を持ち自信につながる等の効果が考えられます。一方，年下の子にとって，年長児に対して憧れや目標をもち，その姿を目指してまねをしよう，挑戦しようという意欲をもつ，刺激を受け生活，遊びの興味や関心の幅が広がる等の意味が考えられます。

● **習熟度で区切らない・子ども主導の保育**

異年齢保育は主に遊びのコーナーを設ける「コーナー保育」と連動し，クラスという居室枠にとらわれないことから個々の子どもの拠点となる居場所が広がります。しかし，異年齢の子ども同士がかかわる場をつくっただけでは，異年齢保育は成立しません。子どもたちが相互に学び合うよう，保育者が主導し「教えて育てる」から「生活を通して育てる」へと保育の質的転換を図り，保育者は全体を見渡して，子どもの興味や意欲を引き出すような言葉がけを行い，幅広い年齢に対応できる環境設定をします。

また年齢による習熟度区切りではなく，個々の発達を個人差としてとらえる視点も必要となります。異年齢の子どもが一緒に，同じ作業に取り組むことや，一緒にいること自体にも教育的意義があるので，さまざまな年齢の子どもがかかわり，協力することを最大限にいかすようにするのです。

また年長児の自尊心や満足感，社会性を高めることに期待しすぎないで「お世話する－お世話される」関係にとらわれず，世話を強要しないように留意する必要があります。

主に，3，4，5歳児について，検討されてきた異年齢児保育ですが，3歳未満児の増加にともない，安全に配慮しながら，1，2歳児と3歳以上児の異年齢児交流も検討されるようになりました。

● **指導案**

異年齢保育では異なる年齢の子どもが集まるため，設定する活動内容を工夫する必要があります。活動の時間配分も，年少児に合わせて余裕をもち，必要以上の準備をしておくことが重要となります。運動遊びやゲーム，製作や楽器遊びなど，設定保育は日々の子どもたちの状況や様子を見ながら，臨機応変に見直し，計画します。

6月の指導案　3・4・5歳児　絵本を読む

保育指導案

△△大学　○○学科　　　　　　実習者名

○○年　6月　○日	△△　組　3・4・5　歳児　20　名	出席数　20　名

最近の子どもの姿	・絵本を読んでもらうことを楽しみにしている。	主な活動	絵本を読むことを楽しむ。
		ねらい	・保育者の声かけに応じて、絵本を読み聞かせてもらう楽しさを知る。 ・かたつむりに関心をもつ。

時間	環境構成・教材など	子どもの活動	保育者の援助・配慮
15:30	[図：絵本コーナー（保）● ● ●／● ● ●、ままごとコーナー、積木コーナー] 保育者は絵本コーナーに絵本をもって行き、座って読み始める。 教材 高家博成・仲川道子 『かたつむりののんちゃん』 童心社，1999年 次の活動に移る	○絵本を見る ・保育者の声かけに応じて、絵本コーナーに数人ずつ集まる。 ・期待をもって保育者の手にした絵本に気持ちを集中する。 ・絵本『かたつむりののんちゃん』を見る。 ・「えーっ、かたつむりってそんなとこからうんちするの！」などと反応しながら絵本を見る。 「やすでちゃんを助けてあげたんだね」などと話す子どもたちがいる ○お迎えを待つなど次の活動に移る。	・「絵本を読むよ」「絵本コーナーにいらっしゃい」などと誘う。 ・集まった子どもたちに絵がよく見える位置に座っていること、視線が絵本のほうを向いていることを確認する。 ・絵本を読み始める。 ・子どもたちの反応に合わせて、絵本をめくる速度や声の大きさを調整する。 ・絵本の文字を追うことの集中してしまわないように気をつけながら読み進める。 ・読み終えたらもう一度、興味をもったページを見せる。 ・かたつむりのうんちや、ねばねばした液体などに興味をもった子どものつぶやきを受け止める。 ・飼っているかたつむりのそばに絵本を置き、子どもたちが手に取りやすいようにする。
15:35			
16:00			
反省			ご指導欄

【コラム㉘参考文献】

・荒井洌・福岡貞子『異年齢児の保育カリキュラム―たてわり保育の指導計画と実践例』ひかりのくに，2003年

・ききょう保育園・諏訪きぬ『ききょう保育園の異年齢保育―かかわりが確かな力を育てる―』新読書社，2006年。

・管田貴子「弘前大学教育学部紀要　第100号」：pp.69～73（2008年10月）「異年齢保育の教育的意義と保育者の援助に関する研究」

・増田まゆみ「異年齢保育」谷田貝公昭監修『保育用語辞典第2版』一藝社，2007年

2月の指導案　3・4・5歳児　こま作り

保育指導案

※本指導案は，まず5歳児がこま作りに取り組んだ後，3，4歳児に声をかける流れとしている。3～5歳児では育ちが大きく異なるため，保育者には以下への留意が求められる。
・興味をもって製作に取り組もうとする幼児一人ひとりの年齢，育ちに沿って援助を行うが，その際，「自分で作った」「自分でできた」という気持ちをもてるようにする。
・作り終えた5歳児が年少の友だちに作り方を伝えようとする気持ちを大切にする。
・3歳児は年中や年長児が作ったもので遊ぶ楽しさを味わうようにしたり，色ぬりを楽しめるようにしたりする。

△△大学　○○学科　　　　　　　実習者名

○○年　2月　○日	△△　組　3・4・5　歳児　20名	出席数　19　名

最近の子どもの姿	・お互いに刺激しあって一緒に活動できるようになっている。 ・友だちが行っている活動を見て，自分からやってみようとする。	主な活動	こまを作る
		ねらい	・こまを作り，回して遊ぶ。 ・年長児が年中・年少児に見せることで，互いに認め合う。

時間	環境構成・教材など	子どもの活動	保育者の援助・配慮
10:30	造形教材 こまの遊び場　　保 ブロックコーナー　パズルコーナー 保育者は子どもたちに「こまを作るよ」などと声かけをする。 教材 丸い紙 四角い紙 爪楊枝 できあがったこま数種	○こまを作る ・保育者の手にしたこまに興味をもって5歳児数人が集まる。「わー，よく回る」「作ってみたい」などと口々に話す。 ・保育者の手にした丸い紙と爪楊枝を見て期待をもつ。 ・穴を開ける箇所を考え，爪楊枝をさす。 ・何枚か紙を重ねるとよく回ることに気づく。 ・重心が下になるよう，紙を下のほうにつけるほうが安定することに気づく。 ・丸い紙のこまでしばらく遊んでから，保育者の用意した四角い紙にも興味を示す。 ・四角い紙のこまを作る。	・いろいろな模様を描いた手作りこまを回して見せる。 ・「作ってみる？」と声かけをする。 ・こまを作ることに期待がもてるよう声かけをする。 ・興味をもった子どもたちに，紙（丸い）と爪楊枝を渡し，「どこに穴を開けるとよく回るかな？」と話す。 ・「色をつけると，こんな風にきれいに見えるよ」といろいろなこまを見せる。 ・丸いこまで遊んでから，四角いこまを出す。 ・四角いこまも同様に，重心が下のほうがよく回ること，紙を2，3枚重ねたほうがよく回ること，角を折り曲げると回り方が安定することなどに気づくよう言葉かけをする。
11:00		○同じ部屋で遊んでいた3，4歳児も興味をもって眺めている。 ・3，4歳児もやってみたい子どもが出てくる。 ・作りたい子どもはいくつも作る。 ○片づけをする。 帰りの会などで，作ったこまを皆の前で回す。	・3，4歳児にも「一緒に作ってみる？」と声をかける。 ・3，4歳児に色をつけることを話し，着色した紙の中心の場所に印をつけ「ここに爪楊枝をさしてごらん」と丁寧に話す。 ・こまは各自の棚に置くよう話す。 明日もこまの材料を出しておくことを話す。
反省			ご指導欄

11 〈保育所〉指導実習(部分実習・責任実習)の実際

1)「指導実習」の意味

計画・立案～実践～反省・評価によって保育を深める

本章の「8 〈保育所〉実習のポイント」でも述べたように,実習は,おおむね「観察実習」「参加実習」「指導実習」の3種類に分けられます。ここでは,「指導実習」について理解を深めます。

「指導実習」とは,保育を計画・立案して実際に保育を実践し,反省・評価を行う実習です。反省・評価を行うことで,保育のあり方を学び,そこで見いだされた課題を次の実践に生かしていきます。

2)「指導実習」

指導実習には,「部分実習」と「責任実習」とがあります。「責任実習」は,「一日実習」「全日実習」とも呼ばれますが,ただし,実習園の実習計画や実習の進度によって,登園から昼食までの半日,昼食から降園までの半日(「半日実習」と呼ばれます)などの保育を担当することもあります。

① 「部分実習」

「部分実習」は,175ページで述べたように,担任保育者に代わり一日の保育の中の一部分を担当し保育実践を行うものです。

実習生は,実習に行く前に,さまざまな手遊びや絵本の読み聞かせ,パネルシアターやエプロンシアター,製作活動やルールのある遊びなどの教材研究をしておき,子どもの年齢・発達に合った教材で実習指導担当保育者とよく相談をしながら実習をさせていただきます。貴重な保育の時間をお借りして行うものですが,できるだけ積極的にさまざまな部分実習を行わせていただくとよいでしょう。

② 「責任実習」(「一日実習」「全日実習」)

「責任実習」のねらいは,保育全般および保育の内容の理解に基づいて,子どもの生活や遊びの指導を行い,反省・評価を通して,具体的な指導のあり方,環境の構成等について学ぶことです。「責任実習」を通して学ぶ内容は多くありますが,

〇保育の形態や方法の理解 〇指導案の立て方 〇環境の構成 〇指導技術
〇反省・評価の方法

等を学びます。

3）実習指導案の作成

　実習指導案とは，部分実習や責任実習を行う際に実習生が立てる指導計画案のことです。短い実習期間中に子どもの実態を把握することは難しく，実際の現場の保育者が立案するようにはいきません。しかし，子どもの様子を見て，指導案を立案し，保育を実践し，反省・評価を行い，その結果を次の実践に生かす経験は，P（計画）D（実践）C（評価）A（改善）を行っている保育現場には必要な基礎的な力を養う経験となります。実習指導担当保育者の助言を受けながら，何度も手直しをするつもりで，より良い指導案を作成していきましょう。

　指導案には，以下の内容が含まれます。

資料 4 − 8　指導案の内容

①基本的な事項
・実施日（年月日，曜日），クラス名（年齢）　・子どもの人数，実習担当保育者名，実習生氏名
②子どもの姿
・子どもの興味や関心　・その時期の遊びや活動の様子　・主な活動
に関する実態等
③ねらい
・保育や主な活動に関するねらい
④主な活動について
・活動名　・内容等
⑤準備物
・必要な用具や遊具，素材等とその数
⑥展開（指導，活動の流れ）
・時間　・環境の構成　・予想される子どもの姿，活動　・保育者の援助と配慮点
・反省・評価　・今後の課題

4）「部分実習」の指導案（主な活動の場合）

　「部分実習」の指導案の一例を，次ページの資料 4 − 9，4 − 10に示します。

資料4-9　1・2歳児「新聞紙を破いて，ボールを作って遊ぶ」

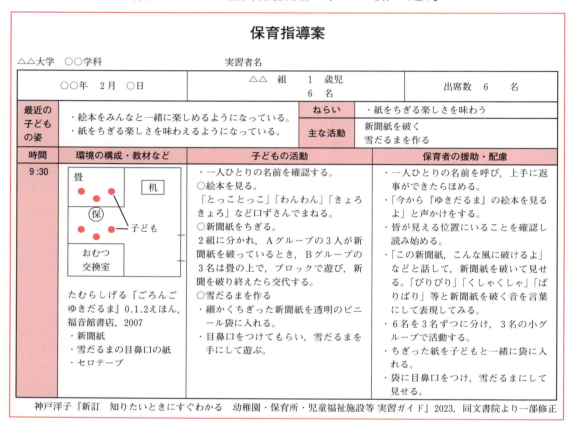

神戸洋子『新訂　知りたいときにすぐわかる　幼稚園・保育所・児童福祉施設等 実習ガイド』2023, 同文書院より一部修正

資料4-10　3・4・5歳児「絵本と手遊び」

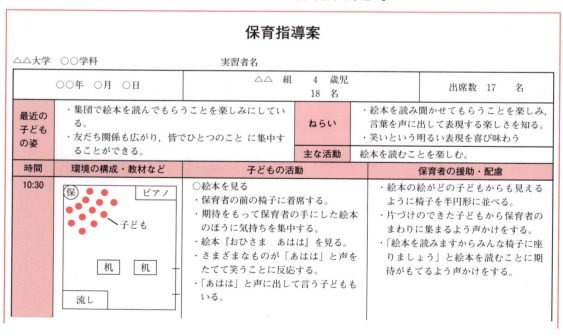

時刻			
10:35	保育者は立ち，子どもたちは椅子に着席する。 教材 前川かずお『おひさまあはは』こぐま社，1989年	・絵本のなかの「あはは」という笑い声を思い出して声を出してみる。 ・小さな声，大きな声，元気な声の違いに気づき口々に笑い声について話をする。「ありさんの声は小さいよ」「ぞうさんの声は大きい」「ライオンさんは…」などと話す。 ○手遊び『手をたたきましょう』をする。（保育者と一緒に手遊びを楽しむ。） 「笑いましょアハハ」「泣きましょエンエンエン」「怒りましょプンプンプン」のところはしぐさをする。「笑いましょアハハ」のところは大きく口を開けて笑う。	・全員が，絵本がよく見える位置に座っていること，視線が絵本の方を向いていることを確認する。 ・子どもたちが静かになったら，絵本を読み始める。 ・子どもたちの反応に合わせて，絵本をめくる速度や声の大きさを調整する。 ・絵本の文字を追うことのみに集中してしまわないように気をつけ，どの子も絵本の世界に入っているか確かめながら読み進める。 ・読み終えたら「あはは」という笑い声について，「大きい声であははと笑うと楽しいね」などと話をする。 ・小さな声，大きな声，元気な声などの違いに気づくことができるよう子どものつぶやきを受け止める。 ・『手をたたきましょう』の手遊びをしましょう。みんなも一緒に手を叩きましょう」と声かけをし，一緒に手遊びをする。
10:50 11:00	次の活動に向けて移動をする。	○次の活動のための準備をする。 ・保育者の用意した机の周囲に椅子を持って移動し，着席する。 ・ぶつからないように男の子，女の子の順で移動する。 ・椅子は両手でしっかり持つ。	・「次は○○をします。机を出すので椅子を持って自分の席のところに座りましょう」と次の活動に移ることができるように話し，次の活動に気持ちが向くようにしてから，机を出す。 ・椅子のきちんとした持ち方を伝える。
反省			ご指導欄

神戸洋子『新訂　知りたいときにすぐわかる　幼稚園・保育所・児童福祉施設等 実習ガイド』2023，同文書院より一部修正

5）「責任実習」（「一日実習」「全日実習」）の指導案

167ページには幼稚園の一日実習指導案が示されています（資料4-5）。保育所の場合は一日の保育時間が長くなりますが，内容は同様のものとなります。

12 認定こども園

1）保育を取り巻く今日的な課題

子どもを取り巻く環境の変化

現在わが国では，家族，地域，雇用など，子育てを取り巻く環境などが大きく変わってきています。ひとつの家族を構成する人数が減少し，家族や地域に子育てなどについて気軽に相談できる相手がいないことで，保護者のなかには孤立感・孤独感を抱えている人が少なくなくありません。また，そのようなことが，子どもへの虐待につながりかねない事態が生まれる要因のひとつになっており，地域や保育施設における「子育て支援」の必要性が高まってきています。

さらに，多様な働き方にともない，出産後早々に職場復帰を求める母親が増えている一方で，保育施設を利用したくても空きがない，いわゆる「待機児童」などの深刻な問題も生じています。

2）「認定こども園」制度のスタート

これらの問題を少しでも緩和したいとの考えから，①幼稚園と保育所の施設の共用化や連携（幼保一元化），②就学前の乳幼児をもつ保護者への支援などの動きが，法制度のうえからも整理されるようになりました。

幼稚園と保育所のそれぞれの長所をいかし，その両方の役割を果たす新しい仕組み，つまり，①保護者が就労しているかどうかにかかわりなく，小学校に入学する前の子どもたちに必要な教育・保育を一体的に行うとともに，②地域のすべての子育て家庭を対象に，子育て不安などに対応した相談援助や，親子のつどいの場を提供するなどの活動を行う場を新たに作ることを目的として成立した，就学前の子どもに関する教育，保育等の総合的な提供の推進に関する法律＊（平成18年法律第77号）に基づき2006（平成18）年にスタートしたのが，「認定こども園」の制度でした。

認定こども園の特徴としては，これまでの幼稚園や保育所に，それぞれ互いの機能が付加したものととらえることができ（図4-1），地域の実情に応じた選択ができるよう，「幼保連携型」「幼稚園型」「保育所型」「地域裁量型」という4つのタイプが存在しています（図4-2）。

＊いわゆる認定こども園法のこと。

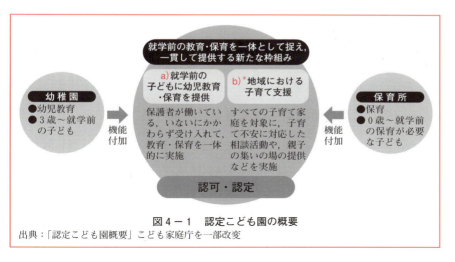

図4-1　認定こども園の概要
出典：「認定こども園概要」こども家庭庁を一部改変

＊実習園では、どのような取り組みをしているか調べてみよう。

幼保連携型	幼稚園型	保育所型	地方裁量型
幼稚園的機能と保育所的機能の両方の機能をあわせ持つ単一の施設として認定こども園としての機能を果たすタイプ	認可幼稚園が、保育が必要なこどものための保育時間を確保するなど、保育所的な機能を備えて認定こども園としての機能を果たすタイプ	認可保育所が、保育が必要なこども以外のこどもも受け入れるなど、幼稚園的な機能を備えることで認定こども園としての機能を果たすタイプ	幼稚園・保育所いずれの認可もない地域の教育・保育施設が、認定こども園として必要な機能を果たすタイプ

図4-2　認定こども園の4つのタイプ＊＊
出典：「認定こども園概要」こども家庭庁

＊＊実習園は「図4-2」のどのタイプなのか把握しておくことが大切である。

3）「認定こども園」をめぐる動き

　認定こども園は、先に述べたように、保護者の就労の状況にかかわらず利用可能な点などから一定の評価を得てきましたが、とくに「幼保連携型認定こども園」の場合、保育所と幼稚園の設置基準を満たしたうえで、厚生労働省と文部科学省の両方の認可を得る必要があるなど、手続きの煩雑さなどが指摘されてもいました。そのような問題点を解消すべく、それまで、別々の立場で子どもにかかわる制度・法整備などを行ってきていた内閣府、厚生労働省、文部科学省の3府省が一体となって、その解決をはかることとなりました。

　この流れのなかで可決・成立したのが、いわゆる「子ども・子育て関連3法」です。具体的には、子ども・子育て支援法（平成24年法律第65号）、就学前の子どもに関する教育、保育等の総合的な提供の推進に関する法律の一部を改正する法律＊＊＊（平成24年法律第66号）、子ども・子育て支援法及び就学前の子どもに関する教育、保育等の総合的な提供の推進に関する法律の一部を改正する法律の施行に伴う関係法律の整備等に関する法律＊＊＊＊（平成24年法律

＊＊＊いわゆる、改正認定こども園法のこと。

＊＊＊＊いわゆる、「関係法律の整備法」のこと。子ども・子育て支援法と改正認定こども園法の施行にともない、児童福祉法などの関係法律を改正するための法律。

第67号）の３つをさします。
　この３法に基づき，子どもを取り巻く環境を「量」と「質」の両面からよりよいものに改善し，社会全体で支えていくことを目的として2015（平成27）年４月にスタートしたのが「子ども・子育て支援新制度」です。

「子ども・子育て支援新制度」における教育・保育を受ける場

　子ども・子育て支援新制度において，就学前の子どもたちが教育・保育を受けられる場として，「幼稚園」「保育所」「認定こども園」「地域型保育*」の４つが存在しています。
　この制度では，「保育を必要とする事由**」に当てはまるかどうか，また，「保育の必要量（利用時間）」により，居住地の市町村から「１号認定（教育標準時間認定）」「２号認定（保育認定：保育標準時間〈最長11時間〉）」「３号認定（保育認定：保育短時間〈最長８時間〉）」の別の認定を受けます（185ページのコラム㉗参照）。
　それぞれの認定によって，受け入れ可能な施設が異なりますが，この１～３号認定のすべての子どもたち，つまり，いかなる状況にある家庭の子どもでも受け入れることができる唯一の施設とされたのが「認定こども園」であり，この「認定こども園」の改善・普及が，子ども・子育て支援新制度において，大きな柱のひとつとされたのです。

「子ども・子育て支援新制度」における「認定こども園」

　子ども・子育て支援新制度においても，「認定こども園」の４つのタイプは変わらず存在しています。しかし，より多様な保育・教育の提供の場として，４つのタイプのうち「幼保連携型認定こども園」への移行が推進されています。
　子ども・子育て支援新制度における「幼保連携型認定こども園」の特徴は，以下のようなものがあげられます。

・これまで，幼稚園は文部科学省，保育所は厚生労働省と，管轄が別だったものが，「幼保連携型認定こども園」については，内閣府・文部科学省・厚生労働省の３府省が一体となり，認可・指導監督が一本化された***
・幼稚園と保育所の両方の機能を併せもつ施設であるため，「幼保連携型認定こども園」に従事する保育者は両方の免許・資格を有する必要があり，「保育教諭」という名称でよばれる
・これまで，認定こども園での教育は幼稚園教育要領，保育は保育所保育指針に準じて行われてきたが，幼保連携型認定こども園で行われる教育・保育の指針として，幼保連携型認定こども園教育・保育要領が示されている

　なお，幼稚園教育要領，保育所保育指針と同じように，幼保連携型認定こども園教育・保育要領のねらいとして，「幼保連携型認定こども園」修了までに

* 「子ども・子育て支援新制度」において新たに設置されたもので，「家庭的保育（保育ママ）」「小規模保育」「事業所内保育」「居宅訪問型保育」の４つのタイプがあります。それぞれ，保育所よりも少人数の単位で，０～２歳の保育を必要とする子どもが生活する場となります。

** 「保育を必要とする事由」を具体的にあげると，以下のようになります。
・就労（フルタイムのほか，パートタイム，夜間，居宅内の労働など）
・妊娠，出産
・保護者の疾病，障害
・同居または長期入院などをしている親族の介護・看護
・災害復旧
・求職活動（起業準備を含む）
・就学（職業訓練校などにおける職業訓練も含む）
・虐待やDVのおそれがあること
・育児休業取得中に，すでに保育を利用している子どもがいて，継続利用が必要であること
・その他，上記に類する状態として市町村が認める場合

なお，赤字で示している内容は，これまでの「保育に欠ける事由」としては認められていなかったもので，「子ども・子育て支援新制度」において，新たに「保育を必要とする事由」として加えられたものです。

子どもたちが育つことが期待される「生きる力」の基礎となる心情，意欲，態度などが，また，園児の健やかな成長・発達を考え，そのねらいを達成するために保育者（保育教諭）が指導する事項（内容）が，「健康」「人間関係」「環境」「言葉」「表現」のいわゆる5領域にて示されています。

認定こども園において実習に臨むにあたっては，このような今日の保育に対するニーズをふまえて，教育・保育を一体的に提供する子ども・子育て支援新制度の取り組みを理解しておくことが大切です。

＊＊＊（前ページ）2023（令和5）年度より，幼保連携型認定こども園は保育所とともに，こども家庭庁の所管となっている。

【参考文献】
- 榎沢良彦（監修）『「幼保連携型認定こども園教育・保育要領」ってなぁに？』同文書院，2015
- 内閣府・文部科学省・厚生労働省「子ども・子育て支援新制度ハンドブック 施設・事業者向け（平成27年7月改訂版）」，2015
- 内閣府・文部科学省・厚生労働省「子ども・子育て支援新制度 なるほどBOOK（平成28年4月改訂版）」，2016
- 内閣府・文部科学省・厚生労働省「幼保連携型認定こども園教育・保育要領解説」，2018
- 内閣府・文部科学省・厚生労働省「子ども・子育て関連3法について」，2013

コラム ㉙

保育・幼児教育の無償化が始まりました

2019（令和元）年10月の消費税引き上げのタイミングに合わせ，保育・幼児教育の無償化が始まりました。この制度では，世帯の所得額にかかわらず，3歳から5歳までのすべてのこどもたちの幼稚園，保育所，認定こども園の費用が無償化されました。0歳〜2歳児に関しては，住民税非課税世帯＊に限り無料です。また，就学前の障害児が通う障害児通園施設も無料で利用できます。認可外保育サービスの価格は，施設運営者により自由に設定されているため，認可保育所利用料との差額のみ負担します。また，認可外保育施設に加え，幼稚園等の一時預かり事業，病児保育事業，ファミリー・サポート・センター事業も無償の対象です。しかし，実費として徴収される通園送迎費・食材料費・行事費などの経費については無償化の対象ではないため，費用の負担が必要です。

＊住民税非課税世帯：以下が対象となります。
- 生活保護を受給している
- 未成年者，障害者，寡婦（夫）で前年合計所得が125万円以下
- 前年合計所得が各自治体の定める金額以下

【参考文献】内閣府ホームページ

13 認定こども園での実習

1）実習における視点

特徴に応じた学び方

　認定こども園の特徴や機能に応じて，子どもや保護者がどのように利用しているのかについて着目します。また認定こども園では，生活経験や園での生活の仕方が異なる子どもたちが一緒に生活しています。そうしたことをふまえたうえで，それぞれの子どもや保護者に対する保育者のかかわりや配慮，そして保育者間の連携に留意して理解します。その場合，従前の幼稚園にあって保育所にはなかったもの，あるいは従前の保育所にあって幼稚園にはなかったものに着目することが大切なポイントです。

　たとえば，幼保連携型認定こども園の場合，保護者は"保育を必要とするかしないか"という視点から，従前の幼稚園に相当する教育時間（4時間程度）と，従前の保育所に相当する保育時間（8時間程度）とから，利用（入園）の仕方を選ぶことができます。このうち，保育を必要とする3〜5歳児の子どもと教育時間を利用する子どもが共通に生活する時間が教育時間となります（図4−3を参照）。

幼保連携型「認定こども園　太田いずみ幼稚園」（群馬県太田市）の例

　「太田いずみ幼稚園」は，幼稚園が機能を広げる形で「認定こども園」の認定を受け，「満3歳以上の子ども及び満3歳未満の保育を必要とする子ども」を受け入れて，それに対する教育・保育を行っています。現在，受け入れている在園児は，以下のとおりです。

a）教育時間を利用する満3歳以上（1号認定）を60名
b）保育の時間（教育時間を含む）を利用する満3歳以上（2号認定）および
　　満3歳未満（3号認定※太田いずみ幼稚園では1歳以上）を70名

　なお，必要に応じて，教育時間を利用する子どもが延長保育に参加することもあります。

①開園・保育日数等と1日の流れ

　「太田いずみ幼稚園」を例に開園・保育日数等と1日の流れをみていきましょう。

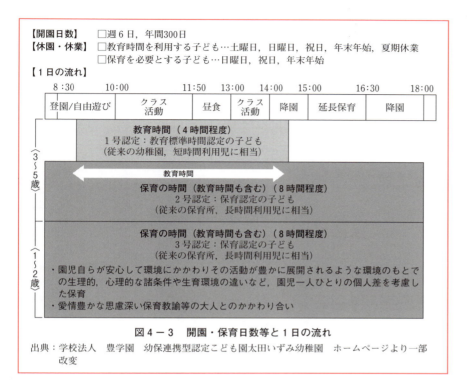

図4-3 開園・保育日数等と1日の流れ

出典：学校法人 豊学園 幼保連携型認定こども園太田いずみ幼稚園 ホームページより一部改変

②子育て支援事業

認定こども園の「地域における子育て支援を行う」というもう1つの機能にも着目し、保育者がどのように相談や活動に取り組んでいるのかを理解するようにします。「太田いずみ幼稚園」を例に、どのような子育て支援事業があるのかみていきましょう。

```
1. 親子の集いの広場事業「すくすくっ子広場」
   5月より月1回開催／11月以降は、月3回開催　10:30～11:30
   「ご家族で太田いずみ幼稚園の楽しさを体験しながら、
    スタッフと共に子育てについて気軽に話し合いましょう！」

   入園前体験教室「すくすくっこ広場」（令和6年度）
   あそびにおいでよ
   ○5月18日（土）～幼稚園って楽しいな！ピザ窯OPEN～
   ○6月18日（土）～親子でたくさん体を動かそう～
   ○7月17日（水）～子ども達のためのミニコンサート～「音楽祭」♪開催！！

2. 園庭開放　毎週水曜日　10:00～11:30
3. 教育・保育相談事業「お話し 聞かせて！」　9:00～16:00
4. 地域の子育て支援に関する情報提供・紹介事業「みんなすくすく」　毎月1回
5. 施設型一時保育事業　随時実施　9:00～14:30
6. プレスクール　次年度入園予定児の活動
```

図4-4 子育て支援事業の一例

出典：学校法人 豊学園 幼保連携型認定こども園太田いずみ幼稚園 ホームページより

認定を受けていない施設の取り組み

　幼稚園や保育所によっては、「認定こども園」の認可を受けずに幼保一体的な取り組みを行っている場合もあります（幼稚園が同じ、または近隣の敷地に認可外の保育施設を運営するなどの場合、また預かり保育を行っている場合など）。そうしたケースも含めて、今日の幼稚園、保育所における子育て支援にかかわる取り組みを理解し、実習に取り組むことが大切です。

実習を受ける際の注意点*

＊実習を受ける際の注意点については、Part1の「2　学外実習について」も参照。

　認定こども園は、幼稚園や保育所の従来の機能をさらに広げ、新たな教育・保育活動を展開しています。しかし、従来の幼稚園や保育所と比べ、事業が展開されてからまだ日は浅く、みなさんが実際にその具体的な活動に触れ、内容を学ぶ機会が十分にあったとは言いがたいでしょう。したがって、以下に述べることは、実習についての原則的な事柄であり、それぞれの地域や養成校、そしてこども園の実情に即して、慎重に確認をしながら、実習準備・実習に取り組むことが大切です。

①幼稚園および保育所実習を行う施設を決める

　幼稚園および保育所実習は、その施設が認可を受けている場合、実習を受け入れることができます。幼稚園実習ならば幼稚園型認定こども園で、また、保育所実習ならば保育所型認定こども園で、これまでどおりに実習を行うことができます。また、幼稚園と保育所の機能をあわせ持つ幼保連携型認定こども園については、その施設に問い合わせ、自分の取り組みたい実習が受け入れてもらえるかどうかを確認する必要があります。園名だけではどの型の施設にあたるかなど、実際の運営についてわかりにくいことがあり、また、認定こども園としての運営が始まったばかりの時期には、施設の事情によって、実習生の受け入れがむずかしいこともあります。さらに、認定こども園に移行するための準備などで、次年度の受け入れについて見通しが立たなかったり、地域によっては施設の数が少なかったり、また市町村によっては、公立の施設の一体化を図るなどして施設数が減っていることがあったりします。

　いずれにせよ、養成校の実習指導の先生や実習指導センター等の担当者に相談して、施設の実習生の受け入れ状況について問い合わせをするなどし、しっかりと実習準備を進めていくことが必要です。

②実習の取り組みで

　幼稚園と保育所というように、子どもが利用する理由（教育と保育）ごとに、異なる施設で生活している場合であれば、子どもへの接し方はそれぞれの施設でのあり方に目を向け、慣れ、覚えていけばよいでしょう。しかし、幼保連携型認定こども園のように、同じ施設のなかで利用の仕方が違う子どもが一緒に

生活している場合には，それぞれの子どもの実態に応じた働きかけや言葉がけなどの配慮が必要になります。

　たとえば，保育を必要とする子どもたち（長時間利用児）は，多くの場合，朝早く登園して，夕方遅くまで園で生活します。そのため，その利用時間中には，保育（朝や午後・夕方）の先生と昼間のクラス担任の先生というように，異なる先生とかかわることがあります。また，それぞれの時間帯で生活する部屋や接する仲間が異なる場合もあります。

　さらに，保育所的な機能として，通常の保育に加え，土曜日や長期休業期間（夏休み，冬休み）にも保育が行われるため，同じ1つの施設のなかでも，子どもや保護者の生活を支える先生方の取り組み方は多様なものになります。

　このように，認定こども園での実習では，「幼稚園」「保育所」いずれかの立

表4-18　配慮すべき状況例とその留意点

	状　況	留意点
例1 対子ども	【金曜日，昼間のクラスの降園指導で，子どもたちに「また会おうね」と話した】 保育を必要とする子どもたちのなかには，翌日の土曜日に登園する子どもがいる一方で，教育時間を利用する子どもたちのほとんどは，週明けの月曜日に登園することになる。	・それぞれの子どもの実態，生活に応じた働きかけに留意すること。 ・子どもの実態に関する情報について守秘義務を守り，職員間での共通理解のあり方について学ぶこと。 ※左記の3つの例でもわかるように，子どもの生活や子どもへのかかわり方は一様ではない。
例2 対子ども	【「先生，昨日は楽しかったね」とある子どもが，昨日の午後の出来事について感想を言った】 昨日の午後の保育や延長保育での出来事は，教育時間を利用する子どもたちは，経験していないことになる。	
例3 対子ども	【3～5歳児における保育の時間帯のこと】 遊びや人間関係などで，教育時間におけるクラスでの様子とは異なる姿を見せる子どもがいる。	
例4 対保護者	【保育を必要とする子どもの保護者のこと】 教育時間を利用する子どもたちの保護者の場合，送迎や行事などで担任と顔を合わせる機会が比較的もてる一方で，早朝や夕方に送迎する保育を必要とする子どもの保護者は，日中の保育の様子などについて，担任から直接聞くのではなく，連絡帳や伝言を通して知らされることが多いと考えられる。	・保護者の生活や思いに応じたかかわりに気づくこと。たとえば，園では，日中，働いている保護者の参観や行事への参加，持ち物の準備など，保護者の実情を考慮した保育の構成やかかわりを行っている。
例5 対職員	【一緒に働く職員のこと】 たとえば，幼稚園実習として参加した場合でも，認定こども園では，乳児や保育の時間，延長保育，給食など，保育所の機能を担当する先生方ともかかわることがある。	・すべての子どもや職員に丁寧にかかわり，園全体の働きを学ぶこと。 ・職員間での情報の共有や協力，連携の様子を学ぶこと。 ・幼稚園，保育所，認定こども園それぞれの領域の考え方や言葉遣い，また独自の方針やきまりごとを理解し，慣れること。 ・認定こども園における幼稚園，または保育所の機能という視点を通して学ぶこと。 ・職務や勤務形態が異なっても，同じ施設で子どもたちの育ちを一緒に支え合っていくための姿勢や取り組みを学ぶこと。

場で学び，かかわることになります。そのため，そこで出会う"利用の仕方が異なる"子どもたちの生活の違いを理解し，配慮あるかかわりができるように心がけましょう。

表4-18に，認定こども園での配慮すべき状況例（子ども，保護者，職員に対して）をあげました。留意点を参考に，ほかにどのようなことに注意すべきか，考えてみましょう。

【参考文献】
・佐伯一弥「第7章　幼保一体化保育の計画と実践」戸田雅美・佐伯一弥（編著）『幼児教育・保育課程論』建帛社，2012
・五十嵐敦子「第15章　認定子ども園での実習」林邦雄・谷田貝公昭（監修），大沢裕・高橋弥生（編著）『保育者養成シリーズ　幼稚園教育実習』一藝社，2012
・榎沢良彦（監修）『「幼保連携型認定こども園教育・保育要領」ってなぁに？』同文書院，2015
・安部孝編著『自分でつくるBOOK＆NOTE－教育・保育実習でよりよい時間を過ごそう！－』同文書院，2015
・内閣府・文部科学省・厚生労働省「子ども・子育て支援新制度　なるほどBOOK（平成28年4月改訂版）」，2016
・内閣府・文部科学省・厚生労働省「幼保連携型認定こども園教育・保育要領解説」，2018

コラム ㉚

義務教育ってなんだろう

　義務教育とは，「すべての子どもが満6歳になったら，小学校へ行かなければならない」ということです。もし，行かなければ，保護者が罰せられます。もちろん病気などで行けない場合もあります。その場合は「就学猶予」となります。

　一方で，幼稚園や保育所に行くことについての法的義務はありません。現在，幼稚園には92万3,000人（2022〈令和4年〉年度学校基本調査速報，2022年5月1日現在），保育所等（保育所，幼保連携型認定こども園，特定地域型保育事業）を利用する3歳児以上は162万8,974人（保育所等関連状況取りまとめ（令和4年4月1日），2022年4月1日時点）の計255万1,974人の子どもたちが在園しています。つまり3～5歳児（約283.1万人：2021年10月1日現在の人口）の約9割が幼稚園や保育所，幼保連携型認定こども園に通っていることになります。しかし，残りの約1割（約27.9万人）の子どもたちは少なくとも，幼稚園や保育所，幼保連携型認定こども園には通っていない，在宅保育ということになります。

　ということは，小学校には，さまざまな環境で育った児童が集うことになります。そこには，集団生活に慣れた児童も，慣れていない児童もいますし，また，自分の名前が漢字で書ける児童もいれば，ひらがなで書くのもおぼつかない児童もいます。さらに，幼稚園，保育所，幼保連携型認定こども園では「あそび」が中心で，小学校では「学習－勉強」が中心で，そのために以下の表のようなさまざまな違いがあります。

　こうした視点からもう一度，小学校を見てみることも必要ではないでしょうか。

表　幼児教育と小学校教育の違い

	幼児教育	小学校教育
	・任意の教育…行かなくてもよい　幼稚園・保育所・認定こども園・家庭など	・義務教育…行かなければならない
学びについて	・遊びや生活を通して5領域を総合的に学ぶ。 ・子ども一人ひとりの興味関心に基づいた遊びが展開される。 ・直接的・具体的な体験を通して学ぶ。 ・席についての活動がほとんどない。 ・遊びが学びである。	・各教科・道徳・特別活動などの教育課程を決められた時数で系統的に学ぶ。 ・一斉指導が多く，指導内容が決まっている。 ・概念的な学び・間接的体験が増える。 ・席についての学習が多い。 ・学習規律がしつけられる。
生活について	・生活時間としての大まかなリズムがあるのみ。 　（例）登園→朝の活動→昼食→昼の活動→降園 ・登園や降園は保護者の送り迎えがある。 　（担任と毎日顔をあわす） ・いつでもトイレに行ける。	・基本的に45分の授業に区切られ，時間割にそって生活する。 ・自由に遊ぶ時間が少ない。 ・みんなで協力して活動することが増える。 　（係の仕事・そうじ・給食当番など） ・子どもだけで登下校をする。 　（保護者と連絡をしあうために工夫が必要 　　…連絡帳や電話・家庭訪問など） ・休み時間にトイレに行くようにする。

出典：徳安敦・阪上節子編著『生活事例からはじめる　―保育内容―人間関係』青踏社，2018より

特別な支援を必要とする子どもへの配慮

1) 特別な支援を必要とする子どもへの配慮

　保育の現場では，特別な配慮や支援を必要とする子どももほかの子どもたちと一緒に生活しています。障害があったり，発達上の課題が見られたり，虐待または虐待が疑われる子どもたちには，関係機関との連携を図りながら，長期的な視点での個別の支援計画等を作成し，保育を行っています。また，海外から帰国した子どもや外国籍家庭の子どもなどには，状況に応じて個別の配慮を行っています。そこで，保育者がどのように支援し，ほかの子どもたちとのかかわりに配慮されているのかに留意し，実習生としての取り組みを考えていくようにします。

　以下，本節では「障害のある子どもに対する幼児期の保育・教育」を取り上げ，実習での取り組みについて学習します。

2) 障害のある子どもに対する幼児期の保育・教育

障害を理解し，適切な支援を

　障害のある子どもの保育・教育環境としては，障害児専門施設，通園事業，

表4－19　障害とその特徴

障害のタイプ	症　状
視覚障害	視力の障害，視野の障害，色弱など。
聴覚障害	聾，難聴など。
言語障害	言葉がしゃべれない，語彙数が少ない，なめらかにしゃべれない，会話ができないなど。
運動障害 (肢体不自由)	仮死，未熟出生，重症黄疸が主な原因とされる脳性まひがもたらす症状が一般的。骨格筋，骨，関節，腱，運動神経の器質的損傷による運動障害などがある。
内部障害	心臓，呼吸器，肝臓，腎臓，血液などの疾患により，永続的に日常生活が著しく制限を受ける障害。先天性心疾患，小児喘息，小児糖尿病なども含まれる。
発達障害	自閉性障害*，アスペルガー症候群，その他の広汎性発達障害**，学習障害，注意欠陥多動性障害，その他これに類する脳機能の障害であってその症状が通常低年齢において発現するものとして政令で定めるもの。(発達障害者支援法より)

＊本来，発達障害者支援法では「自閉症」という名称を使用しているが，本書では自閉性障害という名称を用いる。

＊＊自閉性，アスペルガー症候群，その他の「広汎性発達障害」は現在では「自閉スペクトラム症」という名称を使用しており，基本的に本書は「自閉スペクトラム症」を用いている。ただし，「自閉症－自閉性障害」も，現在使われているため，本章ではこの名称を用いている(Part 1の「3　特別な支援を必要とする子どもについて知る」参照)。

幼稚園，保育所，幼保連携型認定こども園，特別支援学校*の幼稚部などがあります。Part 1 の「3 特別な支援を必要とする子どもについて知る」でも触れましたが，障害のない子どもと，障害のある子どもとを一緒に同じ場所で保育することを「統合保育」といい，ともに同じ地域社会に生活する子どもとして，一緒に育ち合うことは自然であり，そうした環境を与えていくことが保育者の役割の1つだということができます。最近は，障害に関する情報を比較的簡単に得ることが可能になり，保護者の関心も高いといえます。しかし，障害の種類によっては，乳幼児期にはまだわからなかったり，家族がそのことを受容できなかったりすることなどから，適切な支援がなされないことがあります。保育者として障害そのものについて，また，特別な支援を必要とする子どもたちに必要な配慮について理解し，適切な個別の支援や指導を行うことは不可欠なことといえます。

＊79ページの側注参照。

　特別な支援を必要とする子どもたちが抱える障害には，さまざまな症状があります。「視覚障害」「聴覚障害」「言語障害」「運動障害」「内部障害」「発達障害」のそれぞれの特徴について表4－19にまとめました。

3）知的障害，自閉スペクトラム症（ASD），注意欠陥多動性障害の子どもへの配慮

　保育者は，子どもたちが抱えるさまざまな障害に配慮した保育を実践しなければなりません。表4－20に，保育現場で見られるさまざまな障害についての基本的な理解の仕方，配慮の仕方をまとめました。

4）一人ひとりに応じた指導

　障害のある子どもの保育は，一人ひとりの発達や障害を把握し，指導計画のなかに位置づけて，適切な環境のもとで行います。その際には担任一人ではなく，全教職員と共通理解を図り，家族や，また必要に応じて特別支援学校や医療，福祉などの関係機関から助言を得たり，連携したりしながら，支援計画や指導計画を作成します。そのとき，特別な支援を必要とする子どもが育つ集団に所属するほかの子どもたちの保育環境への十分な配慮も必要です。

5）実習の取り組みの際の配慮

子どもの不安と緊張をやわらげよう

　実習生として障害のある子どもにかかわる際には，障害の特性や一般的な配慮の仕方を理解しておくことが必要です。また，保育者や周囲の子どもたちの

表4-20 知的障害，自閉スペクトラム症（ASD），注意欠陥多動性障害の特徴

知的障害	《症状》 知的障害は，知的発達に遅れが見られ，適応行動に障害がある状態をいい，原因や状態はさまざまである。また言語障害や情緒障害をともなう場合がある。 《配慮》 ・スモールステップ*の課題を与え，達成感を味わえるように配慮する。 ・思いを認め，周囲の子と喜びあう場面を作る。 ・生活の具体的な場面で，直接的な体験を通した理解を大切にする。 ・くり返しの行動などを温かく見守る。
自閉スペクトラム症（ASD）**	《症状》 ・対人関係の障害：視線があわない，呼んでもふり向かない，1人で満足しているように見える，集団行動が取れない　など ・言語発達の障害：言語発達が遅れる，オウムがえし　など ・脅迫的および儀式的な行動：おもちゃの自動車を走らせるよりも車輪の回転だけを楽しむなどの特有の遊び方，興味の範囲が著しく狭く限られている，ものの配置へのこだわり　など 《配慮》 自閉スペクトラム症（ASD）のこだわりは不安を解消する防衛という要素を含んでいる。そのため以下のような配慮が必要となる。 ・同じパターンを尊重し，それをくり返しながら少しずつ変化させていく。 ・生活のリズムや言葉がけや指示の出し方を一定にする。 ・静かな環境で，簡潔でわかりやすく指示を行う。 ・叱りっぱなしではなく，ほめたりおだてたりしてプラスの感情を育てる。
注意欠陥多動性障害（AD/HD）	《症状》 不注意（集中困難），多動，衝動性を中心として，そこから派生するさまざまな影響でトラブルを起こし，日常をスムーズに過ごすことが困難。 《配慮》 ・「多動→おとなからの叱責→情緒不安定→多動」という悪循環を起こさないように配慮する。 ・思いや要求を知らせるようにくり返し言葉をかける。 ・ほめることを大切にする。 ・子どもが落ち着く場面（慣れた場所など）での個別のかかわりを作る。

* むずかしい内容を学習させる場合には，急にむずかしい内容から入らず，学習内容を小さな単位に分割し，やさしい内容から出発して，少しずつ小刻みにむずかしくしていく方法。小さい目標を一つずつクリアし達成感を味わうことで，自信をもち，自己効力感を高めていく。

** 自閉スペクトラム症（ASD）については，Part1の「3　特別な支援を必要とする子どもについて知る」を参照。

かかわり方をよく観察したり，その子の特性を聞いたりすることも必要です。たとえば，子どもがいつも遊んでいるものや場所，仲のよい友だち，トラブルを起こしやすい状況などをふまえた上で，子どもにとって安心感を与えるように接します。子どもがトラブルを起こしたり，パニックを起こした場合には，担任保育者に知らせ，落ち着くよう個別に対応します。叱ったり，ほかの子と比べたりしてつらい思いをさせないように留意します。

「部分実習」や「責任実習」を行う際には，「援助・環境構成」の欄に，気になる子どもたちへの配慮や個別の指導事項を記入することで，より行き届いた援助ができます。たとえば，作業や活動の場面で，ほかの子どもたちや実習生と一緒に取り組むなどの援助を行ったり，できたことを認め，ほめたりすることで，子どもの不安や緊張は緩和され，達成感を味わうことが期待できます。

また，障害のある子どもについて「実習日誌」に記録する場合は，必ず実習担当者の指導を受けるなど，情報の守秘に注意します。

コラム ㉛

「特定不能の広汎性発達障害」ってなに？

　32ページの側注などでも解説していますが「広汎性発達障害」という用語があります。ところで，この広汎性発達障害には自閉性障害，アスペルガー症候群，小児期崩壊性障害，レット症候群などの症状を特定できるものと，「特定不能の広汎性発達障害」（PDD-NOS：Pervasive Developmental Disorders-Not Otherwise Specified）とよばれる症状が特定できない広汎性発達障害とがあります。ここでは，本文に説明がない広汎性発達障害と，「特定不能の広汎性発達障害」について説明します。

　自閉性障害（狭義の自閉症）は，3歳以前，とくに1歳から1歳半頃に，表4-20（前ページ）のような特徴的な症状があらわれ，それと気づかれます。これに対し小児期崩壊性障害（突然起こる自閉症）は，3～4歳から10歳前後の子どもにまれに見られる進行性の自閉症で，脳や神経系の感染症などの重い病気のあとに正常な発達が止まり，それまで獲得している機能の退行現象が見られるようになります。すでに覚えていた言葉，運動能力や排泄習慣などができなくなり，自閉性障害児のような反復性の行動をとるようになります。

　レット症候群は，女子にまれに発症するX染色体にある遺伝子の変異から起こる自閉症で，月齢5ヵ月から4歳のある期間までは正常に発達しているようにみえます。しかしその後，①社会的相互関係の障害，②言語能力の欠損，③手を洗うかのような，あるいはもみ絞るかのような手の無為な動きの反復，などの障害があらわれます。

　こうした症状が特定できる広汎性発達障害に対して，症状の特定がむずかしい「特定不能の広汎性発達障害」があります。これには，自閉症の特徴である，①対人的相互反応における質的障害（社会的相互交流の障害），②意思伝達の質的障害（言語障害と伝達障害），③行動，興味および活動の限定，反復的な常同的様式（活動や関心の範囲が狭い），が見られます。しかし，診断基準を満たす症状がそろわなかったり，あるいは発症が3歳以降か，またはその両方が認められることがあります。基本的には，自閉症的傾向は確かにあるのですが，明確な広汎性発達障害として確定できない自閉症といえます。

　ところで，DSM-Ⅳが十数年ぶりに改訂され，DSM-5（『DSM-5 精神疾患の診断・統計マニュアル』医学書院，2014）が公表されました。その結果，発達障害においては，「広汎性発達障害」が「自閉スペクトラム症」などと改訂され，「アスペルガー症候群」「レット症候群」「小児崩壊性障害」などといった診断名が「自閉スペクトラム症」に踏襲され，重症度で3レベルに分類されました。さらに，ICD11においても同様な診断名となっており，今後「特定不能の広汎性発達障害」という診断名は使用されなくなると思われます（35ページコラム⑦参照）。

15 幼保小連携および地域社会との連携

1）発達や学びの連続性と幼保小連携

　子どもの成長は，乳幼児期を経て，児童期へと続いていきます。その発達はまさに途切れることなく連続しています。幼稚園や保育所では，子どもの生活や発達の連続性をふまえ，さらにその先の生活や学習など，子どもたちが出会う場面を見通した取り組みがなされます。園によっては，特色ある教育活動が保育の中心におかれていますが，実習ではそれらの活動を通して，子どもが身につけたり，学んだりしていることを理解することが大切です。

幼児期の終わりまでに育ってほしい姿

　幼稚園教育要領，保育所保育指針，幼保連携型認定こども園教育・保育要領には，以下の「幼児期の終わりまでに育ってほしい姿」が示されています。この姿は，保育活動全体を通して資質・能力がはぐくまれている子どもの，小学校就学時の具体的な姿です。したがって，実習では，とくに5歳児の生活や活動にそれらの姿を見取り，先生方の指導の工夫を理解するとともに，思いを感じ取ることが大切です。

　また，他の年齢の子どもたちの姿や活動，先生方の援助や環境構成が，この姿にどのようにつながっていくのかという関心や視点をもって保育を理解することが大切です。その際に，園の指導計画に示された子どもの姿と実際の姿，そして「幼児期の終わりまでに育ってほしい姿」を照らしあわせてみることで，一層理解が深まるでしょう。

　幼保小連携を考慮した保育を考える上でも「小学校就学時」「幼児期の終わり」の姿は，5歳児の成長の先にある小学1年生の姿をイメージする重要な手がかりとなります。

資料4－11　幼稚園教育要領における「幼児期の終わりまでに育ってほしい姿」

（1）健康な心と体
　幼稚園生活の中で，充実感をもって自分のやりたいことに向かって心と体を十分に働かせ，見通しをもって行動し，自ら健康で安全な生活をつくり出すようになる。
（2）自立心
　身近な環境に主体的に関わり様々な活動を楽しむ中で，しなければならないことを自覚し，自分の力で行うために考えたり，工夫したりしながら，諦めずにやり遂げることで達成感を味わい，自信をもって行動するようになる。

（3）協同性
　友達と関わる中で，互いの思いや考えなどを共有し，共通の目的の実現に向けて，考えたり，工夫したり，協力したりし，充実感をもってやり遂げるようになる。
（4）道徳性・規範意識の芽生え
　友達と様々な体験を重ねる中で，してよいことや悪いことが分かり，自分の行動を振り返ったり，友達の気持ちに共感したりし，相手の立場に立って行動するようになる。また，きまりを守る必要性が分かり，自分の気持ちを調整し，友達と折り合いを付けながら，きまりをつくったり，守ったりするようになる。
（5）社会生活との関わり
　家族を大切にしようとする気持ちをもつとともに，地域の身近な人と触れ合う中で，人との様々な関わり方に気付き，相手の気持ちを考えて関わり，自分が役に立つ喜びを感じ，地域に親しみをもつようになる。また，幼稚園内外の様々な環境に関わる中で，遊びや生活に必要な情報を取り入れ，情報に基づき判断したり，情報を伝え合ったり，活用したりするなど，情報を役立てながら活動するようになるとともに，公共の施設を大切に利用するなどして，社会とのつながりなどを意識するようになる。
（6）思考力の芽生え
　身近な事象に積極的に関わる中で，物の性質や仕組みなどを感じ取ったり，気付いたりし，考えたり，予想したり，工夫したりするなど，多様な関わりを楽しむようになる。また，友達の様々な考えに触れる中で，自分と異なる考えがあることに気付き，自ら判断したり，考え直したりするなど，新しい考えを生み出す喜びを味わいながら，自分の考えをよりよいものにするようになる。
（7）自然との関わり・生命尊重
　自然に触れて感動する体験を通して，自然の変化などを感じ取り，好奇心や探究心をもって考え言葉などで表現しながら，身近な事象への関心が高まるとともに，自然への愛情や畏敬の念をもつようになる。また，身近な動植物に心を動かされる中で，生命の不思議さや尊さに気付き，身近な動植物への接し方を考え，命あるものとしていたわり，大切にする気持ちをもって関わるようになる。
（8）数量や図形，標識や文字などへの関心・感覚
　遊びや生活の中で，数量や図形，標識や文字などに親しむ体験を重ねたり，標識や文字の役割に気付いたりし，自らの必要感に基づきこれらを活用し，興味や関心，感覚をもつようになる。
（9）言葉による伝え合い
　先生や友達と心を通わせる中で，絵本や物語などに親しみながら，豊かな言葉や表現を身に付け，経験したことや考えたことなどを言葉で伝えたり，相手の話を注意して聞いたりし，言葉による伝え合いを楽しむようになる。
（10）豊かな感性と表現
　心を動かす出来事などに触れ感性を働かせる中で，様々な素材の特徴や表現の仕方などに気付き，感じたことや考えたことを自分で表現したり，友達同士で表現する過程を楽しんだりし，表現する喜びを味わい，意欲をもつようになる。

幼保小連携の課題

　今日，ほとんどの子どもたちが小学校就学前に幼稚園や保育所での生活を経験するようになっています（203ページのコラム㉚参照）。しかし，園ごとの保育や子どもが経験する環境の違い，また小学校での生活や学習環境との違いから，入学後，子どもたちが大きな戸惑いを感じ，落ち着いて学校での学習や生活を開始できないなどの状況が生じることがあります（「小1プロブレム*」）。そこで，それぞれの段階の特質をふまえ，幼稚園や保育所における主体的な遊びを中心とした指導から，教科学習を中心とした小学校の指導へとなめらかな

*小学校に入学したばかりの小学校1年生が集団行動をとれない，授業中に座っていられない，話を聞かないなどの状態が数ヵ月間継続する状態。これまでは1ヵ月程度で落ち着くといわれていたが，これが継続するようになり就学前の幼児教育が注目され出した（212ページのコラム㉜参照）。

接続を図ることが必要となってきます＊。しかし，それは決して小学校教育を先取りして行うということではなく，幼児期にふさわしい生活を通して，なめらかに移行できるようにするものです。そのため，現在，幼稚園，保育所，小学校では相互に連携を図る工夫や取り組みがなされています。

＊「スタートカリキュラム」などと呼んでいる（212ページのコラム㉜参照）。

幼保小連携の取り組み

幼稚園や保育所では，子どもの生活や発達の連続性をふまえ，小学校教育との円滑な接続を図るために，保育内容の工夫や，幼児と児童との交流，教職員同士の交流，情報共有や相互理解などに取り組んでいます。それらは，保育・授業や諸行事のなかで，また，教職員の合同研修や研究，情報交換などの会議を通して行われています。

①教職員間の交流

1日限りの行事や研修だけではなく，日常的に情報交換の機会をもつことが大切です。保育や授業の様子を相互に参観したり，参加したりすることやその後の協議を通して，子どもの生活や実態を理解し，保育を工夫する手がかりとします。

②幼児と児童との交流

運動会や学芸会（発表会）などへの参加，園庭や校庭開放の活用，合同給食，生活科や総合的な学習の時間の授業等への幼児の参加などがあります。幼児は，こうした異年齢交流を含むさまざまな経験を通して，新しい環境を知り，慣れていくことができます。

2）家庭や地域社会との連携

子どもの生活は，家庭を基盤とした地域社会を通じて次第に広がっていきます。そこで幼稚園や保育所での生活が，家庭や地域社会における生活につながり，展開されることが大切です。その際，家庭との連携を図り，自然，人材，行事や公共施設など，地域の資源を積極的に活用して，子どもが豊かな生活体験を得られるように工夫する必要があります。

さまざまな活動の工夫

子どもの人格や社会性を形成する環境として，地域のおとなや社会の教育的な働きをいかすことは大変有効です。たとえば，近隣のお年寄りを迎えてさまざまな遊びを教えてもらったり，栽培を行ったりすることを通して，おとなとのかかわり＊＊を学び地域社会の一員としての自分に気づくことができます。それと同時に，地域社会に，子どもたちを見守り，育てる温かな教育環境を育てることもできると考えられます。

＊＊「世代間交流」などと呼んでいる。

以下に，仙台市の幼稚園が行っている家庭や地域社会との連携についての具体的な活動内容を紹介します（表4-21）。

表4-21　愛子幼稚園（仙台市）の実践例

活動	内容
お泊まり保育	年長児は，夏休みに入るとすぐに園でお泊まり保育を行います。子どもたちは，教職員の指導と援助のもと，食事の準備や布団敷きなど，自分の係の仕事に取り組みます。夕方にはお父さん達と「キャンプファイヤー」の準備もします。子どもたちは大人と一緒に活動し，取り組むことで普段とは違った貴重な経験や学びをします。
「バケツ田んぼ」での稲の栽培	園児は，園庭のバケツで稲を育てています。近隣の田んぼでも稲を育てており，近所のSさんが「バケツ田んぼ」の稲の生長を見に来てくれました。「ぎゅうぎゅう過ぎる。一株多いんだなあ」と教えていただきました。

3）実習における視点

発達や学びの連続という視点

　実習においては，発達や学びの連続という視点を通して，保育の意味や子どもの姿を理解します。たとえば，異年齢の子どもたちが一緒に活動する姿には，自分でできるようになることや，子ども自らが工夫して遊ぶようになる様子，年下の子どもの世話をしている様子などが見られ，そこから成長の姿や以前との違いを具体的にとらえることができます。

　担任は，自分のクラスの子どもだけではなく，子どもたち全体のそうした姿を，生活や遊びの場面，またかかわりの様子から適切にとらえて，教職員の間で情報を共有したり，保護者に伝えたりしています。

　このように，子どもの育ちや保育の意味を，保育室での保育活動だけからの理解にとどまらず，発達や学びの連続という視点に立って，園全体の取り組み，異年齢や家庭，地域社会とのかかわりという側面からもとらえることが重要です。

　　　　　取材・協力園：太田いずみ幼稚園，学校法人青空学園 愛子幼稚園

コラム ㉜

「小1プロブレム」への対応

　小学校に入った子どもたちが「授業中に歩き回る」「教師の話を聞けない」などの「小1プロブレム」の解消策として，「スタートカリキュラム」を導入している小学校があります。そこでは新1年生の学校生活を安定したものにし，良好な友だち関係を築けるよう，さまざまな工夫が実施されています。

　たとえば，最初の1～2週間は，校内の施設環境に慣れさせることを目的に，教室のなかはもちろん，体育館やトイレ，職員室や各種特別教室などを見てまわります。3～4週目には，ゲームをしながら自己紹介をしたり，「学校探検」のなかでひらがなや数字をみつけてくるなどの「学習」を開始します。

　また，1時間目は絵本や紙芝居の読み聞かせ，2時間目は学校探検，3時間目は音楽，4時間目は体育など，幼稚園や保育所で行っていたことを毎日同じ時間割で行っている学校もあります。これは，園で行っていたことを小学校の「時間割」で行うことで，子どもたちが安心して早く「時間割」に慣れるようにするためのものです。

　あるいは最初の1ヵ月は「仮学級」で生活し，園で行っていた音楽表現，身体表現活動などを学年全員で行っている小学校もあります。新1年生の担任は数日交替で各学級を担任することもあります。

　このように，スタートカリキュラムを導入しているいずれの小学校も「生活科」を中心とした取り組みのなかで，最初の1ヵ月で小学校生活に慣れさせ，スムーズな学校生活がスタートできるようにしているのです。

Part 5
保育実技

絵本の読み聞かせ1

1）コミュニケーションとしての絵本

　子どもたちが絵本の世界に入るためのかぎは「楽しさ」と「おとなが読んであげること」です。こころをこめて読む絵本は，読み手と聞き手の間にきずなを作り，読み手の声でいつまでも子どものこころに残ります。それは，子どもたちの成長に欠かせないばかりか，おとなにも十分に楽しいと思えるひとときをもたらします。電子ブックが隆盛を極める時代になっても，コミュニケーションの手段としての絵本の地位がゆらぐことはないでしょう。

2）どんな絵本を選んだらよいのか

絵本のさまざまなタイプ

　絵本には，ファーストブック，命名絵本，生活絵本，知識絵本，科学絵本，物語絵本，昔話絵本，オノマトペ絵本などさまざまなタイプがあります。子どもたちがどのような絵本に興味があるのかわかるよう，多くのタイプの絵本を手に取ってみましょう。

絵本を選ぶ基準

　絵本を選ぶ基準としては，以下の項目が複数入っている絵本に子どもたちは興味を示してくれるでしょう。なお，絵本を選ぶ目を養うには古典絵本，25年を過ぎた絵本（奥付*を見る）などに触れ，選ぶ力をつけるようにします。
① 暖かさ，優しさ，生きる希望，勇気などが感じられる。
② しっかりした構成で，情緒に流されず，絵と文が一致している。
③ ストーリーや言葉のくり返しが多く，子どもが次の場面を予想しやすい。
④ 主人公に子どもが同化できるなど，子どもに寄りそう気もちがある。
⑤ 「うんち」「おしっこ」「おなら」や，おかあさんの「おっぱい」を扱っている。
⑥ 「おばけ」や真っ暗な「押し入れ」や「お墓」など，こわいもの・場所を扱っている。
⑦ 季節や園での行事など子どもたちが関心をもちやすい題材を扱っている。

＊書籍などの最終ページに，著者名，発行者（所）名，発行年月日などを掲載した部分。

絵本がはぐくむもの

絵本を通じて，子どもたちにはぐくむことのできるものとして，以下の事柄があげられます。
① 自己肯定感，愛情と信頼感などの豊かな心情。
② 思考力，表現力，知識，読書の基礎。
③ 言葉の獲得，想像力とイメージの形成。
④ 価値観・倫理観を根づかすことができる。

集団に読む絵本

多くの子どもたちを対象に絵本を読む場合には，以下のポイントを参考に本を選ぶようにします。

①絵がはっきりし，遠くからでも見えるもの

絵（かわいいだけの絵でなく芸術性の高い絵）がはっきりして，ある程度の大きさもあり，遠くからでも見えるものを選びます。なお，絵が黒く縁取られている本は，絵が多少小さくても遠くからでもよく見えます。

②文章が多すぎず，文と絵のバランスがよいこと

子どもは，目で見た「情報」を，耳から得る「情報」で確認しながら絵本を見ています。目からの情報より耳からの情報が極端に多いと，ストーリーがわかりにくくなることがあります。

③話の筋がまっすぐで，きちんと終わるもの

話の筋が1本のレールの上を走り，きちんと終わる絵本（どこかに出かけて，行って帰ってくる話など）を選ぶようにします。子どもたちはお話の世界に入って聴いていますから，「終わった」と感じさせる内容であることが必要不可欠です。

表5－1および表5－2にそれぞれの成長期，季節にふさわしいと思われる読み聞かせのための絵本，また表5－3に読みあい（数人の子どもと細部まで楽しむ読み方）に向く絵本，昔話絵本，絵本の基礎がわかる本のリストを掲載します。絵本を選ぶ際の参考にしましょう。

表5-1 乳幼児（0歳～2歳児）の読み聞かせに向く絵本

区分	絵本
春にふさわしい絵本	・『ぞうくんのさんぽ』なかのひろたか（福音館書店）　・『へびくんのおさんぽ』いとうひろし（鈴木出版） ・『ころころころ』元永定正（福音館書店）　・『バルボンさんのおさんぽ』とよたかずひこ（アリス館） ・『ぼーとにのって』とよたかずひこ（アリス館）　・『くつくつあるけ』林明子（福音館書店） ・『ゆうたとさんぽする』きたやまようこ（あかね書房） ・『ぼくは　あるいた　まっすぐ　まっすぐ』マーガレット・ワイズ・ブラウン（ペンギン社） ・『ひよことあひるのこ』ミラ・ギンズバーグ（アリス館） ・『もこ　もこもこ』谷川俊太郎（文研出版）　・『くっく　くっく』長谷川摂子（福音館書店） ・『とっとこ　とっとこ』まついのりこ（童心社）　・『とんだ　とんだ』とりごえまり（鈴木出版） ・『おでかけばいばい』はせがわせつこ（福音館書店）　・『サラダだいすき』梅津ちお（ひさかたチャイルド） ・『そらはさくらいろ』村上康成（ひかりのくに）　・『おえかきあそび』きむらゆういち（偕成社） ・『くつしたくん』中川ひろたか（ブロンズ新社）　・『おにぎり』平山英三（福音館書店） ・『ぴょーん』まつおかたつひで（ポプラ社）　・『どんどこももちゃん』とよたかずひこ（童心社）
夏にふさわしい絵本	・『ねずみくん　うみへいく』なかえよしを（ポプラ社）　・『うみのおふろやさん』とよたかずひこ（ひさかたチャイルド） ・『まり』谷川俊太郎（クレヨンハウス）　・『かにこちゃん』きしだえりこ（くもん出版） ・『うさこちゃんとうみ』D・ブルーナ（福音館書店）　・『あじのひらき』井上洋介（福音館書店） ・『めんめん　ぱあ』はせがわせつこ（福音館書店）　・『まるてん　いろいろ』中辻悦子（福音館書店） ・『きんぎょがにげた』五味太郎（福音館書店） ・『ぽぱーぺ　ぽぴぱっぷ』谷川俊太郎（クレヨンハウス） ・『ごろんごろん』まつおかたつひで（ポプラ社）　・『あがりめ　さがりめ』ましませつこ（こぐま社） ・『あそびましょ』松谷みよこ（偕成社）　・『おっぱい』みやにしたつや（鈴木出版） ・『こぐまちゃんのどろあそび』わかやまけん（こぐま社） ・『ママだいすき』まど・みちお（こぐま社）　・『ねえどっちがすき？』安江リエ（福音館書店） ・『ぶーぶーじどうしゃ』山本忠敬（福音館書店）　・『なつのいけ』塩野米松（ひかりのくに）
秋にふさわしい絵本	・『くだもの』平山和子（福音館書店）　・『やさい』平山和子（福音館書店） ・『りんご　ごろごろ』松谷みよこ（童心社）　・『バナナです』川端誠（文化出版局） ・『まるくて　おいしいよ』小西英子（福音館書店）　・『にんじんさんがあかいわけ』松谷みよこ（童心社） ・『あぶくたった』さいとうしのぶ（ひさかたチャイルド） ・『りんごがたべたいねずみくん』なかえよしを（ポプラ社） ・『ふくちゃんのいただきまあす』ひろかわさえこ（アリス館） ・『みんなおっぱいのんでたよ』木坂涼（福音館書店）　・『ぼくがおっぱいをきらいなわけ』礒みゆき（ポプラ社） ・『がたん　ごとん　がたん　ごとん』安西水丸（福音館書店） ・『お月さまって　どんなあじ？』マイケル・グレイニエツ（セーラー出版） ・『おつきさまこんばんは』林明子（福音館書店）　・『うさこちゃんとどうぶつえん』D・ブルーナ（福音館書店） ・『どうぶつのおかあさん』小森厚（福音館書店）　・『チューチューこいぬ』長新太（BL出版） ・『どうぶつのあしがたずかん』加藤由子（岩崎書店） ・『ひよこをさがしてあひるのダック』フランセス・バリー（主婦の友社）
冬にふさわしい絵本	・『だっだぁー』ナムーラ　ミチヨ（主婦の友社）　・『おつむ　てん　てん』なかえよしお（金の星社） ・『ゆーきーこんこん』長野ヒデ子（偕成出版社）　・『りんりん　はしろ！』ニコラ・スミー（評論社） ・『おやすみなさいのほん』マーガレット・ワイズ・ブラウン（福音館書店） ・『こんにちは　どうぶつたち』とだきょうこ（福音館書店）　・『のせてのせて』松谷みよこ（童心社） ・『とらとおおゆき』中川李枝子（福音館書店）　・『かお　かお　どんなかお』柳原良平（こぐま社） ・『おててばちぱち』あまんきみこ（ポプラ社）　・『あかちゃんのうた』松谷みよこ（童心社） ・『ぽんぽんポコポコ』長谷川義史（金の星社）　・『おんぶ　おんぶ　ねえ　おんぶ』長新太（ポプラ社） ・『せんべ　せんべ　やけた』こばやしえみこ（こぐま社）　・『いただきますあそび』きむらゆういち（偕成社） ・『おおきなかぶ』A・トルストイ（福音館書店）　・『しろくまちゃんのほっとけーき』わかやまけん（こぐま社） ・『もちづきくん』中川ひろたか（ひさかたチャイルド）　・『おなか　すいた』佐々木マキ（福音館書店） ・『いない　いない　ばあ』松谷みよこ（童心社）　・『ゆうたのおかあさん』きたやまようこ（あかね書房） ・『おはよう』中川李枝子（グランまま社）　・『ごぶごぼごぼごぼ』駒形克巳（福音館書店） ・『あかちゃんのおさんぽ①』いとうひろし（徳間書店）

神戸洋子『新訂　知りたいときにすぐわかる　幼稚園・保育所・児童福祉施設等 実習ガイド』2018, 同文書院より

表5-2 幼児（3歳～6歳）の読み聞かせに向く絵本

春にふさわしい絵本	・『はじめてのおつかい』筒井頼子（福音館書店） ・『キャベツくん』長新太（文研出版） ・『ともだち』ジョン・バーニンガム（富山房） ・『ころわんはおにいちゃん』間所ひさこ（ひさかたチャイルド） ・『ようちえん』ディック・ブルーナ（福音館書店） ・『はなをくんくん』ルース・クラウス（福音館書店） ・『おひさまぽかぽか』笠野裕一（福音館書店） ・『おべんとうってなあに』山脇 恭（偕成社） ・『おやゆびひめ』アンデルセン（金の星社） ・『あかいはなさいた』タク ヘジョン（岩波書店） ・『ぐりとぐらのおまじない』中川李枝子（福音館書店） ・『うずらちゃんのかくれんぼ』きもとももこ（福音館書店） ・『もぐらのムックリ』舟崎克彦（ひさかたチャイルド） ・『おでかけのまえに』筒井雅子（福音館書店） ・『きょうの おべんとう なんだろな』きしだえりこ（福音館書店） ・『はらぺこあおむし』エリック・カール（偕成社） ・『カエルくんのおひるね』宮西達也（鈴木出版） ・『あるいてゆこう』五味太郎（ポプラ社） ・『トムとジェイクの日本での生活』渡邊潛淵（光村印刷） ・『あくび』中川ひろたか（文渓堂） ・『うさぎのくれたバレエシューズ』安房直子（小峰書店） ・『へんしんトンネル』あきやまただし（金の星社） ・『すてきな三にんぐみ』トミー・アンゲラー（偕成社） ・『うんちしたのはだれよ！』ウェルナー・ホルツヴァルト（偕成社） ・『いつもちこくのおとこのこージョン・パトリック・ノーマン・マクヘネシー』ジョン・バーニンガム（あかね書房） ・『ともだちや』内田麟太郎（偕成社）	・『とこてく』谷川俊太郎（クレヨンハウス） ・『ちいさいおうち』バージニア・リー・バートン（岩波書店） ・『おやすみ』中川李枝子（グランまま社） ・『のはらうさぎでございます』山花郁子（依成出版社） ・『おおきくなるっていうことは』中川ひろたか（童心社） ・『おひさまあはは』前川かずお（こぐま社） ・『クレリア』マイケル・グレイニエツ（セーラー出版） ・『なのはなみつけた』ごんもりなつこ（福音館書店） ・『たんぽぽ』甲斐信枝（金の星社） ・『とりかえっこ』さとうわきこ（ポプラ社） ・『私のワンピース』にしまきかやこ（こぐま社） ・『はるまでまってごらん』ジョイス・デュンバー（ほるぷ出版） ・『ママ，あててみて！』すえよしあきこ（偕成社） ・『さんりんしゃにのって』とよたかずひこ（アリス館） ・『あおいめ くろいめ ちゃいろのめ』かこさとし（偕成社） ・『おしろでだあれ』マルティーヌ・ベラン（フレーベル館） ・『ぐるんぱのようちえん』西内みなみ（福音館書店） ・『ねえ，どれがいい？』ジョン・バーニンガム（評論社） ・『いちごです』川端 誠（文化出版局）
夏にふさわしい絵本	・『でんしゃにのって』とよたかずひこ（アリス館） ・『わたしのおべんとう』スギヤマカナヨ（アリス館） ・『すいかです』川端 誠（文化出版局） ・『ありとすいか』たむらしげる（ポプラ社） ・『おばけパーティー』ジャック・デュケノワ（ほるぷ出版） ・『おばけのどろんどろんとぴかぴかおばけ』わかやまけん（ポプラ社） ・『どろんこハリー』ジーン・ジオン（福音館書店） ・『へびくんのさんぽ』いとうひろし（すずき出版） ・『にじをみつけたあひるのダック』フランセス・バリー（主婦の友社） ・『せかいいちのおともだち』カール・ノラック（ほるぷ出版） ・『あつさのせい？』スズキ・コージ（福音館書店） ・『おじさんのかさ』佐野洋子（講談社） ・『かめかめ かもめ』正高信男（鈴木出版） ・『もりのおふろ』西村敏雄（福音館書店） ・『まるまる ころころ』得田久之（PHP研究所） ・『ハンダのめんどりさがし』アイリーン・ブラウン（光村教育図書） ・『くだもの なんだ』木内 勝（福音館書店） ・『しーらん ぺったん』中川ひろたか（世界文化社） ・『わゴムはどのくらいのびるかしら？』マイク・サーラー（ほるぷ出版） ・『ターちゃんとペリカン』ドン・フリーマン（ほるぷ出版） ・『ペネロペうみにいく』アン・グットマン（岩崎書店） ・『お化けの真夏日』川端 誠（BL出版） ・『うしさん おっぱい しぼりましょ』穂高順也（ポプラ社） ・『みずまき』木葉井悦子（講談社）	・『ぼくのおべんとう』スギヤマカナヨ（アリス館） ・『すいかのたね』さとうわきこ（福音館書店） ・『めっきらもっきらどおんどん』長谷川摂子（福音館書店） ・『アリからみると』桑原隆一（福音館書店） ・『ちいさな くも』エリック・カール（偕成社） ・『ぼうしをかぶろう』こわせたまみ（あすなろ書房） ・『みどりのホース』安江リエ（福音館書店） ・『こすずめのぼうけん』ルース・エインズワース（福音館書店） ・『もくもくやかん』かがくいひろし（講談社） ・『いもむしれっしゃ』にしはらみのり（PHP研究所） ・『ぐりとぐらのかいすいよく』中川李枝子（福音館書店） ・『おばけがぞろぞろ』ささきまき（福音館書店） ・『へんしーん』谷川晃一（偕成社） ・『どうぶついろいろかくれんぼ』いしかわこうじ（ポプラ社）

	・『モリーの なつやすみ』アントニオ・ウィンチェンティ（少年写真新聞社） ・『ゆーちゃんのみきさーしゃ』村上祐子（福音館書店）・『おこだでませんように』くすのきしげのり（小学館） ・『うみのおふろやさん』とよたかずひこ（ひさかたチャイルド） ・『まり』谷川俊太郎（クレヨンハウス）　　　　・『ひまわり』和歌山静子（福音館書店） ・『こしぬけ ウィリー』アンソニー・ブラウン（評論社） ・『はなび』秋山とも子（教育画劇）
秋にふさわしい絵本	・『秋』五味太郎（絵本館）　　　　　　　　　・『三びきのやぎのがらがらどん』マーシャ・ブラウン（福音館書店） ・『11ぴきのねこ』馬場のぼる（こぐま社）　　・『よーいどん！』中川ひろたか（童心社） ・『あきいろおさんぽ』村上康成（ひかりのくに） ・『おじいちゃんのおじいちゃんのおじいちゃんのおじいちゃん』長谷川義史（BL出版） ・『どうぞのいす』香山美子（ひさかたチャイルド） ・『大きなクマさんともりいちばんのおともだち』ふくざわゆみこ（福音館書店） ・『さつまのおいも』中川ひろたか（童心社）　・『ねずみのいもほり』山下明生（チャイルド本社） ・『ぴっぴとみいみのいもほりよいしょ』木村祐一（教育画劇） ・『しろくまちゃんばんかいに』わかやまけん（こぐま社）・『きつねのテスト』小沢正（ビリケン出版） ・『りんごがドスーン』多田ヒロシ（文研出版）・『なにをたべてきたの？』岸田衿子（依成出版社） ・『にこにこかぼちゃ』安野光雅（童話屋）　　・『やさいのおなか』木内勝（福音館書店） ・『ばばばあちゃんのやきいもたいかい』さとうわきこ（福音館書店） ・『ふしぎなキャンディーやさん』みやにしたつや（金の星社） ・『もりのおやつやさん』とりごえまり（学習研究社）・『あおくんときいろちゃん』レオ・レオーニ（至光社） ・『まっくろネリノ』ヘルガ＝ガルラー（偕成社）・『ぐりとぐら』中川李枝子（福音館書店） ・『パパ、お月さまとって！』エリック・カール（偕成社）・『ぽんぽん山の月』あまんきみこ（文研出版） ・『さるのせんせいとへびのかんごふさん』穂高順也（ビリケン出版） ・『あきはいろいろ』五味太郎（小学館） ・『あめの ひの えんそく』間瀬なおたか（ひさかたチャイルド） ・『あしたえんそく』武田美穂（理論社）　　　・『ふゆじたくのおみせ』ふくざわゆみこ（福音館書店） ・『どんぐり とんぽろりん』武鹿悦子（ひさかたチャイルド） ・『どんぐりだんご』小宮山洋夫（福音館書店）・『まいごのどんぐり』松成真理子（童心社） ・『やまのこもりうた』こわせたまみ（あすなろ書房）・『だごだご ころころ』石黒漢子・梶山俊夫（福音館書店） ・『これがほんとのおおきさ！』スティーブ・ジェンキンズ（評論社） ・『おどります』高畠純（絵本館）　　　　　　・『ぴっけやまのおならくらべ』かさいまり（チャイルド本社） ・『へんしんマラソン』あきやまただし（金の星社）・『ガオ』田島征三（福音館書店） ・『もりのかくれんぼう』末吉暁子（偕成社） ・『しりとりあそび あか・みどり・き』星川ひろ子・星川治雄（小学館） ・『しろいかみのサーカス』たにうちつねお（福音館書店）・『びっくりいろあそび』チャック・マーフィー（大日本絵画） ・『さるかにがっせん』舟崎克彦（小学館）　　・『よかったねネッドくん』レミー・シャーリップ（偕成社）
冬にふさわしい絵本	・『ふゆめがっしょうだん』長新太（福音館書店）・『しんせつなともだち』方軼羣（福音館書店） ・『やまのおふろやさん』とよたかずひこ（ひさかたチャイルド） ・『ふゆじたくのおみせ』ふくざわゆみこ（福音館書店）・『このゆきだるまだーれ？』岸田衿子（福音館書店） ・『もりのぱんやさん』松谷美代子（童心社）　・『おばけでんしゃ』内田麟太郎（童心社） ・『てぶくろ』エウゲーニー・M・ラチョフ（福音館書店） ・『ちびっこのペンギンビート』マーカス・フィスター（フレーベル館） ・『おおさむこさむ』松谷みよこ（偕成社） ・『ぼうし』ジャン・ブレット（ほるぷ出版）　・『これは のみの ぴこ』谷川俊太郎（サンリード） ・『そりあそび』さとうわきこ（福音館書店）　・『ふゆですよ』柴田晋吾（金の星社） ・『ゆきが やんだら』酒井駒子（学習研究社）・『ゆきだるまは よるがすき』キャラリン・ビーナー（評論社） ・『さむがりやの ねこ』わたなべゆういち（フレーベル社） ・『クリスマスおめでとう』ひぐちみちこ（こぐま社）・『サンタがきたら おこしてね』やすいすえこ（女子パウロ会） ・『コロちゃんのクリスマス』エリック・ヒル（評論社）・『サンタのおまじない』菊池清（富山房） ・『十二支のおはなし』内田麟太郎（岩崎書店）・『おもちのきもち』加岳井広（講談社） ・『あぶくたった』さいとうしのぶ（ひさかたチャイルド）・『おこのみやき』ひぐちともこ（解放出版社）

・『おふろごっこ』木村祐一（依成出版社）	・『しってるねん』いちかわけいこ（アリス館）
・『よるくま』酒井駒子（偕成社）	

神戸洋子『新訂 知りたいときにすぐわかる 幼稚園・保育所・児童福祉施設等 実習ガイド』2018, 同文書院より

表5-3　読みあいに向く絵本, 昔話絵本ほか書籍リスト

読みあいに向く絵本	・『とこちゃんはどこ』松岡享子（福音館書店） ・『だるまちゃんとてんぐちゃん』加古里子（福音館書店） ・『やこうれっしゃ』西村繁男（福音館書店） ・『14ひきのぴくにっく』いわむらかずお（偕成社） ・『バムとケロのさむいあさ』島田ゆか（文溪堂） ・『100かいだてのいえ』いわいとしお（偕成社） ・『はたらきもののじょせつしゃけいてぃー』バージニア・バートン（福音館書店）
昔話絵本	・『ももたろう』松居直（福音館書店）　　・『かさじぞう』瀬田貞二（福音館書店） ・グリム童話『ねむりひめ』『おおかみと7ひきのこやぎ』（福音館書店） ・『ももたろう』『かさじぞう』『花さかじい』ほか広松由希子（いまむかしえほん）（岩崎書店）
絵本の基礎がわかる絵本	・『えほんのせかい こどものせかい』松岡享子（日本エディタースクール出版部） ・『絵本論』瀬田貞二（福音館書店） ・『絵本とは何か』松居直（日本エディタースクール出版部） ・『絵本の魅力』吉田新一（日本エディタースクール出版部） ・『絵本の読み聞かせと活用アイデア56―幼児が夢中になって聞く！』石井光恵・萩原敏行（明治図書） ・『絵本の読み聞かせと活用アイデア68　季節・行事編』石井光恵・萩原敏行（明治図書）

神戸洋子『新訂 知りたいときにすぐわかる 幼稚園・保育所・児童福祉施設等 実習ガイド』2018, 同文書院より

絵本の読み聞かせ2

1）読み聞かせの前の準備

どうしたら子どもたちのこころに届くような効果的な読み聞かせができるか，以下のポイントを参考に準備しましょう。

下読みをする

何度も声に出して下読みをします。大きな鏡の前に立ち，もち方，ページをめくるタイミング，間，クライマックスがどこかなどを確認しましょう。

開きぐせをつける

本が気持ちよく開き，長もちするように以下の方法で開きぐせをつけます。①本の小口*のところを片手でもって，平らなところで上から下へ，しっかり押さえる。②残りのページも数ページおきにこれをくり返し，中央で2つにしてしっかり押さえる。

＊本の切断面。背表紙の反対側のこと。

絵と文の調整

場面によっては絵を隠しながら字を先に読む，ゆっくりめくることで時間の経過を示す，字のないページ，少ないページでもゆっくり見せる，など読み方・見せ方の工夫をしましょう。

朗読の練習

わざとらしい声色は使わず，自然に語りかける声で，後ろの子どもにも聞こえるよう，自信をもってはっきりと読みます。目線はできる限り子どもの方へ向けましょう。

2）絵本の読み方

絵本を読み聞かせるとき，子どもたちの関心が本に向くようにしなければなりません。以下に，実際に読み聞かせをする際の効果的な方法をあげます。

導入

読み手の方に気持ちを向けさせるため，言葉がけや手遊びをする，季節や登

場人物についてサラッと語る，絵本の表紙を見せ本への関心を向けさせる，などの導入をします。ただし長々と前置きに時間をかけないこと，また過剰な手遊びなどで子どもたちのテンションを上げすぎないようにします。

位置

聞き手が床に座っているときは読み手は椅子に座り，聞き手が椅子に座っているときは立ちます。子どもが机の前に座ったまま，身体だけ斜めに読み手の方を向くような，無理な姿勢にならないようにします。またどの子からも絵本の見える位置に立ち，読み手の後ろに気になるものがない位置を選びます。絵本に蛍光灯の光が反射し，両端の聞き手などは光って見えにくいことがあります。全員に絵本が見えているか，声をかけて確認してから読み始めましょう。

安定したもち方

わきを締め，右開きの本は左手に，左開きの本は右手にもち，からだの横に本を置きます。片手で下から本の"とじ"のところをしっかりもちます（親指のつけ根に本をもたせかけ，4本の指でしっかり押さえます）。また，絵がよく見えるように，本のページをめくるとき，絵を手で隠さないように注意します。なお，活字を追うことばかりに注意が向くと，本が上向き加減となり，絵の方にかがみ込む姿勢になって聞き手から絵本が見えにくくなってしまいます。大きな鏡の前に立って，絵を隠していないかを確認しながら練習しましょう。

表紙から裏表紙まできちんと見せる

本のつくり（表紙→見返し→扉〈中扉〉→本文→奥付→見返し→裏表紙）をすべて見せ，お話の流れに沿ってゆっくり自然に，読み手も楽しんでいることが伝わる速度でページをめくります。本文を読み終わったあとで，本の奥付，見返し，裏表紙まで見せるのは，架空の世界に入った子どもたちが，「ああ，面白かった」と現実に戻るために必要な時間を設けるためです。

最後まで読み終える

読んでいる途中は余計な解釈を加えません。途中で質問されたら，その子の方をきちんと向いてうなずくなどのしぐさでこたえ，読み終わってから質問を聞いて答えるようにしましょう。

終わり方

読み終わりは，5拍くらいの息つぎの間をおいて「おしまい」にします。無理なしめくくりや過度の質問はしないように（なお観察絵本，図鑑は別です）。

3 紙芝居

1）紙芝居は演じるもの

劇を観るような共通体験

　絵本は読むもの，紙芝居は演じるものです。絵本ではページをめくることが効果を生みますが，紙芝居は枠（紙芝居舞台）のなかの絵を抜くことで話の世界が子どもたちの方に広がっていき，観る側に演劇を見るような共通体験を生みだします。

2）紙芝居の選び方

紙芝居の2つの種類

　紙芝居には「物語完結（ドラマ）型」と，観る側との対話で進める「観客参加型」（以下，参加型）との2種類があります。1〜2歳の場合，まずふれあう楽しさが感じられるような参加型の作品を選ぶとよいでしょう。参加型の紙芝居は，絵本の読み聞かせに比べ，失敗が少ないといわれていますので，好きなものを選びましょう。また，まついのりこさんの作品は初心者にも演じやすいので，迷ったらまついさんの作品を手に取ってみましょう。

場面数に配慮しよう

　紙芝居には8場面，12場面，16場面などの種類があります。年齢が低かったり，読み聞かせ体験の浅い子どもたちに対しては，8場面や12場面のものを選びましょう。

3）演じる前の準備

点検する

　紙芝居はときどき絵の順番が違っていたり，1場面抜けていることがあります。必ず点検しましょう。

下読みする

　絵本と同じく，最低でも3～4回は下読みしましょう。また紙芝居の裏面には脚本のほかに演じる際の注意も書かれています。鏡に向かって練習すると，自分がどのように演じているのかを確認できます。なお，枠の横一線より少し後ろ側に立つと，長い文でも読み取れます。

4）紙芝居の演じ方

効果的に絵を抜こう

　紙芝居は「枠」に入れて演じ，絵を「抜く」ことで，次の場面へと話が展開していきます。絵の抜きかたも，ゆっくり抜く，さっと抜く，枠（舞台）の半分まで抜く，上下に揺らしながら抜く，などさまざまな抜きかたを演じ手が行い，子どもたちの関心を高めます。これは枠があって初めて効果が出るものです。なお紙芝居の場合，うっかり2枚めくる（抜く）確率は絵本の2倍以上だと言われていますから，十分に注意しましょう。

　次のページの表5-4，表5-5に年齢別，季節別のおすすめの紙芝居のリストを掲載しましたので，選ぶ際の参考にしてください。また以下に紙芝居について書かれた書籍のリストを掲載しますので，参考にしてみてください。

・『紙芝居の演じ方Q＆A』『紙芝居-共感のよろこび』まついのりこ（童心社）
・『紙芝居文化史—資料で読み解く紙芝居の歴史』石山幸弘（萌文書林）
・『紙芝居は楽しいぞ！』鈴木常勝（岩波書店）

読むときの姿勢

　机があると，紙芝居を安定させて読むことができ，便利です。ただし座って読むと，「舞台」の後ろ側にいるため声がこもりやすくなるので，できるだけはっきりと読むようにします。読み終わった絵（場面）は，後ろに組み込んでも，演じ手の手前に積んでも構いません。また，立って読むときには，声は通りやすいですが，台の高さによっては読みにくいので，抜いた絵は手前に積むとよいでしょう。

　そしてなによりも大切なことは，観客である子どもたちに自分の顔を見せ，子どもたちの反応を確認しながら演じることです。

表5-4　乳幼児（0歳～2歳）向けの紙芝居

<春にふさわしい紙芝居>
『おおきくおおきくおおきくなあれ』まついのりこ（童心社）
『くいしんぼうのありさん』ケロポンズ（教育画劇）
『あれあれなーに？』やべみつのり（童心社）

<夏にふさわしい紙芝居>
『ネコのたいそう』長野ヒデ子（童心社）
『たなばたプールびらき』中川ひろたか（童心社）

<冬にふさわしい紙芝居>
『よいしょ　よいしょ』まついのりこ（童心社）
『ごろごろじゃっぽーん』長野ヒデ子（童心社）
『げんきにハイハイ』はたよしこ（教育画劇）

神戸洋子『新訂　知りたいときにすぐわかる　幼稚園・保育所・児童福祉施設等　実習ガイド』
2018，同文書院より

表5-5　幼児（3歳～6歳）向けの紙芝居

春にふさわしい紙芝居
・『くれよんさんのけんか』八木田宣子（童心社）
・『おまめくんぱちぱちー』とよたかずひこ（童心社）
・『はないっぱいになあれ』松谷みよこ（童心社）
・『はなのすきなおじいさん』小林純一（童心社）

夏にふさわしい紙芝居
・『りゅうになったおむこさん』今関信子（教育画劇）
・『かりゆしの海』まついのりこ（童心社）
・『むしのおうさまカブトムシ』今森光彦（教育画劇）

秋にふさわしい紙芝居
・『バッタがぴょん』得田之久（童心社）
・『おつきみのはら』土田義春（童心社）
・『にじになったきつね』川田百合子（童心社）

冬にふさわしい紙芝居
・『ふうちゃんのそり』神沢利子（童心社）
・『こうさぎのクリスマスツリー』渡辺享子（童心社）
・『かさじぞう』松谷みよ子（童心社）

季節を問わずおすすめの紙芝居
・『ネコのおりょうり』長野ヒデ子（童心社）
・『こねこのしろちゃん』堀尾青史（童心社）
・『おとうふさんとそらまめさん』松谷みよ子（童心社）
・『こぶたのまーち』村山桂子（童心社）
・『ごきげんのわるいコックさん』まついのりこ（童心社）
・『たまごがころべば』『しんかんせんははやい』中川ひろたか（童心社）
・『ひつじのしたてやさん』尾崎真吾（教育画劇）
・『おねぼうなじゃがいもさん』村山籌子（童心社）
・『ひよこちゃん』チュコフスキー（童心社）
・『おとうさん』（スマトラの民話）与田準一（童心社）
・『あひるのおうさま』堀尾青史（童心社）
・『おじいさんのできること』ときわひろみ（みやぎ紙芝居の会）

神戸洋子『新訂　知りたいときにすぐわかる　幼稚園・保育所・児童福祉施設等　実習ガイド』
2018，同文書院より

コラム ㉝

待機児童は本当に減っている？

こども家庭庁は2023（令和5）年9月1日，「保育所等関連状況とりまとめ（令和5年4月1日）」を公表しました。

〈保育所等関連状況取りまとめのポイント（令和5年4月1日）〉厚生労働省ホームページ

> ○保育所等利用定員は305万人（前年比0.7万人の増加）
> ○保育所等を利用する児童の数は272万人（前年比1.3万人の減少）
> ○待機児童数は2,680人で前年比264人の減少
> ・待機児童のいる市区町村は，前年から21減少して231市区町村
> ・待機児童が100人以上の市区町村はなし
> ・待機児童が100人以上増加した自治体はなし
> ・待機児童が100人以上減少したのは，鹿児島市（105人減）のみ

これを受け，新聞各紙では「待機児童は1994年の調査開始以降，過去最低」と報じました。しかし，待機児童の定義や集約のあり方が何度か変更されているため，単純に比較はできません。

政府は2020（令和2）年末までに待機児童ゼロを目指してきましたが，①保育・幼児教育の無償化（2019（令和元）年10月実施）の実施で保育のニーズがさらに高まる ②特定の施設だけを希望する（きょうだいを同じ保育所に通わせたい等）③保護者が求職活動を休止 ④東京都の認証保育所など自治体が補助する保育サービスを利用 などの理由で，待機児童数から除かれている，いわば「隠れ待機児童」（潜在的な待機児童）は5万～7万人という調査もあります。さらに，企業主導型保育事業（企業立保育所等）は，助成金の不正受給等，さまざまな問題などから整備が進まないことが予想されます。

これらなどから，待機児童は過去最低になったとはいえないのが現状です。

【参考文献】
こども家庭庁ホームページ

4 障害のある成人・高齢者のための絵本・紙芝居

　障害系の社会福祉施設で実習を行う場合，必ずしも幼児・児童を対象とした福祉施設で行うとは限りません。18歳以上の障害のある成人，あるいは高齢者が多く入居している障害者支援施設などで実習を行うケースが多いです。また，幼児・児童を入居対象とした施設であっても，入居者の高齢化が進み，実習に行ってみたらおとなの入居者の方が多かった，ということもあります。そのため，学生のなかには，障害のある成人，お年寄りとどのように接すればよいのかわからず，実習の現場でとまどってしまう人が多いと聞きます。

　しかし，障害者施設に入居しているお年寄りの場合，子どものように大勢で一緒に楽しむ時間をもつことがどうしても少なくなるため，絵本の読み聞かせや紙芝居などがもっている「時間を共有する」というあたたかな雰囲気を大変喜びます。障害のある人たちにとって，絵本を読んでもらう時間や，紙芝居を観る時間は，みんなでくつろぐというおだやかな時間になります。ですからぜひ，お年寄りの多い施設での実習でも，絵本の読み聞かせや紙芝居に挑戦してみましょう。

1）障害のある人のための絵本の読み聞かせ

障害のある人のための絵本

　障害のある人に絵本を読み聞かせる場合には，以下の特色のある絵本を選ぶとよいでしょう。
① 起承転結がはっきりしている
② 適度なくり返しや，言葉にリズムがある
③ 時間の流れが，過去と現在を行ったり来たりしない
④ 登場人物が多すぎず，その関係がわかりやすい
⑤ 絵がシンプルではっきりとわかる

　表5－6に，障害のある成人あるいはお年寄りと楽しめる絵本を紹介しますので，参考にしましょう。

絵本の読み聞かせ方

　障害のある成人・高齢者への読み聞かせは，子どもたちへの読み聞かせと少し異なります。

Part 5 ◆ 4 障害のある成人・高齢者のための絵本・紙芝居

表5-6 障害のある人のための絵本リスト

作品名・著者・出版社
・『あるばむ　人にはつきない話がある』南川　博（アニカ）
・『そらはさくらいろ』村上康成（ひかりのくに）
・『たんぽぽ』甲斐信枝（金の星社）
・『くだものの　はな』柳　宗民（フレーベル館）
・『おじいさんの旅』アレン・セイ（ほるぷ出版）
・『おじいちゃんのまち』野村たかあき（講談社）
・『ザカズー』クエンティン・ブレイク（好学社）
・『あんたがたどこさ』ましませつこ（こぐま社）
・『あがりめ　さがりめ』ましませつこ（こぐま社）
・『仔牛のハル』五味太郎（偕成社）
・『りんごのおじさん』竹下文子（ハッピーオウル社）
・『うえきばちです』川端　誠（BL出版）
・『ねこのこ』長田　弘（クレヨンハウス）
・『たったひとつの』えざきみつる（あすなろ書房）
・『ねこのはなびや』渡辺有一（フレーベル館）
・『花火の夜に』佐々木貴行（ARTBOXインターナショナル）
・『よっぱらったゆうれい』岩崎京子（教育画劇）
・『ももこのひなまつり』森山　京（教育画劇）
・『よもぎだんご』さとうわきこ（福音館書店）
・『たぬきのおつきみ』内田燐太郎（岩崎書店）
・『月人石』谷川俊太郎（福音館書店）
・『鈴の鳴る道』星野富弘（偕成社）
・『喜知次』乙川優三郎（講談社文庫）
・『ひとのこころをもったいぬ』えんどうはつえ（ハート出版）
・『パフパフ』リン・ロシター・マクファーランド（講談社）
・『おじいちゃん　わすれないよ』ペッテ・ウェステラ（金の星社）
・『てぶくろ』エフゲーニ・M・ラチョフ（福音館書店）

　まず読み手の前に椅子を並べて「客席」を用意しますが，聞き手は，客席のほかにもソファーやテーブル席など，それぞれの「お気に入りの自分の場所」でお話に耳を傾けることが少なくありません。また，集中できる時間が短いこともあるので，あまり長いお話は選べません。

　なかでもお年寄りの場合，「黙って静かに」聴いてはくれません。お話の途中でも，遠慮せず主人公に向かって話しかけたり，はげましたりします。また，絵本の画面から，突然懐かしい自分の子ども時代がよみがえってきて，昔話に脱線することもしばしばあります。ですから，読み手も絵本を「読み聞かせ」ているのではなく，「絵本を見ながら楽しく一緒にお話しする」と考え，ゆったりとした気分で読みましょう。また，ときには「こわいですねえ」など，自分の言葉を交えてみるとよいでしょう。聞き手のなかには耳が聞こえにくい人もいますから，ゆっくりとした口調で，大きな声で読みましょう。

なお聞こえているからといって，ストーリーを理解しているとは限りません。しっかりとお話についてきているのかどうか，アイコンタクトで確認します。また，実習生が読むときには，職員が聞き手の人を随所に配置したり，お話にあいの手を入れて盛り上げてくれるでしょう。

　子どもへの「読み聞かせ」と同じように，読む合間に「手遊び」や「歌」などの動きのある「遊び」を入れながら休憩もはさむと，40分くらいの「部分実習」としてプログラムを組むことができます。挑戦してみましょう。

2）障害のある成人・高齢者のための紙芝居

季節にあった場面数の少ない，わかりやすいものを

　絵本と同じように，紙芝居も人気があります。障害のある成人・高齢者向けに紙芝居を演じる際には，以下の特色のある紙芝居を選ぶとよいでしょう。

① **季節にあった作品**
　まずは，季節や年中行事を基準に作品を選ぶようにします。たとえば，1月鏡開き，2月節分，3月ひな祭り，などのようにだれでも知っている年中行事をテーマにしている作品を選ぶとよいでしょう。また，企業や業界などで決めている「記念日」も使えます。たとえば，チョコレートの日（2月14日），バスの日（9月20日），手袋の日（11月23日）などです。

② **テーマ，ストーリー，絵が明確なもの**
　「テーマ」がはっきりしていて，「ストーリー」がわかりやすく，「絵」が明瞭な紙芝居を選ぶことが大切です。急激な場面の展開についていけない観客も少なくありませんので，テーマ，ストーリー，絵の3点がわかりやすいものを選ぶようにします。

③ **場面数は少なめに**
　場面数が多すぎると飽きてしまいます。観る側の紙芝居経験が少ない場合には8場面が理想です。一般には，12場面が限界で，16場面では居眠りしてしまう人が出ることがあります。作品を選ぶ前に，実習指導担当者に，参加者がこれまでどの程度，紙芝居を観た経験があるのかを確認します。

④ **「参加型」は演じやすい**
　「参加型」の紙芝居は「物語完結型」と違い，演じ手と観る側とのやりとりや駆け引きで構成されます。そのため，集中の度合いがより強くなりますので，演じやすいといえます。

⑤ **歌が入っている作品に人気**
　歌が入っている作品は，観る側も一緒に歌い，楽しむことができるので，どこでも好評です。歌ったり手拍子を打ちづらい人でも，からだのどこかで反応

しやすいので，物語のなかに歌を取り入れてみるとよいでしょう。

ほかには，昔話や民話などお話がよく知られているもの，笑いやこころ温まるもの，自分の人生と重なりあい話題になりやすいもの，動物が出てくるものなどが喜ばれるようです。

表5−7に，「障害のある人と楽しめる紙芝居」の一覧を掲載します。作品選びの参考にしましょう。

表5−7　障害のある人と楽しめる紙芝居

作品名・著者・出版社・場面数
・『うまいものやま』佐々木 悦（童心社）（12場面）
・『おけやのてんのぼり』川崎大治（童心社）（16場面）
・『ねずみきょう』武士田忠（童心社）（12場面）
・『だんごひょいひょい』水谷章三（童心社）（12場面）
・『うみにしずんだおに』松谷みよ子（童心社）（16場面）
・『黄金バット』永松健夫（大空社）（18場面）
・『たのきゅう』渋谷 勲（童心社）（16場面）
・『子そだてゆうれい』須々木博（童心社）（16場面）
・『あかんぼばあさん』川崎大治（童心社）（12場面）
・『つんぶくだるま』鳥兎沼宏之（童心社）（12場面）
・『あんもちみっつ』水谷章三（童心社）（8場面）
・『こいのぼりさん　ありがとう』桜井信夫（教育画劇）（12場面）
・『ねこのおかあさん』渡辺享子（童心社）（12場面）
・『うらしまたろう』浅川じゅん（教育画劇）（16場面）
・『おまんじゅうのすきなとのさま』日下部由美子（童心社）（12場面）
・『みんなでたいそう』新沢としひこ（童心社）（8場面）
・『たべられたやまんば』松谷みよ子（童心社）（16場面）
・『おににさらわれたあねこ』水谷章三（童心社）（16場面）
・『おばけやしき』小沢 正（教育画劇）（12場面）
・『ぼたもちをくったほとけさま』やすいすえこ（教育画劇）（12場面）
・『ひもかとおもったら』古川タク（教育画劇）（8場面）
・『けちくらべ』小野和子（教育画劇）（12場面）
・『くちのあかないヒポポくん』わしおとしひこ（童心社）（12場面）
・『はしれ車イスのイヌのはなこ』坂井ひろ子（教育画劇）（12場面）
・『さらやしきのおきく』久住卓也（童心社）（16場面）
・『とりのみじっちゃ』斎藤 純（童心社）（12場面）
・『しりなりべら』渋谷 勲（童心社）（12場面）
・『落語紙芝居ぞろぞろ』三遊亭円窓・渡辺享子（汐文社）（12場面）
・『うなぎにきいて』長谷川義史（童心社）（12場面）
・『とまがしま』田島征三（童心社）（16場面）
・『めがねやどろぼう』東 菜奈（童心社）（12場面）
・『どうしてせつぶんにまめをまくの』国松俊秀（童心社）（12場面）
・『かっぱのすもう』渋谷 勲（童心社）（12場面）
・『おおきくおおきくおおきくなあれ』まついのりこ（童心社）（8場面）
・『注文の多い料理店』宮沢賢治（童心社）（16場面）
・『にじになったきつね』川田百合子（童心社）（12場面）

演じるときはゆったりと聞きやすく

　観る側が，ストーリーを楽しむというよりも，こころやからだのどこかを一瞬でもゆり動かし，共感する世界が作れるように演じるのがポイントです。そのためには，子どもに向かって演じるときの基本となる「声の大きさ・間の取り方・場面の抜き方」に気を取られることなく，観る側との対話を楽しみながら「ゆったりとした間とリズム」を優先して演じるように心がけましょう。

　また，観る側が演じ手の声を聴き取りにくいと，紙芝居を十分に楽しめなく

コラム ㉞

LLブック―知的障害のある人のための本

　知的障害のある人や自閉症の人たちもまた，自分で本を読んでみたいという欲求があります。ただし問題は，発達に遅れをもっている人たちの生活年齢は毎年１歳ずつ上がりますが，知的年齢が生活年齢にともなって上がっていかないということです。生活年齢が25歳であっても，知的年齢が５歳だとすると，普通の成人向けの本を読むのはむずかしいということになります。知的年齢が５歳の人であれば，おおむねひらがなを読むことができますから，５歳児向けの絵本を読むことはできるでしょう。しかし，生活年齢が25歳であればテレビで見たスポーツや歌，あるいは恋愛や政治，経済について興味をもつのは当然ですから，幼児用の絵本には興味をもてないということになってしまいます。

　そこでこうした知的障害や自閉スペクトラム症，学習障害などがある人たち向けに，読みやすく工夫した本に「LLブック」とよばれているものがあります。「LL」とはスウェーデン語のLättlästの略で，「優しく読める」という意味です。ですからLLブックは「優しく読める本」ということになります。LLブックでは，読むことが苦手な人のために，むずかしい表現や長い言い回しなどを使わず，写真や絵をたくさん使うことで，読みやすく工夫されています。しかしわかりやすく書かれたからといっても，その内容は子ども向けの本ではなく，成人の知的好奇心を満たすことができるものとなっています。

　右ページに，「LLブック」の一部を掲載しますので，参考にしてください。

なってしまいます。かといって，無理に大きな声を出そうとすると，上手に演じることがむずかしくなります。そこで演じる前に，会場のすみずみまで演じ手の声が届いているかどうか，観客に直接確認してみましょう。もし聞こえていない場合には，座席の位置を工夫したり，どうしても必要なときは，マイクなどの拡声装置を使ってみるのもよいでしょう。

- 『赤いハイヒール－ある愛のものがたり－』ロッタ・ソールセン（日本障害者リハビリテーション協会）
- 『山頂にむかって』スティーナ・アンデション（愛育社）
- 『ひろみとまゆこの2人だけのがいしゅつ－バスにのってまちまで－』大阪府立金剛コロニーAAC研究班（清風堂書店出版部）
- 『学校つくっちゃった！』エコール・エレマン・プレザン，佐藤よし子，佐久間寛厚（ポプラ社）
- 『Bon appétit　ぼなぺてぃ－どうぞめしあがれ』（自立生活ハンドブック5）全日本手をつなぐ育成会
- 『性・Say・生（せい・せい・せい）』（自立生活ハンドブック16）全日本手をつなぐ育成会
- 『ぼくらのキャリアアップ－上を向いて歩こう－』（自立生活ハンドブック10）全日本手をつなぐ育成会
- 『はたらく－できるかな？どないしょ？の本』大阪府教育委員会教育振興室養護教育課
- 『病院へいこう－健康に暮らすために－』（S-planningハンドブック2）すずきのぶよし（Sプランニング）
- 『リーサのたのしい一日－乗りものサービスのバスがくる－』マーツ・フォーシュ（愛育社）
- 『三省堂　こどもことば絵じてん』金田一春彦（三省堂）
- 『となりのしげちゃん』『ぼくたちのコンニャク先生』『ぼくのおにいちゃん』『ちえちゃんの卒業式』『ゆいちゃんのエアメール』星川ひろ子（小学館）

5 素話（ストーリーテリング）

1）素話の効果

子どもとの信頼関係を強化

　「素話」とは，物語を覚え，子どもと直接目を見つめあい，聞き手の表情を読み取りながら語るものです。「ストーリーテリング」とも呼ばれます。耳で聞いて，その世界を想像することは，子どもの集中力，想像力を高め，空想の世界を体験し，こころを解放し，理解力，記憶力，認識能力を高め，言語感覚を養います。また，空想の世界を共有することは，子どもとの信頼関係を強め，共通の財産となります。

2）素話のポイント

「マジック7」…7回は声を出して練習を

　素話に向くテキストを選ぶことはむずかしいですが，昔話や，あるいは素話のために再話された話を選びます。起承転結がはっきりしていて登場人物が少なく，骨太な構成のものを選ぶようにします。素話を覚えるには時間と努力が必要です。学生のうちから取り組み，財産としましょう。

　語るときは，Simply（簡潔に），Slowly（ゆっくりと），Sincerely（誠実に）語ります。技巧にとらわれず，素直に無理なく語ることが大切です。すっかり覚えた後，6回は全部を通して声に出すと，7回目にはお話が絵になって広がり，楽に語ることができます。これを私（筆者）は「マジック7」と呼んでいます。この醍醐味をぜひ味わってほしいと思います。

　次のページで紹介する『くらいくらいおはなし』は，テキストを見ないで語る素話の練習として覚えるようにします。コツとしては，語りはじめは静かに，「その箱を開けると」の箇所でさらに声をひそめてから，大きな声で「**お化け！**」と叫びます。

　なお，素話に向くテキストとしては，公益財団法人の東京子ども図書館から出版されている『おはなしのろうそく』シリーズがあります。また表5－8に素話のための創作話，外国・日本の昔話のリストを紹介しますので，参考にしてください。

Part 5 ◆ 5 素話（ストーリーテリング）

くらいくらいおはなし（神戸洋子　聞き覚え）

あるところに，くらーいくらい森がありました。
その森の奥には，くらーいくらい家が一軒ありました。
その家には，くらーいくらいドア（扉）がありました。
そのドア（扉）を開けると，くらーいくらい廊下がありました。
その廊下の奥には，くらーいくらい部屋がありました。
その部屋には，くらーいくらい押入れがありました。
その押入れを開けると，くらーいくらい箱がひとつありました。
その箱を開けると
お化け！ がでてきました。

神戸洋子『新訂　知りたいときにすぐわかる　幼稚園・保育所・児童福祉施設等　実習ガイド』2018，同文書院より

表5－8　素話に向く創作話，海外・日本の昔話のリスト

分類	リスト
創作話	・中川李枝子『くまさんのおでかけ』おはなしのろうそく1／『おかあさんのごちそう』おはなしのろうそく4／『たいへんたいへん』おはなしのろうそく10（東京子ども図書館） ・ミラン・マラリーク『あなのはなし』おはなしのろうそく4（東京子ども図書館） ・アルフ・プロイセン『だめといわれてひっこむな』おはなしのろうそく9（東京子ども図書館） ・マージョリー・ラ・フルール『世界でいちばんきれいな声』おはなしのろうそく11（東京子ども図書館） ・ルース・エインワース『こすずめのぼうけん』おはなしのろうそく13（東京子ども図書館） ・にしゆうこ『ふたりのあさごはん』おはなしのろうそく16（東京子ども図書館） ・櫻井美紀『おかあさんぐまとこぐま』（『お母さんは語り手』『子どもに語りを』椋の木社参照，絶版） ・R・ファイルマン『まほうのかさ』（福音館書店，絶版） ・作者不明『くらいくらいおはなし』
海外の昔話	・トルストイ『3びきのくま』（福音館書店） ・絵本・イギリスの昔話『三びきのこぶた』（福音館書店） ・ロシアの昔話『おおきなかぶ』（福音館書店） ・北欧の昔話『三びきのやぎのがらがらどん』（福音館書店） ・イギリスの昔話『おばあさんとブタ』おはなしのろうそく7（東京子ども図書館） ・デンマークの昔話『ついでにぺろり』おはなしのろうそく6（東京子ども図書館） ・グリム『おいしいおかゆ』おはなしのろうそく1（東京子ども図書館） ・グリム『おおかみと七ひきのこやぎ』子どもに語るグリムの昔話1（こぐま社） ・グリム『赤ずきん』子どもに語るグリムの昔話5（こぐま社） ・グリム『こびととくつや』子どもに語るグリムの昔話6（こぐま社） ・ロシアの昔話『金色とさかのおんどり』おはなしのろうそく3（東京子ども図書館） ・トリニダード・トバコの昔話『ヤギとライオン』子どもに聞かせる世界の民話（実業之日本社） ・ジャマイカ島の民話『アナンシと五』子どもに聞かせる世界の民話（実業之日本社）
日本の昔話	・日本の昔話『とりのみじい』日本昔話百選（三省堂） ・てのひらむかしばなし『へっこきあねさ』（岩波書店） ・日本の昔話『だいくとおにろく』（福音館書店） ・絵本・日本の昔話『ももたろう』（福音館書店） ・日本の昔話『ねずみじょうど』おはなしのろうそく3（東京子ども図書館） ・日本の昔話『三枚のお札』おはなしのろうそく5（東京子ども図書館）

神戸洋子『新訂　知りたいときにすぐわかる　幼稚園・保育所・児童福祉施設等　実習ガイド』2018，同文書院より

6 弾き歌い1

1）先生らしく聞こえる弾き歌いとは

前奏は間違わず，歌い出しははっきりと声をかける

　前奏には歌うための準備をするという意味合いもあります。前奏を間違えると，子どもたちは歌い出せませんから，間違えないようにしましょう。また，歌い出すところでは「さんはい」「どうぞ」など，子どもたちの方を向いて声がかけられるように練習しましょう。

立って弾く練習を

　保育室によっては，ピアノ（鍵盤楽器）が子どもたちに背を向ける配置になっていることがあります。その場合には，座って弾くと，子どもたちの姿が見えにくくなります。そのため，座らずに立って弾く練習もしましょう。

笑顔で子どもたちに向かって歌おう

　弾き歌いは笑顔で子どもたちに歌いかけながら，ピアノ伴奏をします。ピアノを弾きながら笑顔で歌うのはむずかしいので，鏡を見ながら研究しましょう。

2）習得方法

レパートリーはなるべく多く

　実習園で歌う曲は，「毎日歌う歌」「年中行事の歌」など数多くあります。養成校の「音楽」などの授業で練習していることが多いですが，授業で練習しなかった曲を歌う場合も少なくありません。できるだけ多くのレパートリーを作っておきましょう（表5－9参照）。また以下のポイントを参考に，弾き歌いの練習をしましょう。
① 楽譜通りに演奏できるように練習する。
　〇歌いながら，右手が止まらずに弾けるように練習する。
　〇左手がリズム正しく，止まらずに弾けるように練習する。
　〇両手で4小節ずつ，繰り返し練習する。
　〇両手で1曲を通して弾く。

表5-9 レパートリーの参考曲

毎日歌う歌	年中行事の歌	いろいろな歌	
朝のうた おはようのうた おべんとうのうた おかえりのうた さよならのうた おかたづけ	こいのぼり おかあさん とけいのうた すてきなパパ たなばたさま おしょうがつ まめまき うれしいひなまつり おもいでのアルバム ハッピー・バースデー・トゥ・ユー	チューリップ かたつむり あめふりくまのこ かえるのうた ぞうさん しゃぼんだま うみ とんぼのめがね まつぼっくり ゆき こぶたぬきつねこ そうだったらいいのにな おもちゃのチャチャチャ ぼくのミックスジュース あわてんぼうのサンタクロース	世界中のこどもたちが 犬のおまわりさん ふしぎなポケット バスごっこ どんぐりころころ さんぽ おばけなんてないさ アンパンマンマーチ 森のくまさん おつかいありさん 山の音楽家 小さな世界 大きな古時計 アイスクリームのうた

○楽曲に指定されている強弱や速さなどにも配意して弾く。
○歌いながら楽譜通りに演奏する。
② 子どもたちを見ながら演奏するために，できる限り楽譜を見ず，また指や鍵盤なども見ずに演奏できるようにする。
③ 緊張しても演奏できるように，人前で演奏する練習をする。
④ 前奏終了後，歌の開始直前に，「さんはい」「どうぞ」などのかけ声がかけられるようにする。
⑤ 子どもは息が長く続かないため，歌を速く歌うことになるので，子どもにあわせて演奏できるよう，さまざまな速さで演奏できるように練習をする。
⑥ 弾き始めたら，勝手に止まったり，弾き直しをしない。もし途中で子どもたちの歌と合わなくなったしまった場合には，以下のようにする。
　(i) 歌のメロディーだけは何としても弾き続ける。
　(ii) 止まってしまった場合，歌の途中から合流する。しかし，うまく合流できなかった場合でも最後の小節は子どもたちの歌の終りに合わせて演奏できるようにする。

簡易伴奏の楽譜を用意しておく

　実習先のオリエンテーションなどで，実習で弾き歌いする楽譜をいただいたら，楽譜通りに弾かなければならないのか，それとも簡易な伴奏に直して弾いてよいのかを必ず確認しましょう。簡易な伴奏でよい場合には，楽譜の題名に「簡易伴奏」などと書かれた楽譜や，近年では『いろいろな伴奏形によるこどものうた85』（共同音楽出版社）など，1曲に対して数種の伴奏形が掲載されている曲集が刊行されています。自身にあった楽譜を探して弾いてみましょう。

7 弾き歌い2

1）コード奏法に慣れましょう

伴奏譜がなくてもだいじょうぶ

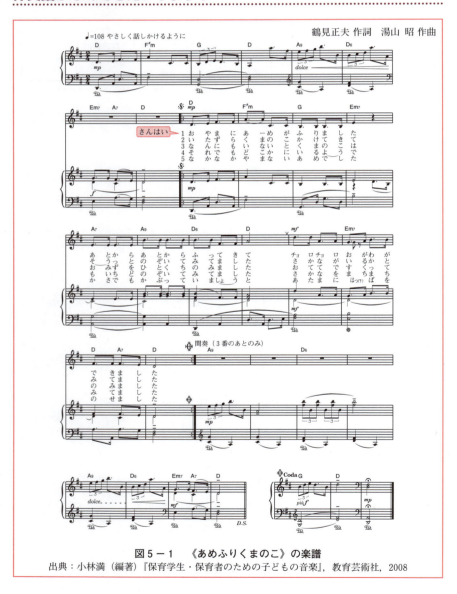

図5－1 《あめふりくまのこ》の楽譜
出典：小林満（編著）『保育学生・保育者のための子どもの音楽』，教育芸術社，2008

レパートリーとした曲のほかにも，子どもの歌は数多くあります。そのすべてを伴奏譜通りに練習するのは大変ですし，自分の伴奏レベルにあった伴奏譜が見つからないこともあります。そうした場合に，コードネームを頼りに伴奏できれば，便利です。ただし，コード伴奏を認めていない園もあります。コードで伴奏してもよいかどうかは自分勝手に判断せず，必ず事前に実習園に確認しましょう。

　ここでは6月の実習で弾くことの多い《あめふりくまのこ》（図5－1）を例にして，コード奏法をレベルに応じて説明しますので，自分のレベルにあった奏法を見つけましょう。

　なお前奏は，どのレベルにおいても，曲の終わりの2小節あるいは4小節を用います。

初級レベルコード奏法

　初級レベルでは，右手で歌のメロディーを弾き，左手でコードの根音（和音の一番下の音）だけを，コードネームが書いてあるところで弾きます。《あめふりくまのこ》では，図5－2のようになります。

図5－2　初級レベルのコード

　ここでは左手で，Dと書いてあるところではレの音を，F#mと書いてあるところではファの#の音を弾きます。

中級レベルコード奏法

　中級レベルでは，左手はコードの根音だけではなく，コードのほかの構成音（真ん中や一番上の音）も加えます。曲の主和音（Ⅰの和音）は原則として基本形の和音で弾きます。そのほかのコードは，直前に弾いたコードに近くなる

ように展開形にして弾きます。またコードの3つの音すべてではなく，音を省略して2音だけで弾くこともあります。《あめふりくまのこ》を例に図5-3で示します。

図5-3　中級レベルのコード

上級レベルコード奏法

　上級レベルではコードを押さえるだけではなく，リズムも拍子などから考えて工夫します。リズムは曲の拍子によって，図5-4のような形を用います。ハ長調の場合には，このように演奏します。参考にしてください。

図5-4　いろいろな伴奏法

　図5-5に《あめふりくまのこ》の上級レベルのコード奏法の例を示します。
　上級レベルのコード奏法は，図5-1の楽譜の伴奏に近づいていることがわかります。このように，上級レベルでは伴奏譜を参考にしながら，響きのよい音楽になるようにコード奏法を工夫してみてください。

図5－5　《あめふりくまのこ》の上級レベルのコード奏法の例

2）子どもたちが知らない歌を指導するときは

　子どもたちが知らない歌を指導するときは，次のような順序で指導するとよいでしょう。
① 歌詞の内容の話をしたり，パネルシアターやペープサートなどを演じ，歌詞の内容をまず理解させる。
② 子どもたちに歌って聞かせる。
③ 歌を区切って，保育者の伴奏や歌に乗せて，歌の練習をする（たとえば《あめふりくまのこ》では４小節ずつ区切って練習する）。
④ 振りをつけて歌う方が歌いやすい場合は，振りをつけて歌う練習をする。
　※《あめふりくまのこ》は身体を左右に揺らしながら歌うと歌いやすい。また，《こぶたぬきつねこ》のように手を叩きながら歌うと，リズムが取りやすく歌いやすい歌もある。
⑤ １曲を通して歌う。

8 手遊び

1) 多くの手遊びを習得しよう

　手遊びは音楽活動ではありますが，音楽活動にとどまらない保育技術としてとらえて，多くの手遊び歌の習得を目指しましょう。手遊びについての本がいろいろありますので，保育者を目指すのであれば，1冊は手元に置いておくとよいでしょう。

手遊びをする場面

　集中させたいとき，静かにしてほしいとき，待ち時間，紙芝居・絵本の読み聞かせの前，朝の会，帰りの会，給食（お弁当）の前など，子どもたちは，1日のなかで多くの手遊びを楽しんでいます。自分のレパートリーがどのような場面で使えるのかを考えてみましょう。

習得しておきたい手遊び歌

　手遊びは多くの保育場面で使われています。DVDの付いた手遊びの本が多く刊行されていますので，それらを参考に，実習前に少なくとも30種類は覚えておきましょう。また，実習園によってメロディーやリズムが，自分の覚えた曲と多少異なる場合があります。どれも間違いではありませんが，覚えた手遊びが実習園のものと異なる場合には，実習園の手遊びを優先させましょう。

　習得しておきたい手遊び歌の一覧を表5-10に示します。そのなかでも代表的な2つの手遊び歌《のねずみ》《いっぽんばしにほんばし》を掲載しますので，参考にしてください。

表5-10　習得しておきたい手遊び歌

保育者として習得しておきたい手遊び歌
あたまかたひざぽん，さかながはねて，小さな庭，グーチョキパー，これくらいのお弁当箱，カレーライス，コロコロたまご，まあるいたまご，父さん指どこです，キャベツのなかから，一本と一本で，山小屋いっけん，いわしのひらき，一丁目のドラねこ，5つのメロンパン，のねずみ，いっぽんばしにほんばし，てぶくろぱい，糸まきのうた，トントントントンひげじいさん，おちゃらかホイ，ごんべさんの赤ちゃん，わたしはねこの子，げんこつやまのたぬきさん，お寺の和尚さん，やきいもグーチーパー，やおやのおみせ，三匹のこぶた，はじまるよ，この指パパ，パンダうさぎコアラ，のぼるよコアラ，くいしんぼゴリラのうた，パン屋さんへおかいもの，大工のきつつきさん，鬼のパンツ，ミックスジュース

のねずみ

詞　鈴木一郎
イギリス曲

1. いっぴきの
2. にひきの
3. さんびきの
4. よんひきの
5. ごひきの

のねずみが あなのなか
とびこんで チュッチュチュチュチュ チュチュッチュ おおさわぎ

①いっぴきの

からだの後ろから右手の人差し指をゆらしながら前に出す

②のねずみが

左手の人差し指を同じように出す

③あなのなか

からだの前で両手で円を作る

④とびこんで

左手でからだの左側に円を作り右手をそのなかに入れる

⑤チュッチュチュチュチュ
　チュッチュチュッチュ

左右の人差し指を打ちあわせる

⑥おおさわぎ

両手をキラキラさせて下におろし，からだの後ろに隠す

※2番は人さし指と中指の2本指，3番は人さし指と中指とくすり指の3本指と指を1本ずつ増やし，5番まで遊びます。

いっぽんばしにほんばし

詞　湯浅とんぼ
曲　中川ひろたか

1. いっぽんばし　いっぽんばし　おやまに　なっちゃった
2. にほんばし　にほんばし　めがねに　なっちゃった
3. さんぼんばし　さんぼんばし　くらげに　なっちゃった
4. よんほんばし　よんほんばし　おひげに　なっちゃった
5. ごほんばし　ごほんばし　ことりに　なっちゃった

1番　①いっぽんばし

右手の人さし指を立ててからだの前に出す。

②いっぽんばし

右手は①のまま，左手も同様にからだの前に出す。

③おやまになっちゃった

両手の人さし指を三角形を作るようにしてあわせる。

2番　④にほんばし

右手をチョキにしてからだの前に出す。

⑤にほんばし

右手は④のまま，左手も同様にからだの前に出す。

⑥めがねになっちゃった

両手を目のあたりにもっていき，メガネを作る。

3番　⑦さんぼんばし

右手の人さし指，中指，薬指を立ててからだの前に出す。

⑧さんぼんばし

右手は⑦のまま，左手も同様にからだの前に出す。

⑨くらげになっちゃった

⑧の両手を下に向け，くらげのようにゆっくりと左右ゆらす。

4番　⑩よんほんばし

右手の親指以外の4本指を立ててからだの前に出す。

⑪よんほんばし

右手は⑩のまま，左手も同様にからだの前に出す。

⑫おひげになっちゃった

両手を両ほほのあたりにあて，ヒゲを作る。

5番　⑬ごほんばし

右手をパーにして，からだの前に出す。

⑭ごほんばし

右手は⑬のまま，左手も同様にからだの前に出す。

⑮ことりになっちゃった

両手をからだの横で開き，小鳥の羽をイメージして小さく上下にゆらす。

Work Sheet

実習で新たに覚えた手遊び歌を書き出しておきましょう。

リズム遊び

　リズム遊びには，楽器を鳴らす遊びの「楽器遊び」と，音楽やリズムにあわせて子どもたちが身体を動かす「身体表現遊び」があります。以下にこの2つのリズム遊びについて説明します。

1）楽器遊び

子どもたちが自由に歌い，踊れるように

　楽器遊びが自然に始められるように，いろいろなリズム楽器（タンブリン，カスタネット，すず，たいこ，ウッドブロック，マラカスなど）を子どもたちが容易に取り出せるところに用意します。こうすることで，子どもたちがCDなどの音楽に合わせて，自由に踊り，歌いながら鳴らすことができます。実習生も子どもたちの演奏に加わったり，ほかの子どもも誘って，合奏してみましょう。

　また，木の実などの自然物を使って手作り楽器を製作した後，鳴らして遊ぶ活動を部分実習や責任実習にすることもできます。資料5-1の「指導案（4～5歳児）の例」を参考にしてください。

資料5-1　指導案（4～5歳児）の例

子どもの姿		ねらい	・身近な自然物を工夫して使い，手作り楽器を作ることを通して，音や音色に興味をもつ。 ・みんなで音楽に合わせて，楽器を鳴らして楽しむ。
先週公園に出かけ，子どもたちは色づいた葉を見たり，ドングリやまつぼっくりを拾って，秋を思う存分感じた。 　最近は友だちと一緒に，いろいろなものを遊びに使って楽しんでいる姿が見られる。音楽に合わせて身体表現をしたり，楽器を鳴らすことは，子どもたちの大好きな活動である。		内容	・身近な自然物を用いて，手作り楽器（マラカス）を作る。 ・音楽に合わせて，手作り楽器を鳴らして，表現遊びをする。

時間	環境構成	予想される子どもの活動	保育者の援助
10:00	洗って乾かしておいたドングリ，手作り楽器の見本，ペットボトル（人数分），多数のシールを準備する。	○先週の公園の様子，活動について話す。 ・音色に興味をもつ。	・先週公園での活動が思い出せるように問いかける。 ・ドングリを使って，楽器を作ることを話す。手作り楽器の見本を見せて，音色に興味をもたせる。

Part 5 ◆ 9 リズム遊び

時刻	環境構成	子どもの活動	保育者の援助
	各机にフェルトペンとビニールテープを置く。 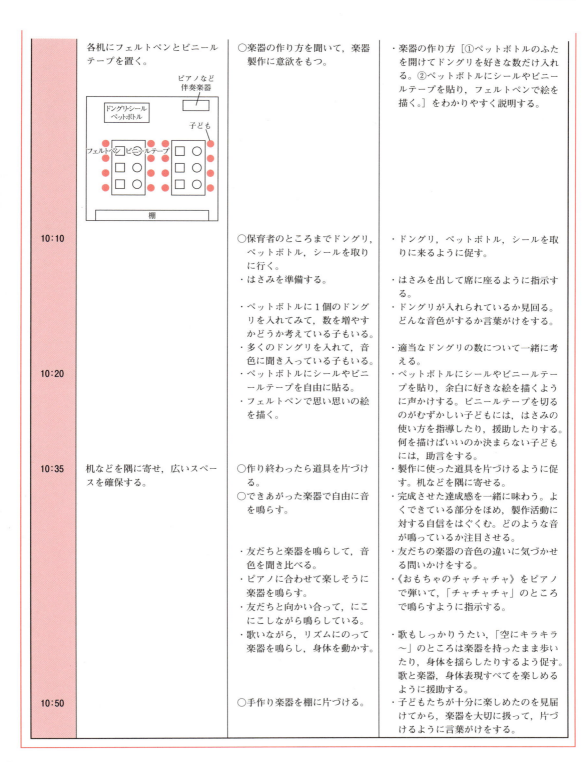	○楽器の作り方を聞いて、楽器製作に意欲をもつ。	・楽器の作り方［①ペットボトルのふたを開けてドングリを好きな数だけ入れる。②ペットボトルにシールやビニールテープを貼り、フェルトペンで絵を描く。］をわかりやすく説明する。
10:10		○保育者のところまでドングリ、ペットボトル、シールを取りに行く。 ・はさみを準備する。	・ドングリ、ペットボトル、シールを取りに来るように促す。 ・はさみを出して席に座るように指示する。
10:20		・ペットボトルに1個のドングリを入れてみて、数を増やすかどうか考えている子もいる。 ・多くのドングリを入れて、音色に聞き入っている子もいる。 ・ペットボトルにシールやビニールテープを自由に貼る。 ・フェルトペンで思い思いの絵を描く。	・ドングリが入れられているか見回る。どんな音色がするか言葉がけをする。 ・適当なドングリの数について一緒に考える。 ・ペットボトルにシールやビニールテープを貼り、余白に好きな絵を描くように声かけする。ビニールテープを切るのがむずかしい子どもには、はさみの使い方を指導したり、援助したりする。何を描けばいいのか決まらない子どもには、助言をする。
10:35	机などを隅に寄せ、広いスペースを確保する。	○作り終わったら道具を片づける。 ○できあがった楽器で自由に音を鳴らす。 ・友だちと楽器を鳴らして、音色を聞き比べる。 ・ピアノに合わせて楽しそうに楽器を鳴らす。 ・友だちと向かい合って、にこにこしながら鳴らしている。 ・歌いながら、リズムにのって楽器を鳴らし、身体を動かす。	・製作に使った道具を片づけるように促す。机などを隅に寄せる。 ・完成させた達成感を一緒に味わう。よくできている部分をほめ、製作活動に対する自信をはぐくむ。どのような音が鳴っているか注目させる。 ・友だちの楽器の音色の違いに気づかせる問いかけをする。 ・《おもちゃのチャチャチャ》をピアノで弾いて、「チャチャチャ」のところで鳴らすように指示する。 ・歌もしっかりうたい、「空にキラキラ〜」のところは楽器を持ったまま歩いたり、身体を揺らしたりするよう促す。歌と楽器、身体表現すべてを楽しめるように援助する。
10:50		○手作り楽器を棚に片づける。	・子どもたちが十分に楽しめたのを見届けてから、楽器を大切に扱って、片づけるように言葉がけをする。

2）身体表現遊び

身体表現遊びには，いくつかの種類があります。ここでは，種類ごとに実習生の援助方法を紹介します。

自然リズムの模倣

子どもたちが動物や乗りものの模倣運動をするときは，模倣しようとするものをイメージできる音を，ピアノなどで演奏するとよいでしょう。子どもがぞうさんを模倣するなら，ぞうをイメージさせる低音のどっしりした音で，ぞうが歩く様子や，グリッサンド*で鼻をブラブラさせる様子を演奏しましょう。

＊指の腹などで，鍵盤をすべらせるように音を出す演奏法。

音楽のリズムに合わせた運動

音楽のリズムに合わせて，歩く，走る，ゆっくり歩く，ジャンプ，ケンケン，スキップ，またボールなど物の手渡しなどの運動のときには，それぞれの運動の伴奏になる簡単な音楽を正確なリズムで演奏します。子どもが歩くときは，4分音符が多くを占める《きらきら星》のような子どもの歌を演奏します。走る曲，ゆっくり歩く曲には，《きらきら星》のリズムを変えて用いることがで

図5－6　《きらきら星》のアレンジによる運動の伴奏

きます（図5－6参照）。即興的にメロディーを作って運動の伴奏ができれば
さらによいでしょう。

歌詞に合わせた動き

《バスごっこ》《なべなべそこぬけ》《あぶくたった》《出して引っ込めて》な
どの歌の歌詞に合わせて子どもたちが動くときには，テンポよく，途中で弾き
直しをしないよう気をつけて弾き歌いをしたり，伴奏をしないで大きな声で歌
います。

曲に合わせた踊り

《あくしゅでこんにちは》《はたけのポルカ》《アブラハムの子》《セブンステ
ップス》などの歌に合わせて踊ります。テンポよく，途中で弾き直しをしない
よう気をつけて弾き歌いをしたり，伴奏をしないで大きな声で歌います。

物語展開のある身体表現遊び

　子どもたちに絵本の読み聞かせをしてから，お話のイメージを身体表現，さ
らには劇表現へと発展させることも可能です。たとえば，宝さがしの冒険談の
読み聞かせの後，子どもたちは歩いたり，山を登ったり，泳いだり，悪者と戦
う身体表現を実習生の即興演奏とともに行い，最後に宝を見つけるという身体
表現遊びに展開できます。
　実習で実施させていただくのはむずかしい分野ですが，子どもたちも楽しめ，
実習生にとっても保育実践力を身につけるよい機会となるため，チャレンジし
てみましょう。

10 障害のある人のための音楽レクリエーション

音楽を用いたレクリエーションは，介護などの現場で注目されています。障害者施設などの部分実習や半日実習では，レクリエーションを任されることが増えています。ぜひ，音楽を使ったレクリエーションのプログラムを組み立て，実践してみましょう。ここでは障害者施設での音楽レクリエーションで採用される主な活動を紹介します。

1) 障害者のための音楽レクリエーション

歌やリズム，楽器演奏を楽しもう

① 歌う

普段出せないような大きな声を出すことで，利用者のストレスの発散につながります。また，口や舌を動かすことは，言語訓練にも役立ちます。

② リズムをからだで感じる

音楽を聴くと，自然とからだがゆれたり，手拍子や足ぶみをしたくなって，元気になります。また音楽にあわせて手を動かす「手遊び」などは，脳の神経細胞に働きかけ，心身を活性化します。

③ 楽器を演奏する

すず，タンブリン，カスタネット，マラカス，トライアングル，シェーカー，太鼓，ハンドベル，トーンチャイムなど，楽器経験のない人でも楽しめる楽器を使って，演奏を楽しみます。

2) 音楽レクリエーション・プログラム

こうした音楽レクリエーションも適切なプログラムに基づいて実行されない限り，効果的に機能しません。ここでは障害者施設での実習の際のプログラム作成の手順と，具体例を示します。

プログラム作成の注意点

① 参加者の状態を確認する

参加者の年齢層を把握し，年齢層ごとの心身の状態や聴力，また参加者一人ひとりの残存機能などを，指導担当者に確認しましょう。一人ひとり歩んでき

た人生があります。身体能力などの度合いに関係なく，すべての人に敬意を払った対応を心がけましょう。

② 曲の選び方

　歌いながらからだを動かすときには歌詞を見なくても歌える曲を，またじっくりと歌うときには歌詞を見ながらなど，目的ごとに曲を選びましょう。

③ プログラムはあくまでも目安

　プログラムは，あくまでも目安（計画）です。参加者の様子を見ながら進めることが大切です。図5－7に示す例を参考にして，30〜40分の部分実習プログラムを組んでみましょう。

1．脳の活性化
みんなで歌う。
↓
歌に関連した話題，その日の天気や気候などの会話をする。
↓
歌いながら指や手を動かす。

2．こころの安定
季節の曲を，情景を思い浮かべながら歌う。

3．気持ちの発散
CDや実習生のピアノ演奏などにあわせて，好きな楽器でリズムをとる（手拍子でもよい）。

4．回想
みんなで歌ったり，誰かが順番で一人ずつ歌ったり，CDを鑑賞したりする。

5．ストレッチ
CDや実習生のピアノ演奏などのゆったりとしたテンポの曲にあわせて，座ったままからだを動かす。

6．クールダウン
ゆったりとしたテンポの曲をみんなで歌う。
次回の予告をする。
終了後に水分補給をする。

図5－7　音楽レクリエーション・プログラムの例

11 シアター系保育教材（文化財）1

1）シアター系保育教材とは

保育者の生の声で子どもたちと交流を

　シアター系保育教材は，手軽に作成でき，保育者の生の声で語りかけることができます。そのため，演じ手（保育者）と観客（子ども）との気持ちの交流が図りやすい，反応がわかりやすい，子どもたちが人形や作品だけでなく演じ手にも共感できる，なごみの空間が生じてこころを解放させる時間と空間を味わえる，などの魅力があります。

　さらに小道具を仲立ちとすることで，演じ手がお話（素話）ほど緊張せずに物語を届けられるため，日常の保育でも手軽に用いられ，誕生会などの集会でも披露できます。実習で実践できるよう，早めに準備しましょう。

2）シアター系保育教材のいろいろ

　ここではさまざまなタイプのシアター系保育教材を紹介し，その制作方法，使い方を説明します。

パネルシアター*

＊古宇田亮順氏によって考案された。

　ネル布を貼ったボードを少々傾け，Pペーパー（不織布）で作成した絵人形を動かしながらお話や歌を構成するものです。

　Pペーパー（絵具で彩色しマジックで縁取りして切り取った絵人形）のザラザラが摩擦でネル布につきます。Pペーパーは裏表に絵が描け，細工（糸止めなど）が可能なことから，作品の演じ方に広がりが生まれます。

　ネル布には通常使用する白布と，主にブラックライトで用いる黒布があり，ボードにはスチレンボードを使いますが，段ボールで手作りすることもできます。

写真5－1　絵人形の扱いは丁寧に

絵人形の加工には，糸どめ，ポケット仕立て，裏打ちなどがあり，演じる際には，裏かえし，重ね貼りなどの技巧をこらすと効果が大きくなります。塗った絵具が湿度や経年変化で色変わりしないよう定着液を吹きつけるとよいでしょう。また，折れないよう保存に気を配るなどの注意が必要です。図5－8，5－9，5－10に作り方の例を示しますので，参考にしてください。

できあがったボードは保存袋を作って，持ち運びできるようにします。

写真5－2　ボードが見えるよう立ち位置に注意する

図5－8　絵人形の加工

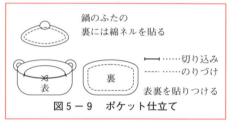

図5－9　ポケット仕立て

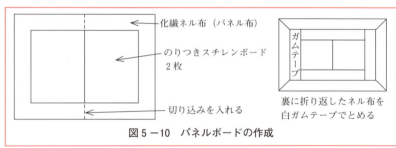

図5－10　パネルボードの作成

12 シアター系保育教材（文化財）2

1）シアター系保育教材のいろいろ（続き）

ペープサート（Paper Theater）

写真5－3

ペープサートは，紙人形劇のことです。紙に描いた2枚の絵を，余白を残してうちわのように仕立てます。そしてもち手には割りばしなどを用い，もち手を回して紙人形の裏表の変化を見せることがポイントです。手軽に作れ，幅広い年齢が楽しめるもので，幕を張った舞台を用意すれば，見ごたえのあるミニシアターとなります。

エプロンシアター®*とポケットシアター

どちらもエプロンのポケットから人形を出しエプロンをつけた演じ手自身が舞台となるミニシアターです。フェルト製で中綿を詰めた人形とエプロンの双方にマジックテープを貼り，つけたりはずしたりして動きをつけます。

布のぬくもり感があり，保育者が子どもの近くで演じることが魅力ですが，作成に時間を要するため，保育の現場では市販品に頼りがちです。

ポケットシアター**は既存のエプロンを用い，手軽に作成できるものとなり，1枚のエプロンでいくつものお話を展開できる工夫をしました。

マジックテープは，エプロンには凹面を，人形には凸面を縫いつけます。

*中谷真弓氏により考案された。

**2009（平成21）年，尾崎冨美子氏により考案された。

写真5－4

写真5－5

図5－11　ポケットシアター

Part 5 ◆ 12 シアター系保育教材（文化財）2

2）身近な素材を使ったミニミニシアター

　これまでに紹介したような特別に制作したシアター系保育教材のほかにも，軍手や牛乳パック，ペットボトルなど身近な素材で簡単にできる保育教材もあります。以下では簡単に作れるものを紹介します。園児への自己紹介のときや，部分実習や責任（全日）実習の設定保育での製作で挑戦してみましょう。

手袋人形

　カラー軍手を用い，中綿を詰めて作成した人形を手にはめ，語りかけるように子どもと向きあって使うものです。保育者など身近な人が子どもの目の前で演じることで，お話にも演じ手（保育者）にも子どもたちは親近感をもちます。また保育のなかで子どもたちを集中させたい場面でも効果的です。

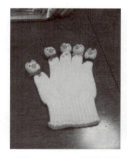
写真5−6　ぶたの手袋人形

写真5−7　キャベツのなかから

牛乳パックシアターほか

　牛乳パックなどの身近なリサイクル素材を用い，からくり仕掛け（長い紙＝ケント紙を右巻き，左巻きと交差する。図5−12参照）をほどこしてミニシアターとしてお話を展開します。2個の牛乳パックから，15面近い場面を作ってお話を展開することができるので，子どもたちに喜ばれるシアターの1つです。

　このほかにもペットボトルパペット，MONO語り（柴田愛子考案，りんごの木出版，1999），テーブル人形劇など，さまざまな小道具を用いたミニシアターを演じることができます。また『おはなしおばさんの小道具』（藤田浩子，一声社）などの書籍を参考にして，作成してみるとよいでしょう。

写真5−8　牛乳パックシアター

写真5−9　片手で使う牛乳パック人形

写真5−10　ペットボトルパペット

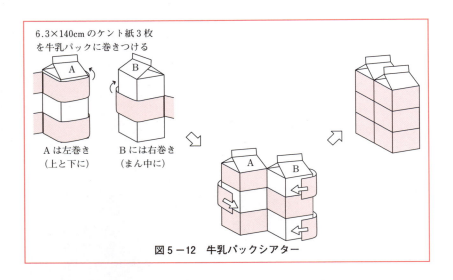

図5-12 牛乳パックシアター

コラム ㉟

マルチメディアDAISY－視覚障害，学習障害のある人のための書籍

　読むことが苦手な人のなかには，視覚障害のある人をはじめ，学習障害（LD）とよばれる，知的障害はないけれど印刷された文字をうまく読むことができない障害のある人がいます。
　そのような人たちのために，文字を拡大表示したり，紙面の内容を音声で読み上げたり，読み上げられた文章がどの部分なのかを強調表示したり，といった機能をもつデジタル図書が開発されています。これらは「マルチメディアDAISY」とよばれています。「DAISY」は，**D**igital **A**ccessible **I**nformation **Sy**stemの略で，「アクセシブルな情報システム」と訳されています。くわしくはDINF障害保健福祉研究情報システム（https://www.dinf.ne.jp/doc/japanese/access.html）のホームページで紹介されていますので，ご参照ください。

コラム ㊱

体罰の定義を示した指針素案

　子どもに対する親権者の体罰を禁止した改正児童虐待防止法等が2020（令和2）年4月に施行される（177ページのコラム㉖参照）ことを受け，厚生労働省の「体罰等によらない子育ての推進に関する検討会」は2019（令和元）年12月3日，「どんなに軽い体罰も禁止」とする体罰の定義を示した指針素案をまとめました。

　素案では，しつけ目的だとしても「身体に苦痛や不快感を引き起こす行為」を体罰とし，「どんなに軽いものでも法律で禁止する」と規定しました。一方で，体罰は反社会的な行動を増やし，攻撃性を強くするなどの影響を及ぼすことを指摘した上で，子どもをほめるといった具体的な子育ての方法を示すとともに，親が一人で育児の負担や悩みを抱え込まないように，自治体等の家事・育児サービスや相談を利用するよう勧めています。

〈指針素案で示されたポイント〉

◇身体に苦痛や不快感を引き起こす行為	
具体例	・言うことを聞かないので，罰として頬をたたく ・いたずらをしたので，罰として長時間正座をさせる ・友だちを殴ってケガを負わせたので，罰として同じように殴る ・他人のものを盗んだので，罰としておしりをたたく ・宿題をしなかったので，罰として夕飯を与えない
◇暴言等は虐待や人権侵害に当たる	
具体例	・冗談で「生まれてこなければよかった」と存在を否定する ・きょうだいを引き合いに出して，ダメ出しや無視する

【参考文献】
読売新聞　2019（令和元）年12月4日朝刊
東京新聞　2019（令和元）年12月3日夕刊
日本経済新聞ホームページ（最終閲覧：2019〈令和元〉年12月7日）
産経新聞ホームページ（最終閲覧：2019〈令和元〉年12月7日）

コラム ㊲

理解しておきたい児童相談所の機能と役割

　Part 2の「12　児童相談所ならびに一時保護施設での実習」では，主に施設での実習について述べています。ここでは，児童相談所（児相）の機能などについて記します。

　児相は「児童相談所運営指針」に基づいて運営されています。虐待に関するニュースでたびたび耳にすることから「児相＝虐待対応の機関」だと考えている方が少なくありませんが，それは相談内容の一部に過ぎません。児相は，子どもの健やかな成長を願って，ともに考え問題を解決していく専門の相談機関です。18歳未満の子どもに関する内容であれば，本人・家族・学校の先生・地域の方々など誰からでも相談を受けつけ，児童福祉司（ソーシャルワーカー➡**用語説明**），児童心理司，医師などの専門スタッフが相談・サービスにあたります。相談の内容は以下のように多岐にわたります。

表　相談内容

相談区分		内容
養護相談		虐待相談 養育困難（保護者の家出，失踪，死亡，離婚，入院，就労および服役等），迷子に関する相談　養育家庭（里親）に関する相談
保健相談		一般的健康管理に関する相談（乳児，早産児，虚弱児，児童の疾患，事故・ケガ等）
障害相談	視聴覚障害相談	盲（弱視を含む），ろう（難聴を含む）等視聴覚障害を有する児童に関する相談
	言語発達障害等相談	構音障害*，吃音，失語等音声や言語の機能障害のある児童，言語発達遅滞を有する児童等に関する相談
	肢体不自由相談	肢体不自由児，運動発達の遅れに関する相談
	重症心身障害相談	重度の知的障害と重度の肢体不自由が重複している児童に関する相談
	知的障害相談	知的障害児に関する相談
	ことばの遅れ相談（知的遅れ）	ことばの遅れを主訴とする相談で，知的遅れによると思われる児童に関する相談
	発達障害相談	自閉症，アスペルガー症候群，その他の広汎性発達障害，注意欠陥多動性障害，学習障害等の児童に関する相談
非行相談	ぐ犯行為等相談	虚言癖，金銭持ち出し，浪費癖，家出，浮浪，暴力，性的逸脱等のぐ犯行為**，問題行動のある児童，警察署からぐ犯少年として通告のあった児童等に関する相談
	触法行為等相談	触法行為***があったとして警察署から児童福祉法第25条による通告のあった児童，犯罪少年****に関して家庭裁判所から送致のあった児童等に関する相談
育成相談	不登校相談	学校，幼稚園，保育所に登校（園）できない，していない状態にある児童に関する相談
	性格行動相談	友だちと遊べない，落ち着きがない，内気，緘黙*****，家庭内暴力，生活習慣の著しい逸脱等性格又は行動上の問題を有する児童に関する相談
	しつけ相談	家庭内における幼児のしつけ，遊び等に関する相談
	適性相談	学業不振，進学，就職等の進路選択に関する相談
	ことばの遅れ相談（家庭環境）	ことばの遅れを主訴とする相談で，家庭環境等言語環境の不備等によると思われる児童に関する相談
その他の相談		措置変更，在所期間延長に関する相談等

＊**構音障害**：口唇・舌・口蓋や脳機能などの障害により，話しことばを正確・明瞭に発音できない状態。
＊＊**ぐ犯行為**：保護者の正当な監督に服しない性癖のあることなど一定の事由があって，その性格または環境に照らして，将来，罪を犯す，または刑罰法令に触れるおそれのある少年の行為。
＊＊＊**触法行為**：14歳未満で刑罰法令に触れる行為。
＊＊＊＊**犯罪少年**：罪を犯した14歳以上20歳未満の少年。
＊＊＊＊＊**緘黙**：話す能力があるにもかかわらず，心理的原因等で学校等の特定場面，また生活全般でしゃべらない状態。

家庭などでの虐待や非行など子どもの心身に問題が見られた場合には，実習の対象施設でもある「一時保護施設（一時保護所）（以下，一保）」で一時的に生活します。一保では幼児と小学生以上を対象に分かれ，71ページの表2－22のような年齢や成長に応じた生活習慣が身につくようなデイリープログラムが組まれています。

　保護した児童の家族などに対しては，児童福祉司や児童委員などが，家族が一緒に生活していくための指導を実施します。しかし，改善が見られない場合などには家庭に帰さず，児童養護施設（Part 2「9　児童養護施設での実習」参照），児童自立支援施設（同「11　児童自立支援施設での実習」参照）などの児童福祉施設への入所を「措置」することがあります。

　両親や家庭での養育が難しい場合には，里親への委託手続きを行うのも児相の機能の一つです。里親には，対応する児童の特性や，児童との関係，また里親の希望に合わせて4つの種類に分けられています。

表　里親の種類

養育里親	養子縁組を目的とせずに，要保護児童を預かって養育する里親。基本的には，実親の元で暮らすことができるようになるまでだが，長い場合は成人になるまで委託を続けるケースや，将来的に養子縁組に至るケースも見受けられる。事前に研修を受けてから登録をし，登録の有効期間は5年間で，更新研修を受ける必要がある。また，委託できる児童は4人までで，実子等を含めて6人まで。
専門里親	虐待された児童や非行等の問題を有する児童，および身体障害児や知的障害時児など，一定の専門的ケアを必要とする児童を養育する里親で，実家庭への家庭復帰や家族再統合，自立支援を目的としている。養育里親よりも難しい養育のため，養育に専念できる環境と必要専門的な研修を受けることが必要。養育里親の経験が3年以上などの条件のある場合がある。委託できる児童の数は2人までで，委託期間は2年。必要に応じて，委託期間の延長が認められます。また，登録有効期間は2年で，更新には研修を受ける必要がある。
養子縁組里親（養子縁組前提の里親）	保護者がいない子どもや家庭での養育が困難で実親が親権を放棄する意思が明確な場合の養子縁組を前提とした里親。児童が6歳未満の場合は特別養子縁組制度により，裁判所の審判によって実子扱いでの入籍が可能（民法817条の2）。審判は，特別養子縁組を届けた後，6ヵ月間同居しての様子を見たうえで決定される。養子縁組には，普通養子縁組と特別養子縁組があり，特別養子縁組は実親との親子関係が切れ，戸籍上は長男・長女等と記載されるが，裁判所での審判決定によることは記載され，実親をたどることはできる。
親族里親	3親等以内の親族（祖父母，叔父，叔母など）の児童の親が死亡，行方不明，拘禁，入院や疾患などで養育できない場合の里親。児童の精神的な負担を考慮し，養育里親よりも親族里親が優先されることも少なくない。

　このほかに，2ヵ月以内の短期間養育を行う家庭（短期条件付き養育家庭・ほっとファミリー等），お正月やお盆，夏休みなどに1週間前後，施設から家庭に帰省できない児童を迎える季節里親，週末に児童たちを家庭に迎える週末里親，短期的に委託を受ける短期里親があります。また，近年では被虐待児・非行などの問題行動が多い児童・身体障害／精神障害等がある子ども等，長期的ケアを必要とする子どもを対象に「養子縁組目的ではなく，ケア目的」を取る専門養育家庭への委託を行うこともあります。

【参考文献】
・東京都福祉保健局ホームページ（最終閲覧日：2019.11.5）
・公益財団法人里親会ホームページ（最終閲覧日：2019.11.5）
・厚生労働省ホームページ（最終閲覧日：2019.11.5）

13 製作～造形活動（表現）～1

1）製作のための基本

主体性を育てるための自己表現

　絵を描く，製作*するという行為は自己表現の1つです。はじめから決まった形を描いたり，作ったりするのではなく，子どもたちが思い切り線で遊ぶなど色や形と仲良くなることから出発します。

　部分実習や責任（全日）実習で製作活動を指導する場合には，子どもたちが自分から「描きたい，作りたい」「面白そう」と思えるような導入の工夫が必要です。その子どもなりに感じて，考えていることに寄り添うことから，保育を考えていきます。

＊制作と表記をする場合もあるが，幼稚園教育要領に沿って，絵画製作，彫刻などに用いる「製作」を使用している園が多くなっている。

2）基本的な姿勢

子どもたちの意思に任せよう

　部分実習がしやすいからなどの安易な理由で製作を取り上げずに，子どもたちの発達段階や実習期間に見ることのできる子どもたちの姿から「ねらい」を考え，その子どもたちにふさわしい「表現」を考えていきましょう。子どもだから，きれいな色が好きだろう，かわいい絵を描くはず，といった先入観を取り除きます。そして，個を大切にし，みんなが同じ表現でなく，色，形，構成などは子ども一人ひとりの意思に任せます。

　また，素材や道具についてはその特性や扱い方を保育者がよく理解し，丁寧な指導案を作成します。使い方のヒントを適時に出せるように，細案**を作っておくのもよいでしょう。

＊＊どのタイミングでどのような声かけをするのかなど，時系列に沿ってシナリオのように細かく書いた指導計画。

3）発達，個人差に応じた援助

一人ひとりが楽しむことのできる製作を

　1，2歳児は，見立て遊び***の体験や，なぐり描きの描画のなかから偶然「形」を見つける時期です。ならべる，積む，囲む，丸める，ころがすといっ

＊＊＊四角い積み木をクルマに見立てる，葉っぱをままごとのお皿に見立てるなどの遊び。2歳頃に見られる。

た行為のくり返しを楽しみます。

　一方，3，4歳児は，粘土，紙などを見立てて楽しむこと，構成（形と色の組みあわせ）などを楽しむことができるようになります。マルや直線，点の組みあわせで，頭や足や人，太陽，生き物などをくり返し描きます。そして「見たまま」よりも「感じたまま」を表現し，描いた絵に気分に応じてさまざまなお話を付加します。また描くことのほかに紙，のりを使い，切ったり，貼ったりして形を作る活動に興味をもちます。

　次に4，5歳児になると自分の思いや印象，経験を絵で表現できるようになります。そして，材料を選ぶ力がついてきて，見通しをたてて工夫するようになります。

　さらに5，6歳児では本物らしさを求めるようになったり，友だちと教えあう，助けあうことが造形活動のなかでもできるようになったりします。そして，記号的な絵が増える時期でもあります。見つけたこと，見えていることを「見たまま」描けるようになります。また，空想して描くこともできるようになるので，造形の幅が広がります。

4）製作の際の配慮

はさみ，カッターなどを使うときは注意を徹底

　製作にあたっては，絵を描くときに机にクレヨンやペンがはみだしたり，油性ペンがうつることがあります。そのため，新聞紙などを下に敷くなどの配慮が必要です。またのりなどの接着剤を使う際には，手をよごすことが予測されますので，お手拭を準備しておきましょう。

　はさみを使う場合には，はさみをもって走らない，人に刃先を向けない，少人数で取りに行く，などの注意を徹底させ，危険の回避に配慮します。切りくずの処理についても考えておきます。

　またはさみと同様，カッター，のこぎり，裁縫道具などの取り扱いにも細心の注意を払います。

14 製作～造形活動（表現）～2

1）実際の製作にあたって

材料についての知識

　製作の際に使用する彩色材料，接着材料，粘土などのそれぞれの製品の種類，特色を知っておくと，実習の現場で製作に応じて適切な材料を提供することができます。表5-11，表5-12に，彩色材料，接着剤，粘土について表にしましたので，参考にしてください。

表5-11　彩色材料と接着材料の種類

彩色材料の種類	・クレヨン　　・蜜蝋クレヨン　　・パステル ・ソフトパステル　・水性フェルトペン　・油性フェルトペン ・色鉛筆 ・水彩絵具（ポスターカラー，粉絵具，アクリル絵具）
接着材料の種類	・のり（小麦粉を溶いたのり，合成のり，スティックタイプなど） ・セロテープ　　・ホッチキス

表5-12　粘土の種類と特色

粘土の種類	特　色
小麦粉粘土	安全性にも優れ，2歳くらいからの粘土体験，感覚遊びに使える。
油粘土	強度があって，くり返し使え，保育現場で多用されている。匂いが強い。
土粘土	天然素材で，強度は水分で調節できる。水で溶いて1晩置いた接着用粘土で，土粘土同士を接着できる。数日なら保存可能。ただし乾燥に弱く汚れやすい弱点も。
紙粘土	思うように作れ，乾燥後，着色できる。作品として残すのに向いている。
プラスティック粘土	高価なので，小物製作に使うとよい。

基本的技法と素材

　製作に際しては，さまざまな描き方や，素材を使うことができます。描画の技法には表5-13のようにさまざまなものがあげられます。素材に関しては表5-14のような分類もありますが，ビーズ「点」，枝や箸，羊毛「線」，紙や布

表5-13　基本的な描画技法

描画の基本技法	・バチック（はじき絵） ・にじみ絵 ・ローラー遊び* ・スタンピング（形押し・芋判） ・デカルコマニー（合わせ絵） ・フロッタージュ（こすり出し） ・糸の版画 ・折り染め絵 ・フィンガーペインティング	・スクラッチ（ひっかき絵） ・点描画 ・スパッタリング（霧状） ・ステンシル ・マーブリング（墨流し） ・ブローイング（吹き絵） ・切り絵 ・コラージュ（貼り絵）

表5-14　さまざまな素材

自然物	・木の実　・木の葉 ・貝殻　　・砂 ・麦わら　・羊毛 ・小石　　・小枝 ・木片　　・流木　　など
人工物	・廃材（ポリ袋，紙袋，ペットボトル，トレイ，牛乳パック，かまぼこ板，空き箱，ガチャガチャの容器，ひも） ・紙皿　・紙コップ ・箸　　・ボタン ・ビーズ・うちわ ・輪ゴム　　　　　　など
繊維製品	・羊毛　　・毛糸 ・布（縫う，編む，織るなどの製作に）

「面」，小石や流木「塊」などに分けて，子どもたちが扱いやすいように準備しましょう。

2）さまざまな製作例

パラシュート

スーパーやコンビニエンスストアのレジ袋に絵を描き，下部を切り四隅に新聞紙を丸めて作ったおもりをつけます。四隅はまとめても可。

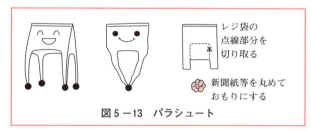

図5-13　パラシュート

＊ローラーに絵の具をつけ，紙の上に置いた木の葉やボール紙の上を転がすことで，葉やボール紙の形が白く残る。

むくむく人形

ビニール袋に顔などの絵を描きます。紙コップの下部に穴を開け，ストローを止めます。ビニール袋をしっかり紙コップに固定し，ストローから息を吹き込みます。

図5-14　むくむく人形

ペットボトルのけん玉

ペットボトル2個（大2個でも，大小1個ずつでも可）を図5-15のようにカットし，危なくないように切り口にビニールテープを貼り，2個のペットボトルの真ん中をビニールテープでとめ，ヒモのついた玉をつけます。玉は新聞

紙，広告のチラシなどを丸め，ビニールテープを巻きます。新聞紙やチラシの代わりに，直径6cmほどの発砲スチロール玉を使ってもよいでしょう。

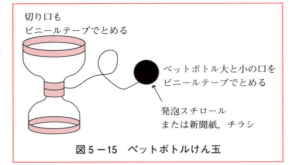

図5-15　ペットボトルけん玉

どんぐりこま，どんぐりやじろべえ

どんぐりは，拾ってきたら，消毒の意味で，熱湯にくぐらせます。錐などで穴を開けて，ようじ，竹ひごをつけます。

どんぐりに穴をあけ，ようじなどをさす　　曲げた竹ひごの両端にどんぐりをつける

図5-16　どんぐりこま＋やじろべえ

はりぼて野菜

新聞紙を丸めていろいろな野菜の形を作り，7～10cmくらいにカットした障子紙または和紙をのりで貼って乾かします。色をつけ，色どめにニスを塗って仕上げます。

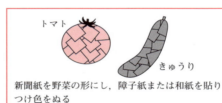

新聞紙を野菜の形にし，障子紙または和紙を貼りつけ色をぬる

図5-17　はりぼて野菜

花火

底を抜いた紙コップに絵を貼り，ジグザグに折りたたんだ広告の紙などを二つ折りして折った部分に割り箸をつけます。コップのなかから箸が出てくるように紙コップの両端にしっかり固定します。

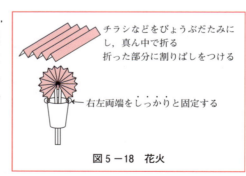

チラシなどをびょうぶだたみにし，真ん中で折る
折った部分に割りばしをつける
右左両端をしっかりと固定する

図5-18　花火

フェルトボール

羊毛がアルカリ液のなかで縮む特性を利用し，フェルトボールを作ります。純度の高い石鹸液（1,000ccのぬるま湯に弱アルカリ性洗剤大さじ1杯程度）にくぐらせ，手の平でくるくると転がし作ります。そして，できあがったフェルトボールに絵を描いてボールにしたり，いくつものフェルトボールをつかってヘアゴムやリース，ストラップなどを作ります。

写真5－11　フェルトボール

作ったボールで，ヘアゴム，リース，ストラップ，ボールなどを作る
図5－19　フェルトボールの遊び方

【Part 5 参考文献】

- 中谷真弓『楽しいエプロンシアター』メイト，1994
- 尾崎富美子『簡単たのしいエプロンでつくるポケットシアター』トロル出版部，2010
- 高田千鶴子『手ぶくろ人形の部屋』偕成社，1983
- 神戸洋子「あそびの広場　牛乳パックシアター―えっ！あれっ？おっ！ふしぎシアターにご招待！―」『コボたち』岐阜児童文学研究会月刊雑誌1989年6月号，pp.36-37
- 弘前ひさし，日本保育実技研究会（編）『牛乳パックシアター：リサイクルでつくってあそぼう』アド・グリーン企画出版，2003
- 国立音楽院（監修）『高齢者のための楽しい音楽レクリエーション』ナツメ社，2011
- 小花郁子『お年よりと絵本でちょっといい時間　老人福祉施設での読みきかせガイド』一声社，2003
- 藤澤和子・服部敦司『LLブックを届ける』読書工房，2009
- 遠山昭雄（監修）『はじめよう　老人ケアに紙芝居』雲母書房，2006

コラム ㊳

保育者としての専門性

　これまで，保育者としての成長の過程は，技術熟達者としての成長をモデルに描かれてきました。保育のための技術をどれだけ蓄積しているかが，保育者としての成長の証しでした。そのため，保育者は養成校を出た後，経験を積みながら技術を熟達していく専門職である，というとらえ方がなされてきました。

　しかし，1960年代に入り，技術的合理性に基づく専門職のあり方の限界が指摘され，ドナルド・ショーンによって新しい専門職のモデルとして反省的実践家が提起されました。

　技術的合理性の限界とは，いつでもどこでも通用する技術には限界があるということです。このことを，実習を終えたみなさんが一番強く実感されたのではないでしょうか。子どもは一人ひとりみな違います。一人の子でも，午前中と午後でこころのもちようが違うこともあります。注意が散漫なとき，「こっち向いて」と言葉をかけるという技術だけで，いつもうまくいくわけではありません。

　そこで，保育者の成長にとって何が大切なのかということになり，「反省的実践家」というモデルが提起されているのです。

　これから求められる保育者の成長モデルは，常に自分の保育実践をふり返り，反省し，研鑽を積んでいくという反省的実践家となることです。

　実習は，まさに，この反省的実践家としての大事なスタートでもあります。実習で，いろいろな技術も学んだと思います。しかし，それだけではなく，自分の実践は，子どもたちに何を与えることができたのか？　もっと別の方法は考えられなかっただろうか？　こうした問いを発しながら，実習をふり返りましょう。

Part6
実習のしめくくり

「まとめ」の書き方

　実習の目的は，養成校で学んだ「知」と実際の保育の現場で学んだ「知」を関連させ，保育者としての力量を高めることにあります。そうした目的で，実習を実施した後，「まとめ」と「報告書」を書きます。ここでは，はじめに「まとめ」の書き方を，つぎに「報告書」の書き方を説明します。

1）「まとめ」はなぜ必要か

保育についての考察を深めよう

　多くの養成校で使用されている実習記録ノート（実習日誌）の最後には，「まとめ」や「実習を通して学んだこと」などのページが設けられています。このページは，その記入にあたって，実習期間すべてを通しての記録を読み返し，実習施設で受けた指導や，実際の保育場面で感じたこと，考えたことを再度思い起こし，保育についての考察を深める目的で記録するためのものです。
　「まとめ」を書くことには，以下に示すように2つの目的があります。
① 実習期間の日々の学びの積み重ねを一貫してふり返り，自己成長を確認する。
② 実習前に養成校で学んだ「知」を，実習体験を通して，実際の保育活動と結びつけ，保育者としての力量を確かなものとする。
　実習期間中，日々，実習施設の先生方と反省会を重ねたり，記録を書いたりして，保育現場での学習を深める作業を行ってきたことでしょう。すべての日程を終え，その日々の学びの積み重ねを通して，新たに感じられるようになったこと，考えられるようになったことを整理することが必要です。
　また，実習期間の終了時の「まとめ」は，実習体験を通じて，入学，あるいはそれ以前から目指してきた保育者になることへの思いや願い，さまざまな準備を再度確かめ，将来に向けた新たな目標を自覚するということです。
　そうしたことの整理が，自己の成長を確認し，保育者としての力量を確かなものとするとともに，これからの自己課題をも明確にします。学んだことと課題の自覚は，保育者への歩みを力強くすすめてくれるものとなります。

2）「まとめ」をどう書くか

　「まとめ」を書く際には，次に示す2つのポイントが重要です。ここではこ

の2つのポイントに沿って解説します。
① 目標に立ち返る
② 学びのプロセスを記す

目標に立ち返る

　記録を読み返していくと，実習初日からの学びの変化や，実習以前の学びと比較した際の変化をとらえることができます。その学びを考察するには，何を学びたかったのか，という実習の出発点にさかのぼることが必要です。

　養成校では，それぞれの実習ごとにその目標を明示しています。その実習目標と，そこから設定した自己の実習目標から見て，「どのような学びができたのか」を考察するのです。そのためには，目標が達成できたかできなかったか，学べたか学べなかったか，という単純なものではなく，どのような出来事を通し，どのようなことを自分は学んだのかを明確にすることが重要です。

学びのプロセスを記す

　実習で学ぶということは，子どもたちや保育者と生活をともにしながら，自身のこころとからだとを使って学ぶ，ということに特徴があります。目標の達成，学びの内容を検討するとき，あなた自身の感情がゆさぶられ，考えさせられた局面をふり返り，そこに学びを見出すことが大切です。

　実習中のどのような体験がどのような学びにつながったのかという，自分の「学びのプロセス」を丁寧にふり返り，確認することで，単なる体験ではなく，豊かな体験として自覚することができます。また，今後学ぶべきことは何なのかが見えてきます。

　実習中，あなたが驚き，感動した子どもたちの生き生きとした姿や，現場の保育者の行動は，実は，保育の営みの大切な部分を表していることが多いのです。今，保育現場では，保育者の感じ方や考え方に目が向けられ，それらが織り込まれた記録によって，保育の営みの内実を見出そうとする動きが起こりつつあります。自分の感じ方や考え方を大切にし，そこでの営み，プロセスをふり返ろうとする姿勢が，現場の保育者にも強く求められているのです。

　実習中，こころがゆさぶられた体験は，保育者として巣立ってからも折にふれて立ち返り，自分を支えるものにもなります。このような体験を整理し，「まとめ」として記すことは，自身の豊かな学びのプロセスを記録するということでもあるのです。

　また，丁寧な実習の「まとめ」は，ご指導いただいた実習施設の先生方への感謝を表すものでもあります。実習での体験を豊かな学びに高めている学生の「まとめ」は，あなたを指導してくださった先生方にとっても，嬉しいものです。

2 「報告書」の書き方

1)「報告書」はなぜ必要か

養成校によっては，実習終了後，「報告書」を作成し，提出する場合があります。その目的は，大きく分けて以下に示す3つです。
①実習終了の報告
②実習の体験のふり返りとまとめ
③後輩のための参考資料

実習終了の報告

指導を受けて臨んだ実習です。終了の報告をすることは，社会のなかで生きる1人の人間として，当然，求められることです。終了後，すみやかに巡回指導の教員をはじめ，指導を受けた教員に報告をしなくてはなりません。期限を守って提出し，実習のしめくくりをしっかり行います。

実習の体験のふり返りとまとめ

「報告書」の作成で求められる内容は，養成校ごとに異なります。
たとえば，参加観察実習では，各養成校の報告書の項目には，おおむね次のような内容が含まれています。
① 実習への準備
② 実習態度
③ 実習中の生活
④ 子どもの存在のとらえ
⑤ 保育者の存在のとらえ
⑥ 保育のありようへの考察

①②③の整理には，学生として，自分の課題や成長を整理するねらいが込められています。また，④⑤⑥の整理には，実習を通して，自身の子ども観，理想とする保育者像，保育観の変化や深化を自己確認するねらいが込められています。

具体的な準備と実践，実習前の気持ちや考えをふり返り，実習後，それがどのように変化したかをとらえ，自覚することにより，次の実習への課題や，その後の学生生活での課題を明らかにし，自己の新たな目的に向かって努力するための材料としていかせる内容とすることが求められます。

つまり，「報告書」の作成を単なる義務としてとらえるのではなく，実習での学びを養成課程の学びのなかにしっかりと位置づけていく作業であると理解することが重要です。そのため，意欲的に取り組んでほしいものです。

後輩のための参考資料

実習を楽しみにしながら，一方で不安を抱くのは，どの学生も同じです。

不安の多くは，実習で求められることを自分が上手くできるだろうか，というものでしょう。それは，何を，どのように準備すればよいのか，保育現場はどのような場なのか，指導者からどのようなことを求められるのか，といったことがイメージできないために，不安だけが大きくなっていくということが多いようです。

ですから，実習を終えた先輩の「報告書」を通して，実習生活をイメージすることができれば，また，実習を通じてどのような体験，学びができるのかを知ることができれば，不安を抱えながらも期待がふくらんでくるでしょう。「報告書」はそのための一助ともなります。

作成する際には，同じ道を志す後輩のための参考資料となることを憶えておいてください。また，これから実習に臨むみなさんは，先輩の体験が詰まった「報告書」から，有意義な実習のための準備を学んでください。

2）報告書のサンプル

資料6－1に実習報告書のサンプルを掲載します。この報告書を参考に，幼稚園，保育所，児童福祉施設などでの実習を通して体験し，学んだことを書いてみましょう。

資料6－1　教育実習報告書のサンプル

教育実習Ⅰ報告書

学籍番号　〇〇〇〇　　氏名　〇〇〇〇〇
実習実施園：〇〇〇〇〇幼稚園
実習期間：令和〇年〇月〇日～令和〇年〇月〇日（〇日間）
実習学年：4歳児，5歳児クラス
実習内容：観察および参加実習（4，5歳児，主に5歳児クラスにて），部分実習（5歳児クラスにて）
・保育場面に参加しながらの観察を主とし，指導者に指示された場面については，参加せずメモを取りながら観察を行った。
・部分実習では，指導案を作成し，紙芝居「舌切りすずめ」，素話「金のがちょう」，製作活動「折り紙で鳥

を折り，壁面を飾る」を行った。

＜保育を学ぶ実習生としての姿勢，社会人としての姿勢に関する学び＞
実習への準備
①実習中の生活への準備
- 実習開始後に困らないように，保育中に着る衣類を数枚準備しておいた。11月ということで，気温が急速に下がることも予測して重ね着ができるよう準備しておいたつもりだったが，実際には，予想以上に気温が低くなり，充分ではなかった。もっと調節しやすい工夫をして用意する必要があった。貼るカイロなどをもち歩くことも考えるべきだった。
- はさみ，ホチキス，カッターナイフ，のり，色鉛筆，絵の具，マジック，折り紙，色画用紙などの道具や材料をあらかじめ準備しておいた。実習中，必要を感じても買うことができないと考えたためであるが，実際，役に立った。
- 一人暮らしをしているため，実習中，課題に追われ，体調を崩すなどして，食材を買う時間や調理の時間がとれなくなることを予想し，あらかじめできるだけ準備をしておいた。これはよかった。

②部分実習への準備（実践内容の選定と指導案の作成）
- 大学の授業もあり，時間がなく，とにかく何かしなくてはならないという考えで準備してしまった。自分自身も楽しいと感じたり，幼児にとっても楽しい経験になるような内容にしたいという考えで準備することができなかった。もう少し前から準備をすべきだった。また，指導案を作成したが，大まかな流れや手順だけしか考えていなかった。保育は，幼児がどんな気持ちで取り組めるか，幼児に何を経験してほしいのかという保育者の願いがあって，実際の配慮事項や手順などが考えられるということを学んだ。実習生には幼児の反応やその際に必要な援助などを考えることはむずかしいが，そのことが大切だとわかって取り組むことが必要だと思う。

実習中の生活
　疲労が蓄積し，睡眠時間のとれないなかでも，記録を書いたり，指導案や実際の保育のシミュレーション，教材準備に追われた。記録は書きたいことがたくさんあったし，書き方を工夫したいという気持ちもあった。しかし，時間に追われているので，つらいとか休みたいなどという気持ちが起こってくる。じっと我慢し，とにかく休むことなく書き続けた。指導案の作成はとくにつらかった。考えても，考えても実践のイメージが湧かなくて苦しかった。一文書いてはまた一文，なんとか書き進めた。
　温かい飲み物や仮眠，入浴をうまく取り入れて気分転換し，疲労回復を心がけて乗り切った。

実習態度
　疲労と寒さで充分に動けなくなったことが，一番情けなかった。クラス全員を見て，毎日，仕事としてたいへんな保育をすすめている先生方は，常に安定して子どもたちを支える視線と動き，心配りをされていた。私は，その場にいるのがやっとというときもあり，終えてみて，実習生だからと甘えていたのではないかと気づいた。先生方からも，子どもからも，私はどのように見えただろうか。とても申しわけなく思うし，恥ずかしいことだと思う。

＜保育についての学び＞
子どもの存在のとらえ
- 年齢差の大きさを感じた。主に5歳児クラスに入っていたが，4歳児ともかかわることがあった。5歳児と比べ，からだの大きさもずいぶん違うし，表情や言葉が幼いという感じを受けたが，わずかなかかわりで理解したつもりになるのは危険だと思った。
- あるできごとからの学びが大きかったため，以下に記す。

【できごと】
　学級の仲間から離れて1人でブランコに乗っている子がいた。自分も子どもの頃，そのようにせざるを得ない気持ちになったことがあったことを思い出し，近づいて言葉をかけた。みんなのところへ行かないのか尋ね，さらに理由を問うと，その子は，みんなは自分を好きではないからと答えた。みんなと遊びたい気持ちはあるのだという。私も子どもの頃，そのように感じて遊べなかったことがあったことを思い出した。そこで，自分

がそのように思い込んでしまっているだけの場合もあり，みんなが本当にそう思っているかどうかはわからない，ということを伝えた。加えて，勇気を出して「入れて」といってみるのはどうだろうかと提案した。その子はしばらくブランコに座っていたが，その後，学級の仲間を探して自分から声をかけていた。遊びの時間が終わり，昼食準備に取りかかるとき，その幼児が私に近づいてきて，言った。「先生の言ったとおりだった。『入れて』って言ったら，『いいよ』って言ってくれた。一緒に遊べて楽しかった。ありがとう。」

【学んだこと】
　私は，自分が子どもの頃，たとえ助言を得たとしても，この子のようには勇気を出して行動できなかったのではないだろうかと思った。自分と同じように見えたその子は，私とは違う行動をとったと感じた。人は自分の考え方を通して相手を理解するものだが，人それぞれの感じ方や考え方があり，子どもを理解しようとするとき，自分の世界だけの狭く固定的な考え方でとらえたり，かかわったりしてはいけないことを教えられた。当たり前のことだが，一人ひとりみんなが異なり，その瞬間瞬間をいろいろな思いで生きているということについて改めて考えさせられた。だからこそ，子どもの状態を深刻にとらえるだけではなく，可能性を信じて働きかけることが大切だと思った。保育者の働きかけによって，明るい方へと子どもは伸びていく感じがした。

[保育者の存在のとらえ]
・保育者の言葉と行動からの学びが大きかったため，以下に記す。

【できごと】
　ある朝，先生から，男児2名がサッカーをしたいが，なかなかボールに触れないでいると聞いた。先生によると，彼らは活発な男児らのグループが先にサッカーを始めると遠慮して入っていけないのだ，ということだった。だから，その朝は，活発なグループの男児がサッカーを始める前にいつもできない男児2名を誘って，一緒に始められるよう支援していくとおっしゃった。登園して来た男児2名に先生は耳打ちして彼らを一番に園庭に出し，サッカーを始めさせることに成功し，先生は一緒にサッカーを始められた。しばらくして，いつもサッカーをしている男児が「入れて」と入ってきた。ずいぶん長い時間，サッカーは続き，人数も増えていった。先生の働きかけでサッカーを始めた男児2名は，それまでサッカーをしたいのにできないと言っていたとは思えないほど，生き生きとし，ほかの男児らと一緒に楽しんでいた。むしろ，軽い身のこなしで，周囲が驚くほどであった。

【学んだこと】
　先生は，きっかけ作りをされただけであるが，そのきっかけ作りが大きな仕事であると思う。それをできる保育者かどうかで保育者の存在意義が問われると思った。
　保育者はいろいろな子どもの状態をとらえている。クラスのなかの関係性のなかでとらえていて，一人ひとりの幼児に直接かかわるだけでなく，その子を含む仲間関係や，もっと大きな集団のなかの関係に働きかけ，多様に関係性を動かしていくことによって，一人ひとりをいかそうとしていることがわかった。
　保育者は，幼児のなかにいて，精一杯の働きをしている。また，いろいろな状況をうまくとらえたり作り出したりして，縁の下の力もちとして働いている。保育者の一人ひとりへの思いを形にすること，それが保育だと思った。だから，幼児にとって，保育者は安心感を与えてくれる大きな存在なのだと教えられた。

[保育のありようへの考察]
　上記の「できごと」に書いたように，ボールに触れないでいる子に，ボールに触れる状況を作り出す先生の働きや，その日をきっかけに，クラス集団の関係性が大きく変わっていく姿を目の当たりにした。先生は，ものの配置によって幼児の行動を誘導し，自然にグループ間が意識されあうように仕組んでいた。遊びの様子をよく見守りながら，巧みに環境を作り変えている様子，また，それによって子どもの動きやかかわりあいが変わってくる様子は，魔法を見ているようだった。保育とはこういうものかと衝撃を受け，自分には到底できないかもしれないけれど，少しずつでも学んでみたいという気持ちが起こってきた。自分でもそのような保育を理想として現場に立ってみたいと思った。

<後輩へのメッセージ>
　実習は当然たいへんですが，努力することによって何らかの新しい発見があると思います。みんながんばっているということを思い，支えにして，最後までがんばってください。

3 お礼状の書き方

1）お礼状で感謝の気持ちを伝えるということ

先生方の伝えたかったことに目を向ける

　養成校でのふり返りなどを経て，実習体験を整理してとらえることができるようになると，実習での学びを深く自覚できるようになると思います。実習園での指導に対する受け止め方も変化してくるでしょう。

　みなさんは，指導していただいたことを自らの学びとして今後にいかすことができそうですか。指導を理解できず，十分な学びを得られなかったという思いをもち，感謝の気持ちをもつことがむずかしい状態の人はいませんか。

　ご指導くださった先生方は，みなさんへの指導が適切だったのかをかえりみながら，みなさんの後の成長につながることを願っています。先生方が，みなさんに伝えたかったことは何なのでしょうか。指導の厳しさ，柔らかさといった表面のことにのみ目を向けていては，せっかくのご指導を十分に受け取ることはできません。先生方は，後輩を育てるという視点でご指導くださっています。ですから，指導の背景にある先生方の意図，願いをくみ取り，再度，自分自身を見つめ直してみましょう。あなた自身の自覚している学びとは異なる視点を得ることによって，実習体験の意義をとらえ直すことが大切です。

あなた自身の学びを伝える

　お礼状を書くにあたっても，ふり返りの作業が丁寧にできていることが大切になります。ふり返りを通して新たな視点からの学びを得ることは，みなさん自身をさらに育てるものとなりますし，先生方に対する感謝の気持ちを自覚することにもつながります。お礼状では，みなさんの学びを伝えてください。みなさんの学びは，学生らしく初々しいものであったり，先生方の予想以上の学びであったりするのです。みなさんの学びの事実が表現されたとき，先生方は，みなさんの意欲的な学びの姿勢と感謝の気持ちを感じ取ることができます。

　直接ご指導いただいた時間は短くても，実習園の先生方はみなさんの先生です。その先生方は，形だけの手紙を望んでいるのではなく，みなさんが実習で学んだ，その内容を知りたいと思ってくださっています。また，みなさんのこころを受け取りたいとも思ってくださっています。ですから，精一杯の言葉で表現しましょう。

2）慣習をふまえる

　慣習にとらわれすぎて，こころがこもらないお礼状では本末転倒ですが，みなさんのこころをきちんと届けるためには，相手に失礼にならない最低限度のマナーを心得ておく必要があります。以下に，そのいくつかをあげてみます。

宛先について

　実習では，直接ご指導いただいた先生ばかりではなく，みなさんの見えないところで，たくさんの先生や職員の方々にお世話になっています。ですから，宛名は，実習先の代表である，施設長，園長先生のお名前にします。

差出人について

　複数の実習生でご指導いただいた場合，「実習生一同」として1通を送ります。それぞれ感謝の気持ちを伝えたいと考える人もいると思いますが，同じ学校から一度に何通ものお礼状が届いたり，バラバラと数日にわたってお礼状が届いたりすることはかえって失礼になるためです。

　通常は，このように，複数でお世話になった場合には代表者がお礼をしますが，実習という性格上，個々に礼状を送ることが望まれる場合もあります。実習園からは，「実習生一人ひとりの気持ちを伝えてもらいたいし，社会に出るために必要な勉強として一人ひとりに書いてほしい」というお話をいただくこともあります。みなさんの養成校の指導にしたがって作成しましょう。

便せん・封筒の選び方について

　慶弔の手紙，相手が目上の人や格式が求められるときの手紙には，罫線のない白無地の便せんを使うのが正式です。また，封筒についても，茶封筒は事務的処理などに使われるため，事務手続き以外での使用は避け，お礼状では白の無地を基本とします。便せん，封筒ともに横書きのものはカジュアルな印象を与えるので，縦書きのものを選ぶようにしましょう。横書き用の便せんを縦書きに使用することはマナー違反です。

文字について

　とくにお礼状は，パソコンなどを利用した文字ではなく，手書きで書くことが基本です。丁寧に書き，気持ちを伝えます。

　お礼状のサンプルを，資料6-2に，また，封筒の書き方のサンプルを資料6-3に示します。これらを参考に，お世話になった実習施設宛のお礼状を書きましょう。

資料6-2　お礼状のサンプル

長かった梅雨も明け、照りつける日差しが日に日に厳しさを増すように思われます。先生方におかれましては、いかがお過ごしでいらっしゃいますか。〔時候のあいさつ／安否のあいさつ〕

先日の実習では、あたたかいご指導をいただきました。私は、自分のことだけで精一杯で、保育者の卵として学んでいる自覚が足りなかったとふり返っています。先生方は、私のよいところを見てくださり、励ましてくださいました。そのおかげで実習を最後までやり通すことができました。ありがとうございました。

もっとも驚き、学ぶことができたのは、保育をされる先生方の考え方です。集団を育てながら、一人一人を育てようと心を砕かれている先生方の姿からは、先生方がどのように子どもや子ども集団を見ているのかを知りました。その先生方の保育から、保育の営みとはどういうことか、保育というものの大きさを教えられました。〔お礼／実習での学び〕

（中略）

ご指導いただいたことを支えに、胸を張って保育者を目指してみようと思います。ご指導ありがとうございました。心より感謝申し上げます。〔結びのあいさつ／今後の抱負〕

令和〇年〇月〇日

〇〇大学〇〇学部〇〇専攻三年　森田満理子　〔日付／所属・氏名〕

〇〇〇幼稚園　〇〇〇〇　園長先生　〔宛先〕

資料6-3　封筒の書き方のサンプル

表面

〒〇〇〇-〇〇〇〇
東京都世田谷区〇〇町〇丁目〇-〇

〇〇幼稚園
園長　〇〇〇〇先生

※切手を貼ります。
（※宛名は中央に　住所よりやや大きめに）

裏面

東京都渋谷区〇〇町〇丁目〇-〇
〇〇大学〇〇学部〇〇専攻三年
森田満理子

（※裏面中央左から縦書きで、養成校の住所・所属・氏名）

【参考文献】
・岩下宣子（監修），伊藤美樹絵・川理馨子・岩崎成弥（編）『暮らしの絵本　贈り方のマナーとコツ』学習研究社，2005
・無藤隆（監修），鈴木佐喜子・師岡章（編）『よくわかるNEW保育・教育実習テキスト－保育所・施設・幼稚園・小学校実習を充実させるために－』診断と治療社，2008

4 養成校での反省と自己評価 1

1）養成校での事後指導

新たな学びを設定しよう

　実習後，養成校では「事後指導」が行われます。その目的は，実習のまとめをし，正しい自己評価へと導くこと，また，保育内容や方法などへの理解を深化させ，新たな自己課題，目標を明確にすることにあります。
　具体的な方法としては，大きく分けて以下に示すように4つがあります。
① 観点に沿った学習内容の整理
② 学生同士の意見交換
③ 大学の教員との面談
④ 実習記録からの考察
　「観察実習（保育の実際を観察する）」「責任実習（保育者として実践する）」（くわしくはPart 4を参照）ごとに事後指導を行う場合も，おおむねこの4つの方法で行われます。当然ながら，責任実習では，自身のこころとからだとを存分に使って保育を学習してきたのですから，観察実習以上に，深い学びがなされたはずです。ただし，観察実習，責任実習のいずれにおいても，その事後指導の目的とするところは，実習体験を見つめ直し，自己の課題を見つけ，新たな学びの目標を設定するということにあります。

2）学生同士の意見交換

異なった視点から考えを深めよう

　もう1つの反省と自己評価の方法は，学生同士の意見交換による反省会です。学生同士の意見交換を通して，ほかの人のさまざまな考えと自分の考えをつきあわせ，異なった視点から考えを深める方法です。
　養成校での事後指導では，充分な時間数を確保することがむずかしく，すべての方法によって学習することは容易ではありません。しかし，次節の「5 養成校での反省と自己評価2」で述べる「観点に沿った学習内容の整理」（280ページ）は，観点さえ示されれば学生自身でも行える方法ですし，自主的に行うことが求められる場合も多いでしょう。その上で，まとめたものをもとに，

園文化の多様性を理解しよう

　実習先の園文化は多様です。意見交換などを通して，さまざまな学生の学びに目を向け，それぞれが実習してきた施設の園文化の多様性を知ると同時に，そこに共通するものをとらえられるようにすることが大切です。

率直な感想をやりとりしよう

　園での自分自身の取り組みに関する率直な感想，反省，疑問などを，学生同士の意見交換の柱としてみましょう。今後の課題，または，励みとしていきたいことなどについて率直に語り合うことによって，自分自身の気づきを確かなものへと高めたり，ほかの人の意見にふれて新たな視点を得て，自分の考えを再度考え直し，変化させたり修正したりすることにつなげてください。

仲間とともに保育者をこころざそう

　「幼児にままごとに誘われて応じようとしたが，幼児のイメージとずれた対応だったらしく，一緒に遊びたくないと言われてしまった。それから，鬼ごっこに誘われるのは嬉しいけれど，体がもたない。保育者に向かないのかなと思って，自信を失った」。

　これは，学生同士の意見交換での，ある学生の語りです。これに対し，自分もそのように感じたとか，反対にまったくそのようには感じず，むしろ楽しいという意見も出てきました。このような感じ方の違いは，どこからくるものなのでしょう。ここには，保育者の専門性，成長を考える上で重要な問題が含まれています。

　自分の考えや感じていることを表現することは勇気のいることかもしれません。しかし，共通の体験をし，ともに保育者をこころざす仲間であればこそ，話し合いを通して深められることも多いはずです。自分自身の取り組みについて見つめ，そのことを表現することは，仲間同士の学びの刺激になるだけではなく，仲間を勇気づけたり，仲間から勇気づけられたりすることにもつながります。

3）大学の教員との面談

　大学の教員との面談は，学生が作成した「観点に沿った学習内容の整理」「報告書」「実習記録」などをもとに行われるほか，大学の教員の訪問指導，実習園からの評価表をもとに行われることが一般的です。

　実習期間中，大学の教員は実習園を訪問し，学生指導を行います。その際，

学生の取り組みを見て，課題となる点，長所などについて感じたり，実習園から直接言葉で伝えられたりすることがあります。これらに加え，実習園からの評価表の所見欄に記された内容もふまえて，学生との面談を行います。

学生は，面談を通して，学びの課題や目標をさらに明確に設定することにつなげましょう。

実習園からの評価の善し悪しだけに目が向きがちですが，面談では，自分の取り組みの何が高く評価され，どのような点で改善が必要だとされるのかをよくつかむことが大切です。そして，次の実習に向けて，日ごろからどのような努力をしていけばよいのかを見つけましょう。

4）実習記録からの考察

視点について考察しよう

しばらくすると自分の作成した学習の記録が手元に返却されてきます。返却された記録を見直すと，実習直後には気づけなかったことが見えてきます。

たとえば，実習記録を以下の4つの観点から読み返してください。その際，記録に色鉛筆などでラインを引き，色分けしてみるとよいでしょう。
① 乳幼児，利用者の姿に関する記述
② 実習園・施設の先生方，職員の方々の援助，指導，配慮に関する記述
③ 環境構成，環境面の配慮などに関する記述
④ 自分自身の実践や感想

あなたの視点にかたよりはありませんか。たとえば，①から③のことに十分触れることができず，④の「自分自身の実践や感想」だけにかたよっていませんか。いずれかに重点を置いてとらえることは大切ですが，全体をとらえた上で絞り込んで学んでいくことが必要です。

表6-1　実習記録省察のポイント

	対象者	保育・生活場面	内　容
①乳幼児，利用者に関する記述	1．A児（3回）	遊び	遊びに加われない様子
	2．D児（4回）	着替え	意欲がもてない姿
	3．F児，G児，H児，I児のグループ	遊び	遊びの進め方を話しあう姿
	4．B児，P児	学級全体での活動（製作）	意欲的に取り組む姿
②先生方，職員の方々の援助・指導・配慮に関する記述	1．担任A先生	遊び	幼児同士のトラブル（遊びの進め方で衝突）の仲介
	2．担任A先生	学級全員での活動（製作活動）	多彩な援助，指導方法（手本を示す，見守る，はげます，ほめる）

それぞれの視点について，対象者が誰で，どのような場面について，何を記録しているか，を整理することもできます。表6-1のように整理していくと，自分が何をとらえているかが明確に見えてきます。よく観察できている点，不足している点を自覚して，課題を見つけてください。

自分の感じ方や考え方が記述されているか，点検しよう

　記述の仕方は，単なる経過報告や表面的かつ抽象的な報告になってはいませんか。個々の局面でのあなたの感じ方や考え方が記述されているかどうかを見直してみましょう。一個の主体としてのあなたが，その出来事をどのように経験したかが描かれていることが大切です。実習記録に自分の感じ方や考え方を含めた保育の営みについての学びが記述できているかを検討し，不十分な場合には修正する努力が必要です。

　今，現場では，外からは見えにくい保育の営みを綴り，保育の質を見出そうとする動きが起こり始めています。鯨岡 峻・鯨岡和子（2007）は，主体としての子どもの思いを保育者が受け止め，保育者も主体として自分の感じ方や考え方を子どもに返していくことが保育の営みのもっとも大切な部分であると指摘しています。保育者として巣立ったとき，その大切な部分を記述できるような保育者を目指したいものです。

　保育者の感じ方や考え方が織り込まれた記述は，保育者間で読み合って保育の大切な部分を確認し，保育に返していくことや，また，クラスだよりや園だよりとして保護者に伝えていくことが期待されています。

【参考文献】
・鯨岡峻・鯨岡和子『保育のためのエピソード記述入門』ミネルヴァ書房，2007

5 養成校での反省と自己評価 2

1）事後指導の具体的な方法（幼稚園を例として）

観点に沿った学習内容の整理

　ここでは，例として，幼稚園で実習を行った場合の事後指導の3つの方法について具体的に解説します。

　これは，各自が実習の学びをまとめていく方法です。養成校でまとめの観点が示され，学生が記録を読み返すなどして学んだ内容を整理していきます。

　たとえば，以下に3つの観点からの学習内容を整理します。
① 幼稚園理解（施設，設備，保育方針とそれに基づく園生活のあり方）
② 幼児理解（1日の生活および1週間の生活の流れ，興味・関心，年齢ごとの発達）
③ 保育者理解（保育場面での役割，保育の準備や後始末にかかわる仕事，そのほかの業務）

　次に，この3観点に沿って実習の学びを深める方法を示します。

2）幼稚園理解

教育目標と環境

　幼児教育においては，環境を通して学ばせることが重要です。それぞれの園では，その園の教育目標（保育理念）の達成のために，環境を整え，それぞれの園での生活のあり方を，1日の流れのなかに設定しています。

　そこで，園の施設，設備と生活の内容とを，各園の教育目標（保育理念）や地域環境等とのかかわりでとらえ，理解する必要があります。

　たとえば，固定遊具です。どのようなものが設置してあるかによって，園の教育目標（保育理念）がわかります。幼児たちは，どのように固定遊具にかかわっていましたか。決められた時間に使っていたでしょうか，もしくは1日を通して自由に使っていたでしょうか。また，年齢ごとに使う遊具が異なっていたでしょうか，あるいはどの年齢でも使っていたでしょうか。実は，園によってさまざまです。そのことから何が見えるでしょうか。置いてある遊具の種類や数はどうでしょうか。大きさや形，色はどうでしょうか。どうしてそのよう

になっているのでしょうか。幼児は，それをどう使っているのでしょうか。
　こうした環境と幼児のかかわりから，園が何を育てようとしているのかを見ることができます。

設備，空間の配置

　つぎに，保育室と手洗い場，トイレ，園庭，遊戯室などの配置についてです。それぞれの設備，空間は，どのように配置されていたでしょうか。そして，幼児はそれらをどう使って，また，それらの間をどう行き来しているか（生活動線）を見てとることはできたでしょうか。
　また，それぞれの設備が幼児のからだの大きさにあっていることはすぐに理解できたでしょうか。また，そのことが幼児の安全を保障するものとなっていることにも気づいたでしょうか。

幼児の生活の場としての配慮

　しかし，幼児の生活の場ですから，安全といった観点からだけではなく，幼児にとっての居心地のよさ，発達を促す場という視点からもとらえてみることが重要です。どのような形や大きさ，色，配置であるか，それに幼児がどうかかわっているか，という視点です。
　つまり，施設，設備，遊具も含めた園環境は，幼児の安全と生活の豊かさ，発達を促す場であるという視点から，園の教育目標（保育理念）がどのようにそこに反映されているのかを整理してみることが重要です。
　また，生活の流れや内容についてはどうでしょうか。生活の流れや内容のなかで，幼児がどのような刺激を受けているのかを考えてみましょう。家庭とは異なる生活の場として，園ではどのように生活が流れ，どのような経験が保障されているのかということです。これについても，上で述べた園環境と同様に，教育目標（保育理念）とのかかわりから理解を掘り下げていく必要があります。

3）幼児理解

分野ごとに幼児の実態をとらえよう

　幼児の生活全体を，たとえば，①**遊びや活動**，②**片づけ**，③**手洗い・用便・うがい・身仕度**，④**食事**といった4つ程度に分けてとらえてみましょう。それぞれの視点で，3歳児はどのような姿であったか，4歳児，5歳児はどうであったか，という具合に比較しながらふり返ります。
　上記の4つの視点については，次のようなふり返り方が考えられます。
　「遊びや活動」については，友だちとの関係がどのように作られてくるか，

年齢ごとの取り組み方，すすめ方の違いが見えてきます。「片づけ」「手洗い・用便・うがい・身仕度」については，できるかできないか，といったことだけでなく，意欲の問題や集団生活になった場合の問題などの視点からも整理ができます。「食事」については，食事の準備やあと片づけ，食事への意欲，好み，マナーも含めた食事の仕方などがあります。また，箸などの食具の使い方なども見ることができます。さらに，食事場面の会話などもほかの生活の場面とどう違うのか，年齢ごとにどのように違っているか，などを見ることもできます。

4）保育者理解

　保育者の役割については，保育場面での役割と，それ以外の場面での多様な役割に対する理解が求められます。とくに，保育場面での役割については，丁寧に整理する必要があります。たとえば，上記の「3）幼児理解はどうだったか」で取り上げた「幼児の生活全体の4つの視点」を用いて，同じように保育者の援助を整理してみるのも有効です。

　以下，資料6－4に，幼児の生活全体と保育者の援助を，この4つの視点からふり返って整理した，まとめ方の例を示します。

　なお，保育所実習におけるふり返りについても，同じく資料6－4を参考にして，整理してみましょう。

資料6－4　「幼児の生活全体」「保育者の援助」のふり返りのまとめ方の例

	幼児の生活全体について		
	3歳児	4歳児	5歳児
遊びや活動	これまでの遊びで用いてきたさまざまな遊具や自分で作ったものなどを，好んでくり返し使う様子が見られる。友だちと誘いあって，遊具やものを選んで，同じものを身につけたり携えたりして，一緒に行動することが楽しい様子である。 気のあう2～3名で行動する姿も見られるが，7～8名程度のグループで，ごっこ遊びなどをし，一緒に過ごすことを楽しんでいる。鬼遊びや，わらべうた遊びでは，始まると次々と仲間に加わり，クラスのほとんどが参加する。 新しい興味・関心を求めているのか，5歳児や4歳児の保育室や戸外で遊んでいる様子を見に行ったり，一緒に遊	室内，戸外ともに，ほとんどの幼児が出入りして遊びが継続している。また，1日を通すとほとんどの幼児が室内と戸外の遊びにかかわっている。 室内では，秋になって，毛糸や木の実，豆類などのさまざまな素材を使って遊ぶようになり，また，新しい用具も増えて，それらを用いることが楽しいようである。レストランとして場が整えられると，店員になって料理を作る幼児，客に販売して楽しむ幼児，客になることを楽しむ幼児があらわれ，新しい素材や場や遊び方に興味を感じながら，いろいろな幼児とやりとりできる楽しさを味わっている様子である。 戸外では，ドン・ジャンケンが盛ん	朝から遊びの目的をもって登園してきて，「今日は○○しよう」とか，「続きをしよう」とか，言葉を交わしあったり，誘いあったりしている。 戸外では，「海賊ランド」で木工やロープでの遊びが継続している。となりあう「森のレストラン」では，よりリアルなケーキ作りが続いている。ドッジボールも盛んである。室内では，女児らが中心となり，大型積み木で家を造る家族ごっこが続いている。これまで積み重ねてきた素材や道具，ルールのある遊びの経験をいかして，遊びを面白くする工夫をしながらすすめている。 気のあう数名のグループで遊びを継

	んでもらったりする姿も見られる。行動範囲が広くなっているのかと思う。	である。遊びを始める幼児がいると、次々に参加者が増えて、クラスの半数以上の大勢が加わることがほとんどである。伸びやかにからだを動かし、大きな声を出し、大勢で勢いよく遊ぶことの楽しさを味わいつつ、いろいろな友だちと触れあう楽しさを味わっている。 ルールや遊びの進め方が単純なためか、大勢での遊びでは友だちとのトラブルはほとんど見られない。	続していることが多いが、ドッジボール、鬼ごっこなどが始まると、あっという間に十数名に膨れあがる。気のあう特定の友だちや特定の遊びだけではなく、いろいろな友だちとのいろいろな遊びにも興味があり、自由に参加しているようである。学級外に関心を広げ、年少組を誘いに行くなどの姿もある。 互いに考えを伝えあいながら遊んでおり、遊びのすすめ方や、そのなかでの思いの食い違いによるトラブルが生じると、自分たちで考えや思いを伝えあって解決しようとしている。
片づけ	多くの遊具を使って遊んでいるため、たくさんの遊具の片づけが必要であるが、幼児は片づけ方をよくわかっていて、どんどんすすめている。 自分の使ったものを片づけることから始め、片づけ終えた後は、別の場所やものも片づけている。 遊びの場面と同じで、言葉とからだの動きが活発で、楽しみながらすすめている。 とくに積み木（スチロール積み木）は、友だちと一緒に「わっしょい、わっしょい」といいながら運ぶことが楽しい幼児と、最後に決まった形に積み終えるために、積み木のところにいて考えながら組み替えることを楽しんでいる幼児がいる。 砂場の遊具も形や種類ごとに分類して、丁寧にそろえて片づけることが面白い様子である。	4歳児は使うものの種類も増え、室内では、秋になって新たに用いるようになったさまざまな素材や紙類などの材料、用具を分類しながら手際よく片づけている。素材、材料は、まだ使えるものと捨てるものとを友だちと意見を交わしながら判断したり、細かなゴミが多く出るので、床や机上を友だちとくず入れをもちながら見て回るなどし、最後まで確認している。 手際よくいろいろな場所を片づける幼児もいれば、ゆったりと1つの場所を片づけている幼児もいる。遊びを工夫するのと同様に、同じものの片づけ方でも、運び方を工夫したり、分類の仕方や並べ方を変えてみたりと、友だちと意見を出しあってすすめている場面が多く見られる。 一部、友だちとすすめるなかで、そのままじゃれあいなどを始めてしまう幼児もいるが、自分の使ったものだけでなく、学級で使ったものを進んで片づけようとする幼児が多く見られる。	5歳児では、さらにさまざまなものや遊具を用いるだけではなく、遊びの範囲も広範囲にわたる。また、継続して遊んでいるため、片づけずに残すものと片づけるものとを自分たちの遊びの見通しから判断してすすめることがむずかしい様子である。保育者に援助されながらすすめている場面が多く見られた。 片づけの方針が決まると、一緒に遊んだ仲間とどんどんすすめるグループもあれば、いろいろな幼児が使ったものをすすんで片づける幼児と片づけずに別の所へ行ってしまう幼児とがいる。同じ遊びの場で遊んでいた幼児がいなくなると、その後を追って、片づけるよう促す場面もあった。しかし、いったん片づけに取りかかると、自分たちのことで精一杯で、取り組まない幼児にまで気がつかないことも多い。 取り組む幼児は、片づけることがしっかりと習慣づいており、仲間と話しあいながら役割を分担して手際よくすすめている。
手洗い・用便・うがい・身支度	生活の流れがわかり、できることをどんどん自分ですすめている幼児が多い。しかし、手洗い、トイレの使い方、うがいなど、一人ひとりの行い方を細かく見ると、行えていない幼児もいる。 手洗いも腕まくりをせずに、袖口が濡れていることに気づかず行っている幼児もいる。 気温が低くなり始めたり、遊びに熱中するようになったため、小便が間にあわないなどの幼児もいる。	手洗い、うがい、身支度すべてにわたって、ほとんどの幼児が方法をわかり、手順よくすすめている。しかし、なかには雑にすませたり行わない幼児がおり、固定化している。 とくに、登降園時の身支度などは、意欲をもって行える幼児がほとんどだが、数名の幼児は、決まって手がすすまない。毎日、保育者にさまざまな方法で援助されながら行っている。 手のすすまない幼児の様子を見ると、男児は取りかかってから友だちにちょ	手洗い、うがい、身支度すべてにわたって、丁寧に行っている幼児と、行わなかったり、行っていても雑であったりする幼児とがはっきりと分かれている。 また、それらにかかる時間も個人によって差があり、4歳児と比較するとさらに大きくなっている。 丁寧に手早くすませる幼児、丁寧ではあるがゆっくり自分のペースで行っている幼児、いい加減にすませて早く終える幼児がいる。

	うがいは，のどをすすぐ場合と口をすすぐ場合との区別ができずに，いつでもぶくぶくとしている幼児がいる。上を向くものの，がらがらとのどを洗うことができずにすぐにはき出す幼児もいる。	っかいを出し，じゃれあうことが楽しくなってしまっており，女児は話ばかりに夢中になったりしている。 取りかかったことに集中し，最後までやり終えてしまえば，簡単にすむことに気づかず，何度も保育者に促されて行っている。友だちとの遊びもさらに楽しくなる時期だけにむずかしいのだと思われる。	いい加減にすませている幼児は，習慣が身についていない上にしたいことに早く取りかかりたいため，余計におろそかになっているようである。 マイペースな幼児は次に全員で行う活動がある場合などにほかの幼児を待たせてしまうことが多く，なかなかそのことに気づくことができない。
食事	～～～～～～～～～～～～～(略)～～～～～～～～～～～～～		

	保育者の援助について		
	3歳児	4歳児	5歳児
遊びや活動	幼児同士で誘いあってどんどん遊び始めたり，遊びをすすめたりしているので，保育者は見守っている。ごっこ遊びでは，大勢で遊んでいても，遊びをリードする幼児がいるために，保育者の援助はほとんど必要ない。 保育者は主に，3歳児の戸外の遊びの拠点となっている砂場，すべり台周辺の遊びに参加しながら全体の様子を見守っている。行動範囲が広がったり，学級，学年の枠を超えて遊ぶ姿を温かく見守っている。 保育者の援助は，これまで用いてきたさまざまなものを使えるように整えておくことと，それらの使い方をよく見取り，必要な場合には加えたり，減らしたりしていることである。また，3歳児が自分たちで遊びをすすめている，その世界を大切にし，保育者が出ることによって遊びを壊すことのないように，そこに加わっていることである。	室内でも戸外でも大勢が参加できる遊びの環境を整えている。とくに，室内のレストランでは，調理場とカウンターを保育者が箱積み木で作って固定して，調理と幼児同士の売り買いが自然に行われるような場を整えている。また，メニューを1つずつ増やすことを幼児に提案しながら，新しい素材，材料や道具を加えて，客として参加する幼児，店員として参加する幼児，いずれにも興味が継続するようにしている。 新しい素材や道具の経験を保障しながら，友だちと自然にかかわれる場として，レストランごっこを準備していることがうかがえる。 ドン・ジャンケンは，昼食後，降園前に始まると，ほとんどの幼児が参加するので，保育者が積極的に誘いかけて，さらに大勢が参加するよう促したり，学級全員で行ったりしている。 レストランごっこにもドン・ジャンケンにも保育者が加わり，一緒に楽しんで盛り上げている。	幼児は，1学期，10月から長期継続してきた遊びをさらに続け，こだわりをもって追求している。幼児同士が互いに関心をもって，友だちの発見や工夫を刺激として自分に取り入れたりしているので，保育者は幼児の発見や工夫に関心を寄せて見守り，十分な時間を保障するようにしている。 ドッジボールでは，保育者の積極的な働きかけが必要な場合が多い。自分からすすんで加わらない幼児も数名見られるので，経験できるように保育者が誘いかけ，一緒に行っている。そのなかで，ボールの投げ方やルールを体験させながら伝えて，楽しめるようにしている。自分から参加する幼児でも，いろいろな幼児がおり，からだの動かし方に差があるので，保育者が加わって，その幼児に応じた球を投げるなどして満足感を味わえるようにしている。 遊びのすすめ方でトラブルが生じることもあるが，幼児同士で解決しようとする様子を見守り，必要最低限の援助をしている。 短時間でも，学級の全員で集まってゲームをする時間を設けるなどして，自分たちでじっくり遊び込む経験と学級で取り組む経験とを取り入れ，生活にメリハリをつけている。

片づけ	作ったものを継続して身につけたり携えたりできるよう、個人の引き出しだけで不足する場合には、置き場所を設けて片づけやすくしている。 保育者は、室内のままごと用の遊具と砂場の片づけを中心に働きかけている。ゴザや牛乳パックのついたて、布類、エプロン、スカート、食器類、料理に使う豆類など、多様な遊具があるため、保育者が「あとゴザがありますね。アイロンかけもしなくちゃ。食器もそろえましょうね。」などと言葉に出して幼児に気づかせながら、保育者自身も幼児と一緒になってすすめて、短時間に手際よくすすむよう援助している。 まるで遊びのように片づけの行程も楽しんですすめる働きかけによって、幼児の意欲を十分に引き出している。	新しい遊具の片づけには保育者がかかわって方法を知らせている。 室内と戸外それぞれの遊びの様子をよくとらえて片づけに取りかかるタイミングを図るとともに、保育者がどちらに加わってすすめるかを判断している。細かな部分や片づけにくい部分は手を貸しながら、ペースよく片づけられるよう援助しつつ、同時に、幼児が片づけ方を工夫しながらすすめる姿を見守り、許容している。 遊びが室内戸外とも大勢がかかわってすすんでおり、遊具の片づけも、学級の遊具としてみんなで片づけるよう意識づけをしている。 途中で遊び始めてしまう幼児には、個別に具体的に言葉をかけている。何を片づけるか伝えたり、「〇〇が終わっていない」など伝えて考えさせたり、保育者や友だちに手を貸すよう言葉で伝えて、意欲をもたせている。	片づけに取りかかると、ペースよくどんどんすすめることができる幼児がほとんどであるため、保育者は手伝いに加わるような形に見える。片づけがすすめやすくなるようにものを配置したり、移動している場面もよく見られる。 取り組めない幼児に対しては、保育者が直接働きかけて、片づけることの意味を伝えると同時に、周囲の友だちに働きかけ、取り組めない幼児を誘うよう促し、幼児同士が自分たちですすめられるように援助している。 幼児は「一緒にやらないなら友だちではない」などと伝えることが多い。そのため、保育者は、取り組めない幼児には、片づけ方がわかりにくいために行えていない場合もあるので、どうすすめるかを具体的に知らせたり、自分のやりたいところをそれぞれ役割分担することにも幼児が気づけるよう提案したり、機会をとらえて働きかけたりしている。
手洗い・用便・うがい・身支度	手洗い、うがいなどの様子をそばにつき添ってよく見て、どの幼児がどのように行っているのかを丁寧に把握し、援助している。その方法は、手を貸したり、言葉で伝えたり、見本を見せたりという個々に応じて必要な方法を知らせる方法である。 幼児が行うと、「できたね」とほめたり、できていないことには、なぜするのかという理由を実際に行いながらわかりやすい簡潔な言葉で伝えている。それを、生活のなかで機会をとらえてくり返し行っている。 身支度が進まない幼児には手を貸すこともある。身支度に集中できるような言葉のやりとりを通して楽しくすすめ、「もうおわったね。きれいにたためたね。」とほめながら行っている。	身支度の手がすすまない幼児には、「着替えたら誰と遊ぶの？ 何をするの？」と着替え後、したい遊びをイメージさせている。 また「友だちと遊ぶならば着替えを早くし終えてから思い切り遊ぼう」などと伝えたり、「取り組んだら最後までテキパキとしよう」と意識をもたせる言葉もかけている。 同時に、環境を工夫することによっても援助している。ロッカーの前に机を置いて、その上で衣類をたたむことができるようにしたり、じゃれあうスペースを作らないようにしている。 生活をすすめる意欲が乏しい場合は、遊びの姿、友だち関係も見直し、充実感を得られる生活を保障する保育内容が準備できているか点検している。家庭との情報交換もあわせて、4歳児だけでなく、どの年齢でも留意している。	着替えの手が進まない幼児には、4歳児と同様の援助が必要である。うがい、手洗いなどについて、いい加減に行っている幼児に対しては、個別にくり返しつき添ったり、確認したりして援助している。 丁寧に行っているがマイペースである場合、ほかの幼児がいつも待っていることを保育者が言葉で伝えたり、友だちから声をかけるよう保育者が促し、友だちの状態や気持ちに気づけるようにしている。 学級全体で生活習慣について見直す機会を設け、その必要性について考え、幼児なりにその意義をわかって取り組めるようにもしている。集団生活のなか、必要な生活習慣や学級全員で生活を進める意識をもつことができるよう、個別的な指導と全体での指導をあわせて行っている。
	(略)		

養成校での反省と自己評価 3

1）施設理解はどうだったか

　施設実習は，施設の種類が多様で，同じ施設であっても，子どもたちの背景や障害の程度も多種多様です。ですから，まとめるとなると，幼稚園や保育所の場合とは少し様相が異なります。

　実習の総まとめの観点としては，a）施設の理解，b）施設利用児・者の理解，c）施設職員の職務の理解，d）利用児・者の家庭や地域等の理解，を深めることが重要となります。

2）具体的なまとめ方

　次のページに，書き込みができるように空欄になった「施設実習のふり返り」のワークシートを設けています。

　自分が立てた目標・課題は達成できたのか，目標・課題をクリアするためにどのように実習を実施したのかなどについて，上記，「1）施設理解はどうだったか」におけるa）〜d）について，以下の項目を参考にして具体的にまとめてみましょう。

① 実習前に立案した実習計画，目標・課題について達成できたこと，達成できなかったことと，その要因や原因の検証
② 実習を通して学んだこと
③ 実習中に指導を受け，努力によって改善できた事項

◆ ワークシート ◆
＜施設実習のふり返り＞

クラス（　　　　　）学籍番号（　　　　　　　　　）氏名（　　　　　　　　　　　　　）

	施設の理解	施設利用児・者の理解	施設職員の職務の理解	利用児・者の家庭や地域等の理解
① 実習前に立案した実習計画，目標・課題で達成できたこと，達成できなかったことと，その要因や原因の検証				
② 実習を通して学んだこと				
③ 実習中に指導を受け，努力によって改善できた事項				

7 自己評価 －保育者への道の新たなステップのために－

1）自己評価のねらいとは

新たなステップへとつなげよう

　自己評価とは，「実習でどれだけのことができたのか，またはできなかったのか」「それによって，どのような力をつけることができたのか，あるいはできていないのか」を明らかにすることです。つまり，自己評価を行うことによって現在の到達点と今後の課題とを自覚することになります。

　またそれは，なぜできたのか，なぜできなかったのかというところまで深めてとらえる作業でもあります。どのような学びの経験をしたのかを自覚することで，これまで歩いてきた保育者への道を自分で点検し，新たなステップにつなげることができます。

2）事後指導からのフィードバック

何を学んだか，学びの経験を自覚しよう

　「まとめ」「報告書」「養成校での反省会」などを通して行われた学びの細かな整理をもとに，再度，自分はどのような学びを経験したのかを自覚することが大切です。

　また，実習施設からの評価も，自分の実習へのふり返りを確かなものにしますし，保育者となるために，これから何を学び，実践していけばよいかを確かなものにしてくれます。

　実習で出会った生き生きと活動する子どもたちの姿を，今一度，思い起こしてください。「かわいい」といった思いだけでなく，子どもたちの成長に，自分はどのようにかかわっていきたいのか，どのようにかかわっていけばよいのかを軸に，これからの自分の生き方をじっくりと考えること。それこそが，新たに見えてきた保育者への道の新しいステップであるとともに，保育者となってからも成長し続けるための基本的な姿勢を形成するものです。

3）養成終了段階で求められる力に照らした自己評価

保育者としての課題を明確にしよう

　2010（平成22）年度以降に入学の幼稚園教諭免許取得を目指す学生には，「教職実践演習」が，また，2011（平成23）年度以降に入学の保育士資格取得を目指す学生には，「保育実践演習」といういずれも新たな科目が導入されました。四年制大学では4年生の後期に，短期大学では2年生の後期に，実習が終了した養成終了段階に開講されます。

　この科目は，それぞれの大学が，養成終了段階で修得してほしいと考える幼稚園教諭，保育士の実践的力量を明示するとともに，各学生の幼稚園教諭，保育士としての力量を評価するものです。たとえば，幼稚園教諭養成課程の学生の場合には，教育実践を進めていく上で必要な力量を，「子ども理解力」「保育実践力」「コーディネート力」「マネージメント力」などに分けてそれぞれ規定し，具体的にそうした力がついているかどうかを評価するものです。

　「子ども理解力」は子どもの「発達的特徴」「基本的生活習慣」「言葉」「遊び」「人間関係」などについての理解をもとに，その理解に基づいて教育を実践する力，「保育実践力」は「保育内容の理解」「保育計画の立案」「保育展開」「自己実践の分析・省察」ができる力，「コーディネート力」とは「保護者，地域，専門機関との連携」「教職員との連携」を目的に，それぞれの立場，役割を理解し，実際に連携できる力です。また，「マネージメント力」は，園における運営組織を理解し，「学級目標の実現」「学年や園行事をその目標実現に向け取り組む」ことのできる力を意味します。

　本章で解説した「まとめ」「報告書」「養成校での反省会」などを通して行われる学びの細かな整理をもとに，再度，「保育内容の理解」「保育計画の立案」「保育展開」「自己実践の分析・省察」といった観点から，自己の保育者としての課題を明確にすることが大切です。

Index
さくいん

数字

4つのタイプ（認定こども園） **194**，196

アルファベット

AD/HD　10，**13**，206
ADL（Activities of Daily Living）　49，**103**
ASD　10，**12**，33，206
DCD　10
DQ（発達指数）　32
DSM-Ⅳ　12
DSM-5　12，32，**35**，207
DV　63，**68**
FSW（ファミリーソーシャルワーカー）　103
ICD-10　32，**35**
ICTシステム　133
IQ　32
LD　10，**13**，254
LLブック　230
OT（作業療法士）　103
Plan-Do-Check-Act　134
PSW（精神保健福祉士）　103
PT（理学療法士）　103
QOL（Quality of Life）　103
ST（言語聴覚士）　103
TEACCHプログラム　83

あ

アスペルガー症候群　**12**，24

い

一時保護施設（一時保護所）　**70**，257
異年齢保育　186

医療型障害児入所施設　84

え

エピソード形式（実習日誌）　**46**，180

お

大型児童館　124
オリエンテーション　18，127，152，174
お礼状　272
音楽療法　38
音楽レクリエーション　248

か

学外実習　6
学校教育法　2，79
学習障害（LD）　10，**13**，254
感覚統合遊び　86
監護権　95
観察実習（見学・観察実習）
　児童福祉施設等　48
　幼稚園　152，157
　保育所　174

き

義務教育　92，**203**
虐待　→児童虐待
教育実習　**7**，152

く

ぐ犯　**64**，256
グループホーム　**57**，97

け

軽度の知的障害（境界知能）　13

こ

高機能自閉症　12
広汎性発達障害　12，33，204
小型児童館　124
国立重度知的障害者総合施設のぞみの園　98
個人調書（学生調査票・履歴書）　22
子ども・子育て関連3法　3，**195**
子ども・子育て支援新制度　196
子どもの権利条約　17
コラージュ療法　39

さ

サービス管理責任者　99
細案　258
在宅保育　203
作業療法　**39**，103
参加実習（観察・参加実習）
　児童福祉施設等　48
　児童厚生施設等　131
　幼稚園　152
　保育所　175

し

シアター系保育教材　250，252
時間外保育　185
事後指導　276，280
自己紹介　23
自己評価　276，280，286，288
施設実習の目的　40
施設職員の職務　37
事前学習（児童厚生施設）　126
肢体不自由児　33

実習課題
 児童福祉施設等　40, 43
 児童厚生施設等　134
 幼稚園　156
 保育所　178
実習基礎資格科目　9
実習計画　**40**, 134
実習施設　**6**, **8**, 118
実習担当者との面談　16, 20
実習日誌（実習記録）
 児童福祉施設等　44
 児童厚生施設等　136
 幼稚園　160
 保育園　180
 書き方の注意　155
指定障害福祉サービス事業所　98
指定保育士養成施設の指定及び運営の基準　**7**, 118
指導案
 児童厚生施設等　138
 幼稚園　165, 167
 保育所　191
 異年齢保育　187
 保育実技　244
児童家庭支援センター　146
児童館　120
児童館ガイドライン　120
児童虐待
 虐待と児童相談所　95
 虐待の相談処理件数　62
 虐待の定義　68
 虐待の発見・対応　76
 虐待の発生要因　73
児童虐待の防止等に関する法律　68, 76
児童健全育成推進財団　133
児童厚生員　133

児童厚生施設　118
指導実習（部分実習・責任実習）
 児童福祉施設等　49
 児童厚生施設等　138
 幼稚園　164
 保育所　190
児童自立支援施設　64
児童心理治療施設　74
児童センター　124
児童相談所　62, 70, 95, **256**
児童の権利に関する条約　17
児童発達支援管理責任者　79
児童発達支援センター　90
児童福祉施設　4, 26, 36
児童福祉施設の設備及び運営に関する基準　4
児童福祉法の改正　177
児童遊園　142
児童養護施設　56
児童養護施設等入所児童調査　30
自閉スペクトラム症　10, **12**, 33, 205, 206
自閉性障害　11, 12, 207
社会福祉士　103
社会福祉六法　104
重症心身障害児　34
集団療育プログラム　92
宿泊実習　50
守秘義務　**67**, 76
小1プロブレム　209, **212**
障害系施設　49
障害支援区分　**96**, 169
障害者支援施設　96
障害者自立支援法　169
障害者総合支援法　96, **169**
小規模グループケア　57

小舎制　57
小舎夫婦制　65
情緒障害児短期治療施設　→児童心理治療施設
自立　57
自立訓練　98, 101
自立支援給付等　97
身体的虐待　69
身体表現遊び　246
心的外傷後ストレス（PTSD）　77
心理的虐待　69

す

スヌーズレン　38
スモールステップ　206

せ

生活指導　**65**, 92, 100
性的虐待　69
責任実習　→指導実習
セツルメント　119

そ

ソーシャルワーク　104

た

待機児童　194, **225**
大舎制　57
体罰　255

ち

地域型保育　196
地域裁量型　194
地域小規模児童養護施設（グループホーム）　57
知的障害　206
知的障害児　31

知的障害者　32
注意欠陥多動性障害（AD/HD）
　　10，**13**，206

て

デイリープログラム
　乳児院　53
　児童養護施設　57，58
　母子生活支援施設　61
　児童自立支援施設　65，66
　児童相談所一時保護施設　71
　児童心理治療施設　75
　福祉型障害児入所施設　79
　医療型障害児入所施設　85
　児童発達支援センター　92
　障害者支援施設・指定障害福
　　祉サービス事業所　100
　幼稚園　150
　保育所　170
デニソン，エドワード　119

と

トインビー，アーノルド　120
特定不能の広汎性発達障害
　　207
特別支援学校　79
特別な支援を必要とする子ども
　　10，204
ドメスティックバイオレンス
　　→DV

な

難聴，難聴児　34，90，92

に

乳児院　52
認定こども園　3，**194**，198

ね

ネグレクト　69

の

脳性まひ　33，34
のぞみの園　→国立重度知的障
　害者総合施設のぞみの園

は

バーネット，サミュエル　119
発達障害児・発達障害者　33
発達障害者支援法　10，32
発達性協調運動障害　10
パネルシアター　250
反省的実践家　264

ふ

福祉型障害児入所施設　78
福祉施設保育士　26
不随意運動　33
部分実習　→指導実習
プライマリケア　104

ほ

保育教諭　196
保育士　26
保育実習Ⅰ　7，**27**，41，178
保育実習Ⅱ　7，**178**
保育実習Ⅲ　7，41，**118**
保育士登録制度　173
保育者理解　282
保育所型　194
保育所保育士　26
保育所保育指針　**3**，170
保育・幼児教育の無償化　197
放課後児童クラブ　123

放課後児童支援員　123
報告書　268
ほう・れん・そう　102
母子生活支援施設　60
母子世帯　62

ま

マルチメディアDAISY　254

め

メラビアンの法則　141

も

盲ろうあ児　**33**，79

よ

養護系施設　48
幼児期の終わりまでに育ってほ
　しい姿　208
幼児理解　281
幼稚園型　194
幼稚園教育要領　**3**，208
幼稚園理解　280
幼保小連携　208
幼保連携型　194
幼保連携型認定こども園　196，
　198，200

り

リズム遊び　244
療育　36，78，86，93，**104**
療育手帳　31，33，**104**

ろ

ろうあ児　33

知りたいときにすぐわかる
新訂 幼稚園・保育所・児童福祉施設等 実習ガイド

2013年4月20日 第一版第1刷発行
2018年4月15日 第二版第1刷発行
2020年2月10日 第二版第2刷発行
2022年4月1日 第二版第3刷発行
2023年2月24日 第二版第4刷発行
2025年4月1日 第二版第5刷発行

編著者 石橋裕子・林 幸範
著 者 堀 科・石本真紀
　　　 神戸洋子・安部 孝
　　　 林 友子・浅倉恵子
　　　 森田満理子・梅澤 実
装 丁 清原一隆（KIYO DESIGN）
カバー撮影 駒﨑崇彰
ＤＴＰ 株式会社マップス

発行者 宇野文博
発行所 株式会社同文書院
　　　 〒112-0002
　　　 東京都文京区小石川5-24-3
　　　 TEL(03)3812-7777
　　　 FAX(03)3812-7792
　　　 振替 00100-4-1316

印刷・製本 モリモト印刷株式会社

JASRAC 出1803199－203
©Yuko Ishibashi, Yukinori Hayashi et al., 2013
Printed in Japan　ISBN978-4-8103-1475-5
●落丁・乱丁本はお取り替えいたします